Xpert.press

Springer-Verlag Berlin Heidelberg GmbH

Die Reihe **Xpert.press** des Springer-Verlags vermittelt Professionals im Projektmanagement sowie in den Bereichen Betriebs- und Informationssysteme, Software Engineering und Programmiersprachen aktuell und kompetent relevantes Fachwissen über Methoden, Technologien und Produkte zur Entwicklung und Anwendung moderner Informationstechnologien.

Gerhard Versteegen (Hrsg.)

Risikomanagement in IT-Projekten

Gefahren rechtzeitig erkennen und meistern

Mit Beiträgen von
M. Dietrich, H. Reckert,
K. Salomon, G. Versteegen

Gerhard Versteegen
High Level Marketing Consulting
Säntisstr. 27
81825 München
email: g.versteegen@hlmc.de

Bibliographische Information Der Deutschen Bibliothek
Die Deutsche Bibliothek verzeichnet diese Publikation
in der Deutschen Nationalbibliographie; detaillierte
bibliographische Daten sind im Internet über
http://dnb.ddb.de abrufbar.

ISSN 1439-5428
ISBN 978-3-642-62905-1   ISBN 978-3-642-55737-8 (eBook)
DOI 10.1007/978-3-642-55737-8

Dieses Werk ist urheberrechtlich geschützt. Die dadurch begründeten Rechte, insbesondere die der Übersetzung, des Nachdrucks, des Vortrags, der Entnahme von Abbildungen und Tabellen, der Funksendung, der Mikroverfilmung oder der Vervielfältigung auf anderen Wegen und der Speicherung in Datenverarbeitungsanlagen, bleiben, auch bei nur auszugsweiser Verwertung, vorbehalten. Eine Vervielfältigung dieses Werkes oder von Teilen dieses Werkes ist auch im Einzelfall nur in den Grenzen der gesetzlichen Bestimmungen des Urheberrechtsgesetzes der Bundesrepublik Deutschland vom 9. September 1965 in der jeweils geltenden Fassung zulässig. Sie ist grundsätzlich vergütungspflichtig. Zuwiderhandlungen unterliegen den Strafbestimmungen des Urheberrechtsgesetzes.

http://www.springer.de

© Springer-Verlag Berlin Heidelberg 2003
Ursprünglich erschienen bei Springer-Verlag Berlin Heidelberg New York 2003
Softcover reprint of the hardcover 1st edition 2003

Die Wiedergabe von Gebrauchsnamen, Handelsnamen, Warenbezeichnungen usw. in diesem Werk berechtigt auch ohne besondere Kennzeichnung nicht zu der Annahme, daß solche Namen im Sinne der Warenzeichen- und Markenschutz-Gesetzgebung als frei zu betrachten wären und daher von jedermann benutzt werden dürften.

Einbandgestaltung: KünkelLopka Werbeagentur
Satz: Satzaufbereitung durch Autor

Gedruckt auf säurefreiem Papier   33/3142X0 - 5 4 3 2 1 0

Vorwort

Ziele dieses Buches

Dieses Buch behandelt das an sich weit gefasste Thema Risikomanagement aus dem Blickwinkel der Informationstechnologie. Die letzten Jahre haben schmerzlich vor Augen geführt, dass die IT-Branche eben nicht auf Wolke 7 schwebt! Logische Konsequenz – die Berücksichtigung von Risiken, die bisher vernachlässigt wurden, erhält auf einmal Bedeutung. Damit inhärent auch Risikomanagement – eine Managementtechnologie, die bisher primär im Finanzdienstleistungsbereich anzutreffen war.

Doch was ist eigentlich ein Risiko? Ist es für uns als Autoren nicht schon ein Risiko, ein Buch über Risikomanagement zu schreiben? Letztendlich wissen wir nicht, wie gut sich dieses Buch verkauft. Wenn man sich allerdings das heillose Chaos betrachtet, das in der heutigen Software-Entwicklung existiert, so müsste dieses Buch *der* Verkaufsschlager werden.

Wer dieses Buch lesen sollte

Dieses Buch richtet sich eigentlich an die folgenden drei Zielgruppen der IT-Branche:

- Auftraggeber
- Auftragnehmer
- Unterauftragnehmer

Böse Zungen würden jetzt behaupten, also an alle – na gut, böse Zungen haben manchmal Recht – besonders in diesem Fall. Das vorliegende Buch richtet sich wirklich an alle.

Inhalte dieses Buches

Das vorliegende Buch gliedert sich in die folgenden Teilbereiche:

- Kapitel 1 gibt eine Einführung in das Thema Risikomanagement. Nach einem kurzen Blick auf die Geschichte des Risikomanagements werden die wesentlichen Ursachen für die Sensibilität bezüglich Risikomanagement beschrieben. Im Anschluss wird auf die unterschiedlichen Risikotypen eingegangen, die sich mit Hilfe des Risikomanagements identifizieren lassen.
- Kapitel 2 beschreibt die erste Phase des Risikomanagements: die Risikoidentifizierung. Betrachtet werden die Zeitpunkte, wann die Risikoidentifizierung durchgeführt wird, welche Hilfsmittel dafür zur Verfügung stehen und welche Verantwortlichkeiten in diesem Bereich existieren.
- Kapitel 3 geht auf die Risikoanalyse und die Risikobewertung ein. Dabei werden auch die unterschiedlichen Arten einer Risikobewertung betrachtet und auf welche Art hier Messungen durchgeführt werden können. Des Weiteren wird auf die unterschiedlichen Reports eingegangen, die im Laufe des Risikomangements erstellt werden.
- Kapitel 4 behandelt ein wesentliches Hilfsmittel des Risikomanagements: die Risikomatrix. Thema sind hier die unterschiedlichen Risikoklassen und Risikowahrscheinlichkeitsklassen. Anhand eines Beispiels wird der Aufbau einer Risikomatrix dargestellt.
- Kapitel 5 beschreibt die unterschiedlichen Strategien des Risikomanagements. Vorgestellt werden die Strategie der Risikovermeidung, der Risikoakzeptierung, des Risikotransfers und der Risikominimierung. Innerhalb eines Projektes kommen meist alle diese Strategien zum Einsatz – jeweils abhängig von dem zu bekämpfenden Risiko.
- Kapitel 6 stellt mit dem V-Modell, dem Rational Unified Process und dem Microsoft Solutions Framework drei Prozessmodelle der Software-Entwicklung vor, in denen Risikomanagement in den Prozess integriert wurde.
- Kapitel 7 behandelt ein sehr kritisches Thema: Wie wird Risikomanagement professionell eingeführt und welche Chancen für ein Outsourcing des Risikomanagements bestehen.
- Kapitel 8 ist als kleiner Exkurs zu sehen, wir stellen hier unter dem Aspekt des Risikomanagements Chancen und Gefahren in-

nerhalb des Projektgeschäftes einander gegenüber. Schwerpunkt ist dabei ein so genannter Unsicherheitsbereich, in dem die Projektrisiken anzusiedeln sind.

- Im Anhang fassen wir im Glossar nochmals die wichtigsten Instrumente des Risikomanagements sowie Risikostrategien zusammen. Zusätzlich wird eine Reihe von ergänzender Literatur angegeben.

Innerhalb dieses Buches wird dabei differenziert, ob es sich um Risikomanagement innerhalb eines externen Projektes, eines internen Projektes oder für die Produktentwicklung handelt, da hier jeweils andere Aspekte zu berücksichtigen sind.

Danksagungen

In erster Linie danken wir natürlich allen, die dieses Buch gekauft haben. Doch noch dankbarer sind wir denjenigen, die dieses Buch auch leben! In zahlreichen Gesprächen mit Projektleitern unterschiedlicher Unternehmen haben wir wertvollen Input für dieses Buch gewinnen können – auch diesen gilt unser Dank. Und schließlich noch danke an alle die, die auf uns verzichten mussten und sich in Geduld übten, während wir an diesem Buch gearbeitet haben.

Inhaltsverzeichnis

1 Einführung in das Risikomanagement **1**

  1.1 Ursachen für die Einführung von Risikomanagement   1
     1.1.1 Allgemeines zum Risikomanagement................. 1
     1.1.2 Begriffsklärungen 3
     1.1.3 Gesetz zur Kontrolle und Transparenz
            im Unternehmensbereich 4
     1.1.4 Enger werdende Budgets 7
     1.1.5 Immer kürzere Releasezyklen 9
     1.1.6 Reduzierung personeller Ressourcen 11
     1.1.7 Übertragung von Risiken 11

  1.2 Die Einstellung zu Risiken **13**
     1.2.1 Einführung 13
     1.2.2 Einflussfaktoren auf die Einstellung zu Risiken 13
     1.2.3 Ausblick 18

  1.3 Risikotypen in der Informationstechnologie **19**
     1.3.1 Einführung 19
     1.3.2 Risikotypen - eine Differenzierung..................... 19
     1.3.3 Kaufmännische Risiken 21
     1.3.4 Technische Risiken 24
     1.3.5 Zusammenhang zwischen technischen Risiken
            und kaufmännischen Risiken 26
     1.3.6 Terminliche Risiken.. 27
     1.3.7 Zusammenhang zwischen terminlichen Risiken
            und kaufmännischen Risiken 30
     1.3.8 Zusammenhang zwischen terminlichen Risiken
            und technischen Risiken 31
     1.3.9 Ressourcenrisiken 32
     1.3.10 Zusammenhang zwischen Ressourcenrisiken
             und kaufmännischen Risiken 37

   1.3.11 Zusammenhang zwischen Ressourcenrisiken und terminlichen Risiken 38
   1.3.12 Zusammenhang zwischen Ressourcenrisiken und technischen Risiken 39
   1.3.13 Politische Risiken 41
   1.3.14 Zusammenhang zwischen politischen Risiken und anderen Risikotypen 44
   1.3.15 Fazit 45

 1.4 Typische Auswirkungen nicht erkannter Risiken 48
   1.4.1 Einführung 48
   1.4.2 Auswirkungen nicht erkannter kaufmännischer Risiken 49
   1.4.3 Auswirkungen nicht erkannter technischer Risiken 52
   1.4.4 Weitere Fallbeispiele 55
   1.4.5 Zusammenfassung 61

 1.5 Weitere dem Risikomanagement angelehnte Managementtechniken 61
   1.5.1 Einführung 61
   1.5.2 Krisenmanagement 62
   1.5.3 Notfallmanagement 64

 1.6 Fazit 65

2 Risikoidentifizierung 67

 2.1 Allgemeines 67

 2.2 Zeitpunkte der Risikoidentifizierung 68
   2.2.1 Die erste Phase der Risikoidentifizierung 68
   2.2.2 Risikoidentifizierung während der Angebotserstellung 73
   2.2.3 Risikoidentifizierung bei den Vertragsverhandlungen 76
   2.2.4 Risikoidentifizierung bei der Erstellung des detaillierten Projektplanes 79
   2.2.5 Risikoidentifizierung in der Analysephase 83
   2.2.6 Risikoidentifizierung in der Entwicklungsphase 88
   2.2.7 Risikoidentifizierung in der Deploymentphase 89
   2.2.8 Zusammenfassung 89

 2.3 Hilfsmittel der Risikoidentifizierung 90
   2.3.1 Einführung 90
   2.3.2 Einfache Hilfsmittel 91

  2.3.3 Komplexere Hilfsmittel 93

2.4 Verantwortlichkeiten bei der Risikoidentifizierung 94
  2.4.1 Einführung 94
  2.4.2 Unterschiedliche Rollen bei der
     Risikoidentifizierung 95
  2.4.3 Unterschiedliche Risikoeinstellungen 96
  2.4.4 Fazit 99

**2.5 Weitere Verwendung der Ergebnisse
der Risikoidentifizierung 99**

2.6 Fazit 100

3 Risikoanalyse und Risikobewertung 101

3.1 Allgemeines 101

3.2 Risikobewertung 102
  3.2.1 Teamorientierte Risikobewertung 102
  3.2.2 Unterschiedliche Typen bei der Risikobewertung 103
  3.2.3 Aggregation von Risikowissen 105
  3.2.4 Qualitative versus quantitative Risikobewertung. 105

3.3 Bewertungsmaßstäbe und Größen 107
  3.3.1 Einführung 107
  3.3.2 Der Skalenpunkt 0 109
  3.3.3 Die relative Risikomaßzahl (Exposure) 110
  3.3.4 Auswertung 110
  3.3.5 Priorisierung 114
  3.3.6 Die Risikorangliste 115

3.4 Bewertungszyklen 116
  3.4.1 Allgemeines 116
  3.4.2 Qualitätssicherung bei der Bewertung 117
  3.4.3 Rein mathematische Qualitätssicherung 118
  3.4.4 Priorisierung von Gegenmaßnahmen 119
  3.4.5 Δt und Risikopriorität vereint 120

3.5 Berichte und Auswertungen 121
  3.5.1 Einführung 121
  3.5.2 Auswertung des aktuellen Risikostatus 122
  3.5.3 Risikoverteilung 124
  3.5.4 Risikoquellenanalyse 124
  3.5.5 Historisierende Auswertung 125

3.5.6 Darstellungsformen 129
3.5.7 Ausblick 129

3.6 Fazit 130

4 Die Risikomatrix 131

4.1 Einführung in die Thematik 131

4.2 Risikoklassen 132
    4.2.1 Allgemeines zu den Inhalten 132
    4.2.2 Allgemeine Risikoklassen 132
    4.2.3 Spezifische Risikoklassen bei internen Projekten 133
    4.2.4 Risikoklassen bei der Produktentwicklung 134
    4.2.5 Zusammenfassung 135

4.3 Risikowahrscheinlichkeitsklassen 136
    4.3.1 Ermittlung der Risikowahrscheinlichkeitsklassen 136
    4.3.2 Einordnung von Risiken innerhalb der
         Risikowahrscheinlichkeitsklassen 138
    4.3.3 Zusammenfassung 138

4.4 Beispiel für eine Risikomatrix 139
    4.4.1 Erste Schritte 139
    4.4.2 Bedeutungsebenen eines Projektes 140
    4.4.3 Integration identifizierter Risiken 142
    4.4.4 Analyse einer Risikomatrix 146
    4.4.5 Monitoring einer Risikomatrix 147
    4.4.6 Zusammenfassung 153

4.5 Interne Zuständigkeiten bei der Erstellung
der Risikomatrix 153
    4.5.1 Einführung 153
    4.5.2 Die Rolle des Projektmanagers 154
    4.5.3 Die Rolle des Risikomanagers 156
    4.5.4 Weitere Zuständigkeiten des Risikomanagers 158
    4.5.5 Zusammenfassung 158

4.6 Weitere Zuständigkeiten bei der Erstellung
einer Risikomatrix 159
    4.6.1 Unternehmensübergreifende Aspekte bei der
         Erstellung der Risikomatrix 159
    4.6.2 Integration des Kundens bei der Erstellung
         der Risikomatrix 160

  4.6.3 Integration weiterer Stakeholder in die
     Erstellung der Risikomatrix 161

 4.7 **Exkurs: Weitere Einsatzbereiche einer Risikomatrix 162**
  4.7.1 Generelles 162
  4.7.2 Einsatz der Risikomatrix bei Auswahl
     von Unterauftragnehmern 162
  4.7.3 Einsatz der Risikomatrix bei der Besetzung
     von Schlüsselpositionen im Projekt 164
  4.7.4 Sonstige Einsatzbereiche der Risikomatrix 165

5 Risikomanagementstrategien 167

 5.1 **Einführung in die Thematik** 167

 5.2 **Risikovermeidung** 169
  5.2.1 Einführung 169
  5.2.2 Vorgehensweise bei der Strategie
     der Risikovermeidung 170
  5.2.3 Risikoschutz als Ergänzung 171
  5.2.3 Generelle Probleme bei der Strategie
     der Risikovermeidung 172
  5.2.4 Typische Einsatzfelder der Strategie
     der Risikovermeidung 173
  5.2.6 Die letzte Konsequenz 173
  5.2.7 Zusammenfassung 174

 5.3 **Risikoakzeptierung** 175
  5.3.1 Einführung 175
  5.3.2 Möglichkeiten der Risikoakzeptierung 175
  5.3.3 Problemfelder der Strategie der Risiko-
     akzeptierung 176
  5.3.4 Zusammenfassung 177

 5.4 **Risikominimierung** 177
  5.4.1 Einführung 177
  5.4.2 Möglichkeiten der Risikominimierung 178
  5.4.3 Zusammenfassung 179

 5.5 **Risikotransfer** 179
  5.5.1 Einführung 179
  5.5.2 Möglichkeiten der Risikoübertragung 179
  5.5.3 Problemfelder bei der Strategie des Risiko-
     transfers 182
  5.5.4 Interner Risikotransfer 183
  5.5.5 Zusammenfassung 184

5.6 Fazit 184

6 Risikomanagement in Prozessmodellen 185

6.1 Einführung in die Thematik 185

6.2 Risikomanagement im V-Modell 186
    6.2.1 Allgemeines zum V-Modell 186
    6.2.2 Submodelle im V-Modell 187
    6.2.3 Risikomanagement im Bereich System-
           Entwicklung 188
    6.2.4 Risikomanagement im Bereich Projekt-
           management 188
    6.2.5 Fazit 192

6.3 Risikomanagement im Rational Unified Process 192
    6.3.1 Allgemeines zum Rational Unified Process 192
    6.3.2 Die Projektmanagementdisziplin 193
    6.3.3 Schwächen im Rational Unified Process 197
    6.3.4 Fazit 198

6.4 Risikomanagement im MSF Version III 198
    6.4.1 Allgemeines zum Microsoft Solutions
           Framework 198
    6.4.2 Kritik an bisherigen Prozessmodellen 200
    6.4.3 Das Teammodell des MSF 202
    6.4.4 Die Verantwortung der Teammitglieder
           im Detail 205
    6.4.5 Skalierung des Teammodells 211
    6.4.6 Das MSF-Prozessmodell 214
    6.4.7 Risikomanagement im MSF 222
    6.4.8 Weitere Module 228

6.5 Fazit 228

7 Lösungsansätze zum Risikomanagement 229

7.1 Allgemeines 229

7.2 Erfolgsfaktoren 229
    7.2.1 Einführung in die Erfolgsfaktoren 229
    7.2.2 Etablierung eines formalen standardisierten
           Prozesses 230

7.2.3 Kontinuierliche Risikobetrachtung während
des gesamten Projektablaufs 230
7.2.4 Identifikation von Risiken als positiven Prozess
betrachten 231
7.2.5 Risikobasierte Entscheidungsfindung 231
7.2.6 Einbindung aller Schlüsselpersonen, Prozesse,
Geschäfts- und Technologiefelder 231
7.2.7 Kontinuierliche Risikokommunikation 232

7.3 Einführungsstrategien 232
7.3.1 Einführung 232
7.3.2 Top-Down-Strategie 233
7.3.3 Bottom-Up-Strategie 234
7.3.4 Praxiserprobte Einführungsstrategie 235
7.3.5 Risikomanager als eigenständige Rolle 236

7.4 Outsourcing 237
7.4.1 Allgemeines zum Outsourcing von Dienst-
leistungen 237
7.4.2 Outsourcing von Risikomanagement 237
7.4.3 Prozesseinführung 238
7.4.4 Durchführung in Projekten 239
7.4.5 Fazit 240

7.5 Einsatz von Werkzeugen 240
7.5.1 Vorbemerkung 240
7.5.2 Excel/Word 241
7.5.3 Access 242
7.5.4 FMEA-Tools 242
7.5.5 Anforderungen an Werkzeuge 243
7.5.6 Fazit 245

8 No Risk – No Fun 247

8.1 Einführung 247

8.2 Der Fun-Part (Chancen-Part) 248
8.2.1 Einführung 248
8.2.2 Erfahrung 249
8.2.3 Kommunizierte Erfahrung 250
8.2.4 Knowledge-Management 251
8.2.5 Chancen 259
8.2.6 Fazit 260

8.3 Der Gefahr-Part 260
8.3.1 Einführung 260

  8.3.2 Unterscheidung zwischen Gefahren und Risiken ... 261
  8.3.3 Handhabung von Gefahren ... 261

8.4 Das Spannungsfeld zwischen Chancen und Gefahren 262
  8.4.1 Einführung ... 262
  8.4.2 Das Chancenpotential ... 263
  8.4.3 Das Gefahrenpotential ... 264
  8.4.4 Der Unsicherheitsbereich ... 264
  8.4.5 Aussicht ... 265

8.5 Fazit ... 265

Die Autoren ... 267

Glossar ... 271

Titelseite eines Risikoberichtes ... 275

Professionelle Werkzeuge für das Risikomanagement ... 276

Literatur ... 277

Weiterführende Literatur ... 279

Abkürzungsverzeichnis ... 281

Abbildungsverzeichnis ... 283

Tabellenverzeichnis ... 287

Index ... 289

1 Einführung in das Risikomanagement

1.1 Ursachen für die Einführung von Risikomanagement

1.1.1 Allgemeines zum Risikomanagement

Risikomanagement ist – wie jede andere Vorgehensweise innerhalb des Software-Engineeringprozesses auch – eine wohlgeplante und absolut durchorganisierte Vorgehensweise[1]. Die wichtigste Regel im Risikomanagement heißt:

Agieren und nicht reagieren!

Die Begründung liegt auf der Hand: Wenn innerhalb des Risikomanagements reagiert wird, ist das Risiko bereits eingetreten – wenn im Risikomanagement hingegen vorausschauend agiert wird, ist die Wahrscheinlichkeit, das Risiko bereits im Vorfeld zu erkennen und damit auch im Vorfeld eliminieren zu können, wesentlich größer.

Die oben beschriebene Regel lässt sich auch wie folgt beschreiben:

Wichtigste Regel im Risikomanagement

Die Behebung eines bereits eingetretenen Risikos ist um ein Vielfaches teurer als das vorausschauende Risikomanagement.

---

[1] Man spricht auch von ingenieurmäßigem Vorgehen.

Risikomanagement hat einen unmittelbaren Einfluss auf den Projekterfolg

Somit ist eigentlich offensichtlich, dass Risikomanagement einen unmittelbaren Einfluss auf den Projekterfolg hat. Demzufolge muss Risikomanagement auch in der Projektabwicklung sowohl von Kunden- als auch von Lieferantenseite aus den entsprechenden Stellenwert eingeräumt bekommen.

Ferner bedeutet Risikomanagement grob formuliert den bewussten Umgang mit Risiken, um das Eintreten derselben zu vermeiden.[2] In diesem Buch wird das Thema Risikomanagement auf die Abwicklung von Software-Entwicklungsprojekten eingegrenzt, doch ist Risikomanagement natürlich nicht nur auf die Software-Entwicklung beschränkt.

Gibt man heute innerhalb der Internetsuchmaschine Altavista das Stichwort „Risikomanagement" ein, so erhält man (Stand 8. August 2002) immerhin 14.223 Treffer angezeigt. Erweitert man die Abfrage auf den englischen Begriff „Risk Management", so erhält man schon satte 325.913 Treffer. Ein Indiz, dass Risikomanagement nicht nur in der IT-Branche eine zentrale Rolle spielt.

Risikomanagement ist nicht „neu"

Risikomanagement existierte schon, als die Erfindung der Software-Entwicklung oder von Computern noch einige tausend Jahre entfernt war. Die Wurzeln von Risikomanagement zu erkunden, soll nicht Aufgabe dieses Buches sein, vielmehr soll hier dargestellt werden, welche Ereignisse Risikomanagement zu einem bedeutenden Thema gemacht haben.

In erster Linie ist dabei das in Kapitel 1.1.3 dargestellte Gesetz zur Kontrolle und Transparenz im Unternehmensbereich aufzuführen. Aber es gibt noch eine Reihe weiterer Faktoren, die dem Risikomanagement eine immer höhere Bedeutung zukommen lassen. Im Einzelnen sind hier aufzuführen:

Warum Risikomanagement immer wichtiger wird

- Der Erlass des Gesetzes zur Kontrolle und Transparenz im Unternehmensbereich (KonTraG) durch die Bundesregierung 1998
- Enger werdende Budgets innerhalb der Projektabwicklung oder Produktentwicklung
- Immer enger werdende Releasezyklen bei der Produktentwicklung
- Kontinuierliche Reduzierung der personellen Ressourcen innerhalb der Entwicklungsteams
- Die Übertragung von Risiken auf Unterauftragnehmer

---

[2] Eine genauere Definition von Risikomanagement wird im nächsten Kapitel gegeben.

Risikoidentifizierung

1.1.2 Begriffsklärungen

Es gibt eine Vielzahl von Definitionen, die sich mit dem Begriff Risiko beschäftigen. Interessant ist schon die Betrachtung, wo das Wort „Risiko" überhaupt herkommt. Es leitet sich von dem italienischen Begriff *risicare* – also „etwas wagen" ab [Wall2001]. Entscheidend dabei ist, dass der Ausgang ungewiss ist – man also nicht weiß, ob etwas passiert oder nicht und wenn, welche Auswirkungen dies haben kann.

Risikomanagement ist Bestandteil der Unternehmenspolitik[3] und immer proaktiv. Das bedeutet, dass sich Risikomanagement mit Risiken beschäftigt, *bevor* sie eintreten! Vereinfacht ausgedrückt besteht Risikomanagement aus den folgenden Aktivitäten:

Vielzahl von Definitionen

- Identifizierung von Risiken
- Analyse und Bewertung von Risiken einschließlich der Aufstellung eines Maßnahmenkataloges
- Festlegung von Risikostrategien
- Monitoring von Risiken

Abbildung 1: Die wesentlichen Elemente des Risikomanagements

---

[3] Die Unternehmensziele stehen immer in direktem Zusammenhang mit den Zielen des Risikomanagements.

In den folgenden Kapiteln wird auf diese einzelnen Tätigkeiten des Risikomanagements detailliert eingegangen. Abbildung 1 zeigt die wesentlichen Elemente des Risikomanagements auf.

Die Risikoanalyse und Bewertung ist der schwierigste Teil des Risikomanagements, da hier auch potentielle, zukünftige Risiken berücksichtigt werden müssen. Wichtig ist es, die Risikoanalyse in den gesamten Planungsprozess eines Unternehmens zu integrieren. Zur Durchführung des Risikomanagements stehen eine Reihe von Hilfsmitteln zur Verfügung, auf die ebenfalls im weiteren Verlauf dieses Buches eingegangen wird. In erster Linie sind hier aufzuführen:

Zwei wesentliche Hilfsmittel

- Die Risikoliste (wird in der Literatur auch manchmal mit Risikoinventar bezeichnet)
- Die Risikomatrix

Dabei baut die Risikomatrix auf den Ergebnissen der Risikoliste auf. Die Risikoliste ist das Ergebnis der Risikoidentifizierung und wird während der Risikoanalyse und Bewertung zur Risikomatrix ausgebaut. Diese dient als wichtige Grundlage der Festlegung der Risikostrategien sowie dem kontinuierlichen Monitoring der Risiken über ein Projekt.

Im Folgenden sollen die Ursachen und Einflussfaktoren betrachtet werden, die ein Risikomanagement erforderlich machen.

1.1.3
Das Gesetz zur Kontrolle und Transparenz im Unternehmensbereich

1.1.3.1
Allgemeines zum KonTraG

Auf die Sorgfalt kommt es an

Vorstände und Geschäftsführer haben bei ihrer Geschäftsführung die Sorgfalt eines ordentlichen und gewissenhaften Kaufmannes anzuwenden. Hierzu sind sie bereits seit Einführung des Aktiengesetzes gesetzlich verpflichtet (§93 Abs.1 AktG). Zu diesen Sorgfaltspflichten gehört neben der Festlegung der Unternehmenspolitik auch die Implementierung der zugehörigen funktionsfähigen Unternehmensüberwachung.

Das Gesetz zur Kontrolle und Transparenz im Unternehmensbereich (KonTraG) spielt eine entscheidende Rolle hinsichtlich der

Bedeutung, die Risikomanagement heutzutage hat. Eine gute Übersicht gibt hier [SaBra1999].

1.1.3.2
Ziele vom KonTraG

Durch das Gesetz zur Kontrolle und Transparenz im Unternehmensbereich werden Aktiengesellschaften dazu verpflichtet, ein Risikomanagement- und Überwachungssystem einzurichten. Aber auch Unternehmen in anderer Rechtsform sind vom KonTraG betroffen: Die Verpflichtung zur Einrichtung eines Überwachungssystems gilt nämlich auch für GmbH-Geschäftsführer.

In der aktuellen Begründung zum Regierungsentwurf heißt es: „Es ist davon auszugehen, dass für Gesellschaften mit beschränkter Haftung je nach ihrer Größe, Komplexität, ihrer Struktur usw. nichts anderes gilt und die Neuregelung Ausstrahlungswirkung auf den Pflichtenrahmen der Geschäftsführer auch anderer Gesellschaftsformen hat."

Diese Auffassung wird auch von der herrschenden Literaturmeinung vertreten. Das Institut der Wirtschaftsprüfer hat dies in seinem aktuellen Prüfungsstandard bestätigt. Mit Kapitalgesellschaften- und Co-Richtlinie-Gesetz (KapCoRiLiG) werden auch Offene Handelsgesellschaften (OHG) und Kommanditgesellschaften (KG) den Kapitalgesellschaften gleichgestellt, wenn sie keine natürliche Person als persönlich haftenden Gesellschafter haben. Damit müssen sich auch diese Gesellschaftsformen mit der Einführung eines Risikofrüherkennungssystems befassen.

Betroffen von den Bestimmungen des KonTraG sind somit auch Gesellschaften, die keine Aktiengesellschaft sind, aber zwei der drei nachfolgenden Kriterien erfüllen:

- Bilanzsumme > 3,44 Mio. EUR (6,72 Mio. DEM)
- Umsatz > 6,87 Mio. EUR (13,44 Mio DEM)
- Mitarbeiterzahl > 50

Die Umsetzung des Risikomanagementsystems nach den Bestimmungen des KonTraG wird von unabhängigen Wirtschaftsprüfern im Rahmen der Jahresabschluss-Prüfung überprüft. Mit dem Kapitalgesellschaften- und Co-Richtliniegesetz (KapuCoRiLiG) wird das Handelsgesetzbuch nun insoweit geändert, dass auch Unternehmen in der Rechtsform der GmbH & Co. KG sich dieser Jahresabschlussprüfung unterziehen müssen.

Randnotizen: KonTraG; Zu erfüllende Kriterien

Die genaue Ausgestaltung des Risikomanagements schreibt der Gesetzgeber jedoch nicht vor, so dass hier ein unmittelbarer Handlungsbedarf besteht, eine einheitliche Regelung zu finden.

1.1.3.3
Zuständigkeiten im KonTraG

Im Prinzip sind zwei unterschiedliche Gruppen im Bereich KonTraG zu identifizieren:

Zwei unterschiedliche Gruppen

1. **Gesetzliche Vertreter eines Unternehmens**

Den gesetzlichen Vertretern eines Unternehmens obliegen die folgenden Aufgaben:

- Implementierung eines Risikofrüherkennungssystems
- Erweiterte Anforderungen an die Erstellung des Lageberichts nach §289 HGB, insbesondere Eingehen auf die Risiken der künftigen Entwicklung des Unternehmens

2. **Abschlussprüfer**

Den Abschlussprüfern obliegen die folgenden Tätigkeiten:

Aufgaben von Abschlussprüfern

- Prüfung, ob die Risiken der künftigen Entwicklung zutreffend dargestellt sind (§317 Abs.2 HGB)
- Prüfungsbericht: Stellungnahme zur Beurteilung der Risiken im Lagebericht (§321 Abs.1 S.2 und S.3 HGB)
- Bestätigungsvermerk: Aussage zur zutreffenden Darstellung der Risiken im Lagebericht (§ 322 Abs.2 S.2 und Abs.3 S.2 HGB)

1.1.3.4
Ausblick

Dieses Buch soll Unternehmen, die in der Informationstechnologie tätig sind, beim Aufbau eines Risikomanagementssystems weiterhelfen. Es bleibt jedoch festzuhalten, dass es hier der Gesetzgeber mal wieder geschafft hat, ein Gesetz ins Leben zu rufen, ohne sich darüber Gedanken zu machen, wie dieses Gesetz auch „eingehalten" werden kann.

Daher ist auch hier wieder viel Spielraum, letztendlich sind die Unternehmen auf sich gestellt. Das vorliegende Buch stellt unterschiedliche Strategien vor, wie Risikomanagement erfolgreich eingeführt und umgesetzt werden kann. Zunächst sollen jedoch weitere Ursachen aufgezeigt werden, warum Risikomanagement einen immer höheren Stellenwert erhält.

1.1.4 Enger werdende Budgets

1.1.4.1 Einführung

In den letzten Jahren wurden von vielen Unternehmen einige sogenannte „Versuchsprojekte" gestartet – hierbei handelte es sich in erster Linie um Projekte, die neue Technologien (speziell im Bereich E-Commerce und E-Business) austesten sollten.

Versuchsprojekte

Diese Projekte hatten die angenehme Eigenschaft, dass sie mit großzügigen Budgets ausgestattet wurden, selbst ein Überziehen eines solchen Budgets konnte kompensiert werden. Nun hat aber die IT-Krise derartige Budgets als erstes reduziert. Damit waren die bisherigen Auftraggeber gezwungen, nun die entsprechenden Maßnahmen einzuleiten, die eine kostenbewusste Abwicklung sicherstellte. Risikomanagement ist eine dieser Maßnahmen.[4]

1.1.4.2 Auswirkungen von Budgetkürzungen auf das Risikomanagement

Natürlich sind nicht nur die oben aufgeführten Versuchsprojekte von Budgetkürzungen betroffen, sondern auch die drei in diesem Buch dargestellten anderen Projekttypen:

- interne Projekte
- externe Projekte
- Produktentwicklung

Drei unterschiedliche Projekttypen

---

[4] Eine andere – und wesentlich häufiger durchgeführte – Maßnahme war der sofortige Stopp dieser Projekte, da sie nicht wesentlich zum Unternehmenserfolg beitrugen.

Diese Budgetkürzungen machen sich auf unterschiedliche Art und Weise bemerkbar. Leider wird auch häufig der Fehler begangen, dass die während der Phase der Risikoidentifizierung gefundenen Risiken zwar erfasst werden, aber hinsichtlich der einzuleitenden Maßnahmen aus Kostengründen vernachlässigt werden.

Typische Auswirkungen von Budgetkürzungen und der damit verbundene Einfluss auf das Risikomanagement sind:

Weniger Qualitätssicherungsmaßnahmen

- Es werden weniger Qualitätssicherungsmaßnahmen durchgeführt, dadurch steigt die Fehleranfälligkeit. Dies muss bei der Identifizierung von Risiken verstärkt berücksichtigt werden. Es müssen die Teilbereiche herausgearbeitet werden, wo Qualitätssicherungsmaßnahmen unerlässlich sind (wo ein Risiko also vermieden werden soll) und diejenigen, wo man auf Qualitätssicherung verzichten möchte (das Risiko also akzeptiert werden soll).

- Es wird an einzusetzenden Werkzeugen gespart (also keine zusätzlichen Investitionen getätigt). Projekte lassen sich heutzutage nur noch mit einer professionellen Werkzeugumgebung in Time und Budget durchführen, im Einzelnen kommen dabei die folgenden Tools zum Einsatz:

Unterschiedliche Werkzeuge

- Projektmanagementwerkzeug, zum Beispiel Microsoft Project
- Anforderungsmanagementwerkzeug, zum Beispiel Telelogic DOORS
- Konfigurationsmanagementwerkzeug, zum Beispiel CM Synergy
- Modellierungs- und Generierungswerkzeug, zum Beispiel Interactive Objects ArcStyler
- Testwerkzeug, zum Beispiel Mercury Interactive Test Director
- Dokumentationswerkzeug, zum Beispiel Doc Express
- usw.

Anschaffungskosten und Wartungskosten

Der Einsatz dieser Werkzeuge verursacht natürlich Kosten (sowohl Anschaffungskosten als auch Wartungs- und Ausbildungskosten). Auf der anderen Seite verkürzt der Einsatz dieser Werkzeuge die Entwicklungszeit und trägt in erheblichem Maße zur Qualitätssteigerung bei. Im Risikomanagement ist zu analysieren, welche der Werkzeuge zwingend erforderlich sind, bzw. welche Tools eventuell in einer älteren Version weiterverwendet werden können.

- Es wird an personellen Ressourcen gespart. Mehr dazu ist dem übernächsten Abschnitt zu entnehmen.

Diese Auflistung macht deutlich, wie groß die Auswirkungen von Budgetkürzungen insbesondere hinsichtlich der vorzunehmenden Planungsmaßnahmen für das Risikomanagement sind.

1.1.4.3 Ausblick

Budgetkürzungen innerhalb von Projekten haben großen Einfluss auf das Risikomanagement, da diese meist zu Lasten der Qualität des Projektes gehen. Damit steigt die Anzahl der Risiken nicht nur, auch die Auswirkungen werden gravierender, da meist ein Dominoeffekt zu befürchten ist.

Wenn also ein Projektbudget gekürzt werden muss, dann sollte dies in Einklang mit dem Risikomanagement durchgeführt werden. Nur wenn die Kürzungen nach der Risikoanalyse und Bewertung vertretbar sind, sollten sie auch durchgeführt werden. Ansonsten besteht die Gefahr, dass der eingesparte Budgetbetrag kleiner ist als die durch die Einsparung entstehenden Folgekosten.

Budgetkürzungen immer nur im Einklang mit Risikomanagement

1.1.5 Immer kürzere Releasezyklen

Bei der Produktentwicklung (Näheres zum Thema Produktentwicklung ist dem anschließenden Kapitel zu entnehmen) zeichnen sich in letzter Zeit immer kürzer werdende Releasezyklen ab. Nahezu jeder Hersteller bringt heutzutage mindestens zwei Releases von seinem Produkt auf den Markt. Borland zum Beispiel bis zu vier.[5]

Zwei Releases sind üblich

Für die Software-Entwicklung entstanden dadurch eine Reihe von Problematiken, die im Vorfeld nicht abzuschätzen waren – also neue Risiken. Die größte Problematik bestand darin, dass die Hersteller natürlich nicht koordiniert zu einem bestimmten Zeitpunkt ihr neues Release auf den Markt brachten, sondern unabhängig voneinander. Damit lag es dann oft bei den Kunden, die Schnittstelle zwischen den jeweiligen Produkten zu harmonisieren.

---

[5] Welche Auswirkungen dies auf die Toolhersteller selber hat, wird im weiteren Verlauf dieses Kapitels näher betrachtet.

Generell existieren die folgenden Möglichkeiten der Pflege von Schnittstellen zwischen zwei Produkten:

Möglichkeiten der Pflege von Schnittstellen

- Beide Produkte kommen von demselben Hersteller. In diesem Fall ist die Schnittstellenproblematik oft am geringsten; der Hersteller hat die Schnittstellen bereits mit Ausgabe des neuen Releases angepasst.
- Die Produkte kommen von zwei Herstellern, die enge Partner sind. Im Regelfall[6] stimmen sich dann die beiden Partner ab und bringen jeweils eine angepasste Schnittstelle mit dem neuen Release gleichzeitig auf den Markt.
- Ein Hersteller hat im Kundenauftrag eine Schnittstelle zu einem anderen Produkt entwickelt – hier ist davon auszugehen, dass die Anpassung der Schnittstelle auf das neue Release mit Verzögerung auf den Markt kommt.
- Der Kunde hat selber eine Schnittstelle zwischen zwei Werkzeugen implementiert. Definitiv der Worst Case, denn da liegt die Verantwortung zur Pflege der Schnittstelle ausschließlich beim Kunden.

Im Risikomanagement waren damit Aspekte zu berücksichtigen, wie zum Beispiel:

Mögliche Auswirkungen

- Welche Auswirkungen hat es, wenn die Schnittstelle nicht einwandfrei funktioniert?
- Welche Auswirkungen hat es, wenn ein Hersteller plötzlich nicht mehr eine bisher unterstützte Schnittstelle weiterpflegt?
- Welche Auswirkungen auf die Schnittstellen hat es, wenn ein Hersteller von einem Wettbewerber übernommen wird?
- Welche Auswirkungen hat es, wenn aus Zeitgründen die Schnittstellenanpassung nicht durchgeführt werden kann und mit der alten Version des Produktes weitergearbeitet werden muss?[7]

---

[6] In Krisenzeiten wie jetzt dürfte dieser Regelfall nur noch bedingt vorliegen.
[7] Häufig wird dadurch eine Kettenreaktion verursacht, die bewirkt, dass auch andere Produkte aus dem Software-Entwicklungsbereich nicht upgegraded werden können.

1.1.6
Reduzierung personeller Ressourcen

Mit der IT-Krise der letzten Jahre gingen Personalkürzungen einher. Besonders im Bereich der Projektabwicklung wurde eine Vielzahl von Stellen gestrichen. Für das Risikomanagement hat das die folgenden Auswirkungen:

- Bei der Analyse und Bewertung von Risiken wird ein Maßnahmenkatalog erstellt, auf welche Art und Weise den identifizierten Risiken vorgebeugt werden kann; dabei wird oft das Bereithalten zusätzlicher personeller Ressourcen aufgeführt. Diese Möglichkeit wird durch die Personalreduzierung erheblich eingeschränkt.
- Abnehmende Mitarbeitermotivation ist eines der häufigsten politischen Risiken (siehe nächster Abschnitt), das bei der Risikoidentifizierung ermittelt wird. Großflächige Personalreduzierungen verstärken das Sinken der Mitarbeitermotivation und erfordern somit zusätzliche Maßnahmen.
- Besonders gravierende Auswirkungen hat der Know-how-Verlust. Dies gilt besonders für die technischen Risiken, die während der Risikoidentifizierung ermittelt werden. Fehlendes Know-how kann meist nur durch den Zukauf externer Beratungsleistungen als Maßnahme des Risikomanagements kompensiert werden.

Personalkürzungen

Abnehmende Mitarbeitermotivation

Know-how-Verlust

Damit sind auch die Reduzierungen personeller Ressourcen immer mit den innerhalb des Risikomanagement festgelegten Maßnahmen abzugleichen.

1.1.7
Übertragung von Risiken

1.1.7.1
Entwicklung

In den letzten Jahren konnte somit Risikomanagement einen immer höheren Stellenwert in der IT-Branche gewinnen. Leider hat sich aber auch bewahrheitet, dass Risikomanagement von den meisten

„Einsicht" oder „Druck"

Unternehmen nicht aus „Einsicht" eingeführt wird, sondern auf Druck![8]

Dieser Umstand hat dazu beigetragen, dass Risikomanagement oft nur halbherzig durchgeführt bzw. eingeführt wurde. Dies bedeutet, dass man zwar nun einige Techniken des Risikomanagements etabliert hatte, diese jedoch in ihrer Bedeutung nach wie vor unterschätzt und somit auch nicht gelebt wurden.

In anderen Branchen, wie zum Beispiel im Bereich „Military und Aerospace" – wo Risikomanagement schon längst etabliert war – war im Gegenzug festzustellen, dass Risikomanagement immer professioneller wurde.

Konträre Entwicklung von Risikomanagement

Man kann also sagen, dass sich zunächst eine konträre Entwicklung von Risikomanagement ergeben hat. Diese hat sich teilweise durch die folgende Situation „entschärft": Dadurch, dass in einigen Branchen Risikomanagement einen immer größeren Stellenwert bekam, verpflichteten diese Branchen ihre Unterauftragnehmer zur Einführung eines professionellen und nachweisbaren Risikomanagements. Auf diese Art und Weise wurde Risikomanagement auch in der IT-Branche immer verbreiteter.

1.1.7.2
Übertragungsarten

Es sind unterschiedliche Arten der Übertragung von Risiken denkbar. Im weiteren Verlauf dieses Buches wird auch auf die Strategie des „Risikotransfers" eingegangen. An dieser Stelle soll betrachtet werden, wie der branchenübergreifende Risikotransfer stattgefunden hat.

V-Modell

Als eines der wesentlichen Instrumente ist das V-Modell zu nennen, das ebenfalls in diesem Buch noch zur Sprache kommt. Im militärischen Bereich ist die Verwendung dieses Prozessmodells bereits seit 1992 für die Software-Entwicklung verpflichtend. Wie später noch dargestellt wird, beinhaltet das V-Modell – besonders die neuere Version von 1997 – einige Techniken des Risikomanagements.

Eine weitere Übertragungsart war in der vertraglichen Gestaltung der Beauftragung von Unternehemen der IT-Branche zu sehen. Branchen, in denen Risikomanagement bereits fest etabliert war, haben hier ganz bewusst das Mittel des Risikotransfers eingesetzt, um den Auftragnehmer zum Risikomanagement zu „zwingen".

---

[8] Siehe die Ausführungen über KonTraG

Letztlich sind auch die Hochschulen zu erwähnen, deren Lehrprogramm Risikomanagement enthielt. Die jeweiligen Hochschulabgänger haben somit automatisch das Thema Risikomanagement bei ihren späteren Arbeitgebern sensibilisiert.

Hochschulen

1.2 Die Einstellung zu Risiken

1.2.1 Einführung

Bevor wir näher auf das Risikomanagement in der Informationstechnologie eingehen, wollen wir uns zunächst mit der Einstellung von Menschen zu Risiken im Allgemeinen – also unabhängig von der IT-Branche – beschäftigen. Schwerpunkt dieses Abschnitts sind dabei die Einflussfaktoren auf die Einstellung zu Risiken, im Einzelnen sind dies:

- Die wirtschaftliche Situation des gesamten Marktes
- Die wirtschaftliche Situation des Arbeitgebers
- Das Umfeld des Arbeitgebers
- Die individuellen Erfahrungen des Einzelnen
- Die private Situation des Einzelnen

Unterschiedliche Einflussfaktoren

1.2.2 Einflussfaktoren auf die Einstellung zu Risiken

1.2.2.1 Einführung

Es existieren, wie oben bereits aufgeführt, eine Reihe von Einflussfaktoren, die die Risikoeinstellung von Menschen prägen. Interessanterweise unterscheidet sich die Risikoeinstellung nicht zwischen privatem und beruflichem Bereich, ganz im Gegenteil, es sind hier starke wechselseitige Abhängigkeiten feststellbar.

Keine Unterschiede zwischen privaten und beruflichen Einstellungen

1.2.2.2
Die wirtschaftliche Situation des gesamten Marktes

Der stärkste Einflussfaktor ist sicherlich die jeweilige wirtschaftliche Gesamtlage (nicht nur des Unternehmens, sondern auch des gesamten Marktes). Dies soll anhand eines kleinen Beispiels verdeutlicht werden:

Beispiel   In den Jahren 1998, 1999 und 2000 waren am damals noch existierenden „Neuen Markt" extreme Anstiege von Börsenwerten festzustellen, die im Prinzip jeglicher rationalen Grundlage entbehrten. Nahezu jeder, der ein paar Euro (damals noch DM) übrig hatte, investierte in diesem lukrativen Segment. Die Banken waren angehalten, so genannte Risikoprofile zu erstellen und auf die Gefahren (Risiken) hinzuweisen. Sehr zu Recht, wie die Folgejahre gezeigt haben. Doch letztendlich wurden diese Warnungen nur von einem Bruchteil der Investoren berücksichtigt, man ging dieses Risiko bewusst ein. Zu euphorisch war damals die gesamte Stimmung am Markt – es konnte ja nur bergauf gehen. Analysten (oder auch solche, die glaubten, Analysten zu sein) heizten mit wahnwitzigen Prognosen diese Goldgräberstimmung nochmals an.

Das Ergebnis ist mittlerweile hinreichend bekannt: Milliarden privater Anlagegelder wurden schlichtweg vernichtet! Börsencrash, Betrug, einbrechende Umsatzzahlen prägten die Schlagzeilen – besonders betroffen war die IT-Branche. Dies hatte die folgenden Auswirkungen:

Nachlassende Risikobereitschaft
- Die Risikobereitschaft der Anleger machte eine 180-Grad-Wendung – vom risikoreichen Börsengeschäft wechselten viele in festverzinsliche risikolose Anlagestrategien.
- Diese Einstellung zum Risiko wurde auf andere Lebensbereiche – und somit auch auf die berufliche Arbeitsweise – automatisch projiziert; plötzlich versuchte sich jeder abzusichern, besonders im Projektgeschäft.

Bewussterer und vorsichtigerer Umgang mit Risiken   Es wurde also ein wesentlich bewussterer und vorsichtigerer Umgang mit Risiken an den Tag gelegt – Ursache: Aus Fehlern klug geworden!

1.2.2.3
Die wirtschaftliche Situation des Arbeitgebers

Die wirtschaftliche Situation des Arbeitgebers spielt ebenfalls eine entscheidende Rolle beim Umgang mit Risiken. Bleiben wir bei obigem Beispiel:

Zu der angegebenen Zeit (1998, 1999 und 2000) profitierte eine Vielzahl von Mitarbeitern von so genannten Optionsprogrammen. Kurze Erläuterung: Börsenorientierte Unternehmen gewährten ihren Mitarbeitern eine gewisse Anzahl von Optionen, die sie innerhalb der nächsten vier Jahre (leider war immer ein Jahr Sperrzeit enthalten) einlösen konnten. Ausschlaggebend war der Aktienkurs an dem Tag, wo die Optionen zugeteilt wurden (meist einige Wochen nach Aufnahme der Tätigkeiten in dem Unternehmen). Nach dem Jahr Sperrzeit konnte dann der Mitarbeiter jeden Monat eine gewisse Anzahl an Optionen einlösen.

Ergänzt wurde dies meist noch durch sogenannte ESPP (Employee Stock Purchase Program). Ein gewisser prozentualer Anteil des Gehaltes konnte in Aktien umgewandelt werden, die 15% unter dem Aktienkurs zu Beginn des ESPP-Programms bezogen wurden. Beiden Programmen gemeinsam war, dass die Gewinne natürlich versteuert werden mussten.

Employee Stock Purchase Program

Die Risiken des ESPP-Programms wurden heruntergespielt bzw. von den Mitarbeitern nicht wahrgenommen – letztendlich befanden sich die meisten Kurse ständig im Aufwind, so dass die Risiken auch nicht offensichtlich wurden. Zu dieser Zeit war es durchaus üblich, dass leitende Mitarbeiter durch diese beiden Programme mehr Geld verdienten als durch ihr Gehalt. Dies bewirkte die folgenden Situationen:

- Die Bereitschaft, Risiken im Projektgeschäft einzugehen, wurde bei den Mitarbeitern immer größer, schließlich verdiente man ja bereits durch die Aktienprogramme ausreichend Geld. Da war es nicht besonders tragisch, wenn ein Projekt wegen zu hoher Risikobereitschaft defizitär wurde – der dadurch ausbleibende variable Gehaltsanteil des Projektmanagers wurde ja durch die Aktiengewinne mehr als ausreichend kompensiert.

- Für die Arbeitgeber entstand eine gefährliche Situation – nicht nur die übertriebene Bereitschaft zum Risiko der eigenen Mitarbeiter, auch die Fluktuation schwebte wie ein Damoklesschwert über dem Unternehmen, da immer mehr Mitarbeiter einen Wechsel des Arbeitgebers anhand der Kursentwicklung der Aktien vornahmen.

Übertriebene Bereitschaft zum Risiko

- Nach dem Börsencrash sah die Situation plötzlich anders aus – die Optionen waren innerhalb kürzester Zeit nichts mehr wert, das ESPP lief ins Minus, sofern nicht rechtzeitig verkauft wurde und die (gar nicht ausgeübten) Gewinne bereits versteuert waren. Plötzlich war die Bereitschaft, auch noch berufliche Risiken einzugehen, nahezu Null, da nun der variable Gehaltsanteil wieder von entscheidender Bedeutung war.

Auch hier wurde also aus Fehlern gelernt und von heute auf morgen ein bewussterer Umgang mit Risiken an den Tag gelegt. Bei beiden Situationen war die wirtschaftliche Situation des Marktes bzw. des Unternehmens ausschlaggebend für die Risikoeinstellung der Mitarbeiter. Im Folgenden soll dargestellt werden, inwieweit das Umfeld, in dem sich das Unternehmen befindet, einen Einfluss auf die Risikobereitschaft der Mitarbeiter hat.

1.2.2.4 Das Umfeld des Unternehmens

Die in den beiden Abschnitten zuvor dargestellten Einflussfaktoren unterliegen einem zeitlichen Wandel, hingegen ist das Umfeld, in dem ein Unternehmen tätig ist, wesentlich konstanter. Unter Umfeld wird in diesem Zusammenhang die Branche verstanden, in der das Unternehmen sein Kerngeschäft betreibt. Allgemein liegen hier die folgenden Einflussfaktoren vor:

Risikomanagement als fest etablierte Unternehmenskultur

- Unternehmen, die im sicherheitskritischen Bereich tätig sind, sind hinsichtlich der Etablierung von Risikomanagement anderen Unternehmen erheblich voraus. So ist hier Risikomanagement keine neue Disziplin, sondern eine fest etablierte Unternehmenskultur. Die individuelle Risikobereitschaft der Mitarbeiter spielt hier nahezu keine Rolle, da die im Unternehmen existierende Risikopolitik klare Verhaltensweisen vorschreibt.

- Unternehmen der New Economy sind extrem risikobereit. Dies liegt unter anderem auch an der Tatsache, dass sie ständig mit neuen Technologien konfrontiert werden, deren Risiken nicht vorhersehbar sind.

Zum Eingehen von Risiken gezwungen

- Unternehmen, die sich (aus welchen Gründen auch immer) auf neue Märkte begeben, sind gezwungen, gewisse Risiken einzugehen bzw. zu akzeptieren (mehr zum Thema Risikoakzeptierung ist Kapitel 5 zu entnehmen). Die erforderlichen Maßnahmen im Bereich Risikomanagement sind hier wesentlich intensiver zu planen, als dies bei Unternehmen der Fall ist, die sich weiterhin in ihrem bewährten Umfeld bewegen.

Somit stehen also Unternehmen vor dem Spannungsfeld, die individuelle Risikobereitschaft ihrer Mitarbeiter mit dem Umfeld, in dem sie ihr Kerngeschäft tätigen, in Einklang bringen zu müssen. Bei etablierten Unternehmen, die über einen gesunden Mix an risikobereiten und risikobewussten Mitarbeitern verfügen, stellt sich das einfacher dar als bei so genannten Start-Up-Companies, die in einem neuen Umfeld arbeiten. Im Folgenden soll dargestellt werden, welche Auswirkungen die individuellen und privaten Situationen des Arbeitnehmers haben.

Spannungsfeld

1.2.2.5
Die individuellen Erfahrungen des Einzelnen

Ein weiterer wichtiger Einflussfaktor auf die Einstellung zu Risiken sind die individuellen Erfahrungen, die der Einzelne in seinem bisherigen Leben gesammelt hat. Unter individuellen Erfahrungen werden dabei Situationen sowohl im privaten als auch beruflichen Umfeld verstanden. In Kapitel 8 werden wir uns detailliert dem Thema Erfahrungen widmen.

Die Praxis hat gezeigt: je größer der Erfahrungsschatz eines Mitarbeiters ist, desto professioneller geht er mit Risiken um. Das heißt nicht, dass er immer vorsichtiger wird, sondern vielmehr, dass er immer mehr hinzulernt, Risikowahrscheinlichkeiten und Auswirkungen vorherzusehen. Er weiß also genau, mit welcher der in Kapitel 5 dargestellten Risikomanagementstrategie er welchem Risiko begegnen soll.

Zusammenhang Erfahrungen und Umgang mit Risiken

Generell gilt, dass junge und neue Mitarbeiter zu Extremen neigen – entweder übervorsichtig oder allzu risikobereit. Hier sind die erfahrenen Mitarbeiter zu einem Coaching gefordert, sofern das Unternehmen über einen gesunden Mix verfügt. Anderenfalls ist ein Phänomen festzustellen, das besonders bei Start-Up-Firmen in den letzten Jahren auftrat: Bedingt durch die Vielzahl junger Mitarbeiter und die magelnde Erfahrung war die Risikobereitschaft viel zu hoch. Dies wirkte sich in den Jahren 1998, 1999 und 2000 noch nicht so aus, erst Ende 2000 mit Beginn der IT-Krise wurden die Auswirkungen spürbar.

Welche Auswirkungen auf die Risikobereitschaft das private Umfeld darstellt, soll im nächsten Abschnitt dargestellt werden.

1.2.2.6
Die private Situation des Einzelnen

Einflussfaktor Familie

Auch die private Situation des Einzelnen spielt eine entscheidende Rolle im Umgang mit Risiken. So ist die Risikobereitschaft bei einem mehrfachen Familienvater deutlich geringer als bei einem ledigen Mitarbeiter. Hintergrund: Der Familienvater reduziert die Projektrisiken nicht nur auf das aktuelle Projekt, sondern sieht diese in direktem Zusammenhang mit seiner privaten Situation. Die Gefahr, dass er durch eine zu hohe Risikobereitschaft seinen Job verliert, ist für ihn von wesentlich gravierenderer Auswirkung, als dies beim jungen ledigen Kollegen der Fall ist.

Ebenfalls von Bedeutung ist die „berufliche Vergangenheit" der letzten Monate – hat der Mitarbeiter im letzten Projekt bereits durch eine zu hohe Risikobereitschaft schmerzliche Erfahrungen sammeln müssen, so wird er im neuen Projekt den Risiken ganz anders gegenübertreten, als dies bei einem Mitarbeiter der Fall ist, der positive Erfahrungen mit einer gewissen Risikobereitschaft gesammelt hat.

1.2.3
Ausblick

Es liegt auf der Hand, dass die Risikomanagementstrategien (siehe Kapitel 5) und die Bereitschaft des Einzelnen, Risiken einzugehen, einer Vielzahl von Einflussfaktoren unterliegen. Risikobereitschaft ist also keine Eigenschaft, die angeboren und unveränderlich ist, sondern eine Eigenschaft, die durch unterschiedliche Einflussfaktoren mal stärker und mal schwächer ausgeprägt ist.

Wechselwirkung zwischen gesammelten Erfahrungen und aktuellem Verhalten

Besonders entscheidend ist dabei eine gewisse Wechselwirkung – hat der Mitarbeiter Erfolg durch das bewusste Eingehen von Risiken (unabhängig davon, ob im Projektgeschäft oder im privaten Umfeld), wird er diese Risikobereitschaft auch ins Projektgeschäft übernehmen, hat er hingegen eine empfindliche Schlappe einstecken müssen, wird auch sein Umgang mit den Risiken im Projektgeschäft bewusster. Viele Mitarbeiter neigen im letzteren Fall dazu, übervorsichtig zu werden und kostenintensive Risikovermeidungsstrategien einzuleiten.

Das Unternehmen ist selbst gefordert

Dieser Abschnitt sollte verdeutlichen, dass in erster Linie das Unternehmen selbst gefordert ist, die Risikobereitschaft der Mitarbeiter zu kontrollieren und zu harmonisieren, da die individuellen Einflüsse zu großen Schwankungen und Einflüssen unterliegen, die dem Unternehmen verborgen bleiben.

In den folgenden Kapiteln wird immer wieder auf diese „menschliche Komponente" des Risikomanagements eingegangen, da sie eine entscheidende Rolle innerhalb der Risikopolitik des Unternehmens darstellt. Ein wesentliches Instrument bildet dabei die in Kapitel 4 dargestellte Risikomatrix, die den Mitarbeiter zu einer realistischen Einschätzung von Risiken „zwingt".

1.3 Risikotypen in der Informationstechnologie

1.3.1 Einführung

Im weiteren Verlaufe dieses Buches soll das Risikomanagement in der Informationstechnologie betrachtet werden. Bereits eingangs wurde darauf eingegangen, dass hier ein professionelles Risikomanagement noch in den Kinderschuhen steckt. In diesem Kapitel stehen zunächst die unterschiedlichen Risikotypen in der Informationstechnologie im Vordergrund, auf die wir im Folgenden eingehen wollen.

Risikomanagement in der IT steckt noch in den Kinderschuhen

Im Anschluss werden wir genauer die jeweiligen Auswirkungen der einzelnen Risikotypen betrachten. Dies wird anhand einiger Fallbeispiel geschehen. Am Ende wird kurz auf weitere Bereiche des Risikomanagements eingegangen.

1.3.2 Risikotypen – eine Differenzierung

Unter dem Begriff Risikotypen sind die unterschiedlichen Aspekte zu verstehen, die Ursache für das Eintreten eines Risikos sein können. Diese werden in thematisch zusammenhängenden Gruppierungen zusammengefasst.[9] In den nächsten Abschnitten werden die folgenden fünf wesentlichen Risikotypen näher betrachtet, die in der IT-Branche immer wieder anzutreffen sind:

---

[9] Der Begriff „Risikotyp" dürfte den meisten Lesern dieses Buches aus der Finanzbranche bekannt sein. Hier wird der Kunde seitens der Bank zum Beispiel bei der Geldanlage an der Börse daraufhin analysiert, welche Art von Risikotyp er ist.

Fünf unterschiedliche Risikotypen

- Geschäftliche/kaufmännische Risiken
- Technische/technologische Risiken
- Terminliche Risiken
- Ressourcenrisiken
- Politische Risiken[10]

Dabei ist zu unterscheiden, um welche Art von Projekt es sich handelt, in dem die jeweiligen Risiken auftauchen können. In diesem Buch werden die folgenden drei Projekttypen differenziert:

Unterschiedliche Projekttypen

- Interne Projekte – hierbei handelt es sich um Software-Entwicklungsprojekte, die unternehmensintern erstellt werden.[11]
- Externe Projekte – diese Projekte werden im Auftrag eines externen Kundens abgewickelt.
- Produktentwicklungen – hier entwickelt ein Unternehmen ein Standardprodukt, das im Anschluss auf dem Markt vertrieben werden soll.

Unterschiedliche Projektarten

Bei der folgenden Auflistung der Risikotypen werden diese drei unterschiedlichen Projektarten separat betrachtet, da die Risikotypen unterschiedliche Auswirkungen auf diese Projektarten haben können. Dabei wird in diesem Abschnitt nicht darauf eingegangen, wie diesen Risiken entgegengewirkt werden kann. Dies ist Thema der späteren Kapitel. An dieser Stelle sollen lediglich die häufigsten Risiken aufgelistet und die möglichen Auswirkungen betrachtet werden.

---

[10] Um es gleich vorweg zu nehmen – das sind die schwerwiegendsten Risiken für ein Projekt!

[11] Dabei sind hier ausschließlich Unternehmen gemeint, deren Kerngeschäft die Abwicklung externer Software-Entwicklungsprojekte darstellt.

1.3.3 Kaufmännische Risiken

1.3.3.1 Kaufmännische Risiken in externen Projekten

Zentrales Risiko eines Software-Entwicklungsprojektes ist die kaufmännische bzw. finanzielle Absicherung des Projektes. Besonders betroffen sind dabei natürlich die externen Projekte. Ein kaufmännisches Risiko kann durch die folgenden Situationen innerhalb eines externen Projektes eintreten:

Finanzielle Absicherung des Projektes

- Der Auftraggeber reduziert das zuvor bereitgestellte bzw. zugesagte Budget. Budgetkürzungen sind heutzutage an der Tagesordnung, daher muss man mit dem Eintreten dieses Risikos nahezu immer rechnen.

Budgetkürzungen

- Der Auftraggeber stoppt das Projekt oder der Auftraggeber verschwindet vom Markt[12]. Hierbei handelt es sich sicherlich um ein „Worst-Case-Szenario", das zum Glück nicht zur Tagesordnung gehört. Trotzdem sollte – je nach Projektgröße – das Eintreten dieses Risikos berücksichtigt werden.

- Der Auftragnehmer stellt fest, dass er bestimmte Technologien[13] benötigt, deren Investition er zu Projektbeginn nicht einkalkuliert hatte. Gerade bei langläufigen Projekten tritt diese Situation häufig ein, da der IT-Markt einem ständigen (technologischen) Wandel unterliegt.

Neue Technologien

- Der Auftraggeber stellt fest, dass er zusätzliche Ressourcen benötigt, die vor dem Projektstart nicht eingeplant waren. Auf das Thema Ressourcenrisiken wird im weiteren Verlauf nochmals eingegangen.

---

[12] Was in den letzten Jahren leider häufig der Fall war.
[13] Unter Technologien können hier Hardware, zusätzliche Software-Entwicklungswerkzeuge oder andere Tools verstanden werden.

Oft kein Einfluss des Auftragnehmers

Die ersten beiden Punkte sind kaufmännische Risiken, die eintreten können, ohne dass der Auftragnehmer einen direkten Einfluss darauf hat[14] – bei den letzten beiden Punkten hingegen hat er einen Einfluss. Das Eintreten des zweiten Risikos kann erhebliche Auswirkungen auf das Unternehmen haben, je nachdem, wie hoch der prozentuale Anteil des Projektbudgets am Gesamtumsatz ist und wieviele Zahlungen noch offen sind.

Aber auch das Eintreten des ersten Risikos kann signifikante Auswirkungen (zum Beispiel Mitarbeiterentlassungen) beim Auftragnehmer haben. Beim Eintreten des dritten Risikos besteht für den Auftragnehmer die Möglichkeit, dass er diese Technologien vielleicht aus anderen, bereits abgeschlossenen Projekten übernehmen kann (zum Beispiel, wenn es sich um den Einsatz bestimmter Software-Entwicklungswerkzeuge handelt, deren Lizenzen gerade nicht genutzt werden).

Das vierte Risiko ist in Zeiten von kontinuierlichen Mitarbeiterentlassungen ständig akut, wir gehen im weiteren Verlauf dieses Buches noch näher darauf ein.

1.3.3.2 Kaufmännische Risiken bei internen Projekten

Tragweite nicht so gravierend

Kaufmännische Risiken bei internen Projekten haben in der Regel nicht die Tragweite, die sie bei externen Projekten besitzen. Während die kaufmännischen Risiken bei externen Projekten die Zukunft des Unternehmens erheblich beeinträchtigen können, haben interne Projekte nicht diese Auswirkung. Dies liegt in erster Linie daran, dass interne Projekte keinen direkten Geldfluss (Umsatz) erzielen, wie das bei einem externen Projekt der Fall ist. Interne Projekte erzielen allenfalls einen mittelfristigen Geldfluss in Form von Einsparungen.

Bei internen Projekten ist jedoch zu unterscheiden, ob es sich um ein Forschungsprojekt oder um ein Projekt handelt, das zum Beispiel die internen Geschäftsprozesse betrifft, wie die Einführung von SAP. Im letzteren Falle hätten hier kaufmännische Risiken schon deutlichere Auswirkungen, da man ja bereits in SAP investiert hatte. Dies verdeutlicht, dass auch bei internen Projekten Risikomanagement Pflicht ist. Kaufmännische Risiken bei internen Projekten werden zum Beispiel durch die folgenden Situationen hervorgerufen:

---

[14] Allerdings sind Budgetkürzungen meist vorhersehbar; je mehr Kontakt der Auftragnehmer zum Kunden hat, umso eher kann er anstehende Budgetkürzungen erkennen (und eventuell diesen entgegenwirken).

- Es wird eine interne Softwarelösung zum Beispiel für die Auftragsabwicklung erstellt. Diese arbeitet jedoch fehlerhaft. Entscheidend hierbei ist, zu welchem Zeitpunkt dies festgestellt wird. Gravierend wird dieses Problem, sobald sich die Software-Lösung im produktiven Einsatz befindet.
- Das Budget zur Abwicklung des internen Projektes wird gekürzt oder gestrichen – diese Situation tritt besonders dann ein, wenn andere (externe) Projekte in Schieflage geraten sind und nach einer Kompensierung gesucht wird. Resultat ist meist der Projektabbruch, je nach bereits erreichtem Projektfortschritt sind dann auch die Auswirkungen signifikant.
- Während der Abwicklung des internen Projektes verlassen einige Mitarbeiter, die Schlüsselpositionen innerhalb des Projektes innehatten, das Unternehmen oder kommen in anderen (meist externen) Projekten zum Einsatz (siehe auch Ressourcenproblematiken). Eine Fertigstellung des internen Projektes in Time und Budget ist hier nahezu ausgeschlossen. Je nachdem, welche zusätzlichen finanziellen Mittel erforderlich sind, um das Projekt noch erfolgreich zu beenden, ist die Auswirkung des Mitarbeiterabzugs gravierend oder nicht.

Beispiel für kaufmännische Risiken

1.3.3.3
Kaufmännische Risiken bei der Produktentwicklung

Die kaufmännischen Risiken bei der Produktentwicklung liegen in erster Linie darin, dass ein Wettbewerber mit einem vergleichbaren Produkt eher auf den Markt kommt. Dies kann sehr schwerwiegende Konsequenzen für den Produkthersteller haben. Unter Umständen kann das Release in der geplanten Form nicht mehr auf den Markt gebracht werden.

Ein weiteres Risiko liegt darin, dass ein elementarer Schlüsselkunde, der bisher für einen signifikanten Anteil am Produktumsatz verantwortlich war, sich für ein anderes Produkt entscheidet. Je nach Umsatzgröße hatte dieser Kunde bisher schon alleine durch seine jährlich anfallenden Wartungsgebühren einen Großteil der Produktweiterentwicklung finanziert. Fällt nun dieser Wartungsumsatz weg, so ist die Weiterentwicklung des Produktes nur noch in einem beschränkten Maße möglich.

Was macht der Wettbewerber?

Was macht der Kunde?

Was macht der Partner?

Im weiteren Verlauf dieses Buches wird auch auf Partnerschaften, bzw. Risiken, die innerhalb von Partnerschaften zwischen Produktherstellern existieren, eingegangen. Eines der größten kaufmännischen Risiken ist dabei, wenn zum Beispiel ein Softwareprodukt die Datenhaltung innerhalb eines Datenbankmanagementsystems vornimmt, das plötzlich vom Markt verschwindet (sei es durch Verkauf oder Konkurs des Herstellers).

Was macht der Markt?

Bei den kaufmännischen Risiken in der Produktentwicklung ist auch ein plötzlicher Preisverfall zu berücksichtigen. So kann es durchaus passieren, dass ein Wettbewerber mit so genannten Kampfpreisen auf den Markt kommt, um sich auf diese Art und Weise signifikante Marktanteile zu sichern. Ein gutes Beispiel dafür ist die Hardwarebranche.

1.3.4
Technische Risiken

1.3.4.1
Technische Risiken bei externen Projekten

Technische Risiken bei externen Projekten können in verschiedener Form auftreten. Dabei sind die folgenden Aspekte zu unterscheiden:

- Mit welcher Technologie soll das Projekt abgewickelt werden? Hat der Auftragnehmer und haben vor allem die dafür vorgesehenen Mitarbeiter bereits hinreichend Erfahrung mit dieser Technologie gesammelt? Haben andere Mitarbeiter, die derzeit nicht für das Projekt vorgesehen sind, ebenfalls Erfahrungen mit dieser Technologie, um Ressourcenengpässe überbrücken zu können?

Technologiewechsel absehbar?

- Handelt es sich um eine Technologie, bei der bereits abzusehen ist, dass sie demnächst von einer neuen Technologie abgelöst wird?
- Ist diese Technologie auch beim Auftragnehmer State of the Art oder soll hier nur ein „Versuchsballon" gestartet werden?
- Wie erfahren sind die Unterauftragnehmer (sofern vorhanden) des Auftragnehmers mit den einzusetzenden Technologien?

Gerade in der IT-Branche sind technische Risiken häufig anzutreffen, da es sich hier um eine relativ junge Branche handelt, in der ständig neue Innovationen anzutreffen sind. Besonders betroffen davon ist die New Economy – also alles, was sich ums Internet und Internetapplikationen dreht.

New Economy besonders betroffen

1.3.4.2
Technische Risiken bei internen Projekten

Die technischen Risiken bei internen Projekten sind weitgehend vergleichbar mit den technischen Risiken bei externen Projekten. Hier hat jedoch der „Auftragnehmer" wesentlich mehr Einfluss auf die Auswahl der Technologie, da er sie in der Regel selbst bestimmen kann.

Größerer Einfluss möglich

Trotzdem unterliegen auch interne Projekte technischen Risiken, die den Umsatzerfolg des Unternehmens gefährden können. Aufzuführen wäre hier:

- Ist die Technologie, mit der das Projekt abgewickelt werden soll, auch in externen Projekten im Einsatz? Häufig halten in externen Projekten bereits neue Technologien Einzug – dieser Umstand wird aber an die für interne Projekte Verantwortlichen nicht weiterkommuniziert. Damit besteht die Gefahr, dass die „externe Realität die interne überholt".
- Gleiches gilt auch für die eingesetzten Werkzeuge innerhalb interner Projekte. Nur selten werden hierfür neue Produkte angeschafft, diese sind meist bei den externen Projekten im Einsatz. Aus Kostengründen wird in die Investition von zusätzlichen Lizenzen verzichtet. Somit besteht auch hier die Gefahr, dass interne Projekte technologisch veralten.

1.3.4.3
Technische Risiken bei der Produktentwicklung

Technische Risiken bei der Produktentwicklung sind etwas anders gelagert als beim Projektgeschäft. Der Fokus liegt hier wesentlich mehr in der Zukunft, also in der künftigen Technologie, wie Software entwickelt werden wird bzw. auf welcher Plattform Software-Produkte ablaufen werden. Dies bedeutet die Berücksichtigung der folgenden Punkte:

Zukunftsorientierung

Plattform	• Ist die Plattform (sowohl Betriebssystem als auch Version), auf der das Produkt später ausgeliefert werden wird, auf lange Sicht zukunftsträchtig?
Datenbank	• Ist die Datenbank (sofern benötigt), mit der das Produkt zusammenarbeitet, auch in der Zukunft noch von Bedeutung?[15]
Architektur	• Ist die Architektur des Produktes weitgehend plattformunabhängig? • Wie verhalten sich die Partner des Herstellers? Unterstützen sie die gleichen Technologien oder tendieren sie bereits zu einer neuen Technologie?

Hier ließe sich noch eine Vielzahl weiterer Risiken aufzählen, die jedoch allesamt von der Art des zu entwickelnden Produktes abhängen und daher an dieser Stelle nicht weiter betrachtet werden sollen.

1.3.5
Zusammenhang zwischen technischen Risiken und kaufmännischen Risiken

Indirekter Zusammenhang	Zwischen technischen Risiken und kaufmännischen Risiken besteht ein indirekter Zusammenhang. Dies bedeutet, dass das Eintreten eines technischen Risikos nicht unmittelbar ein kaufmännisches Risiko auslöst. Die folgende Tabelle gibt eine Übersicht, in welchem Zusammenhang technische und kaufmännische Risiken stehen können, dabei hat diese Tabelle natürlich keine Allgemeingültigkeit, da bei jedem Projekt die Risiken anders gelagert sind und damit natürlich auch die Auswirkungen. Die hier aufgeführten Risiken sind also exemplarisch zu sehen. Der Einfachheit halber wird hier auf eine Differenzierung zwischen externen und internen Projekten bzw. der Produktentwicklung verzichtet:

---

[15] In diesem Bereich mussten Anwender von Ingres oder neuerdings auch Informix bereits leidvolle Erfahrungen sammeln.

Eingetretenes technisches Risiko	Hervorgerufenes kaufmännisches Risiko	Wahrscheinlichkeit des Eintretens des kaufmännischen Risikos
Veraltete Technologie im Einsatz	Investition in neue Technologie erforderlich	Mittel
Schnittstelle wird von einem Partner nicht mehr unterstützt	Investition in Eigenleistung erforderlich	Hoch[16]
Plattform steht vor einer Ablösung beim Kunden	Migration der Anwendung erforderlich	Hoch
Eingesetzte Technologie steht vor Ablösung	Einsatz neuer Technologie erforderlich	Gering

Tabelle 1: Zusammenhang zwischen technischen und kaufmännischen Risiken

Im Umkehrschluss hat das Eintreten eines kaufmännischen Risikos nahezu keinen Einfluss auf das Eintreten eines technischen Risikos. Dies gilt vor allem dann, wenn das Projekt schon relativ weit fortgeschritten ist. Lediglich kaufmännische Risiken, die schon zu Projektbeginn eintreten, können Auswirkungen auf technische Risiken haben, wenn zum Beispiel aus Kostengründen auf die Investition eigentlich geplanter Werkzeuge verzichtet wird. In diesem Fall ist das Eintreten von technischen Risiken abzusehen.

Im weiteren Verlauf dieses Kapitels werden wir noch auf die Zusammenhänge der einzelnen Risikotypen untereinander eingehen, im Fazit ist eine grafische Übersicht enthalten.

Nahezu kein Einfluss

1.3.6
Terminliche Risiken

1.3.6.1
Terminliche Risiken bei externen Projekten

Unter terminlichen Risiken wird in diesem Buch eine signifikante Überschreitung von Meilensteinen innerhalb eines Software-Entwicklungsprojektes verstanden. Bei externen Projekten können terminliche Risiken in der folgenden Form auftreten:

Signifikante Überschreitung von Meilensteinen

---

[16] Sofern die Schnittstelle bei einer Vielzahl von Kunden im Einsatz und für das Unternehmen von strategischer Bedeutung ist.

- Wurde bei der Planung der einzelnen Meilensteine ein Puffer eingeplant oder wurde, zum Beispiel um einen Wettbewerbsvorsprung zu erhalten, hier sehr knapp kalkuliert? Im letzteren Fall sind terminliche Probleme abzusehen.

Zeitplanung im Griff?
- Hat der Auftragnehmer die Zeitplanung selber im Griff? Oft ist der Auftragnehmer abhängig von Zulieferern oder Unterauftragnehmern, ohne deren rechtzeitigen Input er das Projekt nicht fortsetzen kann. Wenn ja – sind die Unterauftragnehmer als zuverlässig bekannt? Im weiteren Verlauf dieses Buches werden wir noch auf die Risikomatrix eingehen; diese hilft bei der Einschätzung der Unterauftragnehmer weiter, um terminliche Risiken besser in den Griff zu bekommen.

- Existiert im Vertrag eine spezielle Klausel, dass bei nicht rechtzeitiger Fertigstellung das gesamte Projekt vom Auftraggeber gecancelt werden kann? Oder sind Teilergebnisse terminlich bindend, ohne deren Einhalten der Fortschritt des Projektes gefährdet ist?

Existieren externe Einflüsse?
- Existieren externe Einflüsse (zum Beispiel Gesetzgebung), die eine verspätete Fertigstellung des Projektes ausschließen?

Terminliche Risiken bei externen Projekten sind besonders dann von gravierender Auswirkung, wenn der vereinbarte Fertigstellungstermin nicht verschiebbar ist und die Ursachen, die zu einem Terminproblem geführt haben, sich nicht durch zusätzliche personelle Ressourcen kompensieren lassen. Damit wird auch der direkte Zusammenhang zu den später besprochenen Ressourcenrisiken offensichtlich.

1.3.6.2 Terminliche Risiken bei internen Projekten

Auch bei internen Projekten sind terminliche Risiken besonders schwerwiegend, wenn der Endtermin nicht verschoben werden kann, zum Beispiel, wenn eine innerbetriebliche Umstellung von Geschäftsprozessen bevorsteht.[17]

---

[17] Hier sei wieder auf das Beispiel der Einführung von SAP verwiesen.

Ansonsten sind terminliche Risiken bei internen Projekten nicht so schwerwiegend, genauer gesagt, die Auswirkungen des Eintretens des terminlichen Risikos sind nicht so gravierend. Typische Beispiele für terminliche Risiken in internen Projekten sind:

Auswirkungen nicht so gravierend

- Durch den Abzug von Ressourcen für die Abwicklung externer Projekte gerät das interne Projekt in Verzug. Je nach Bedeutung des internen Projektes ist diese Maßnahme jedoch vertretbar.[18]
- Technologien (zum Beispiel bestimmte Software-Entwicklungswerkzeuge) werden aus dem internen Projekt abgezogen, weil sie für ein externes Projekt benötigt werden und man zusätzliche Investitionen in Werkzeuge vermeiden möchte. Je nachdem, wie sehr die Produktivität des internen Teams dadurch leidet, sind Terminprobleme absehbar.

Abzug von Technologien

- Interne Projekte leiden meist unter der Tatsache, dass sie nicht so „ernst" genommen werden, wie dies bei externen Projekten oder bei einer Produktentwicklung der Fall ist. Dies kann dazu führen, dass Termine nicht eingehalten werden.

1.3.6.3
Terminliche Risiken bei der Produktentwicklung

Die terminlichen Risiken bei der Produktentwicklung liegen auf der Hand: Kommt ein anderer Hersteller mit einem vergleichbaren Wettbewerbsprodukt früher auf den Markt, hat das deutliche Auswirkungen auf den künftigen Produktumsatz.

Des Weiteren existieren Risiken hinsichtlich der Anpassung von Schnittstellen, da man hier auf den Input der Hersteller der anzubindenden Produkte angewiesen ist. Aber auch neu zu entwickelnde Schnittstellen können terminliche Risiken hervorrufen, da man hier mit vielen unbekannten (und somit nur schwer planbaren) technischen Gegebenheiten konfrontiert wird, die somit automatische Risiken in sich bergen.

Anpassung von Schnittstellen

Weitere terminliche Risiken können auch die Änderung von Gesetzesgrundlagen sein. Dies betrifft zum Beispiel Produkthersteller, die Software im Finanzdienstleistungsbereich – speziell für Steuerkanzleien – entwerfen.

Änderung von Gesetzesgrundlagen

Bei Produkthäusern existiert häufig auch das folgende Risiko: Es wird von der Entwicklungsabteilung ein Releaseplan erstellt, der die künftigen Funktionalitäten des neuen Releases darstellt. Dieser Re-

---

[18] Dies ist mit Abstand die häufigste Ursache für terminliche Risiken von internen Projekten.

leaseplan wird auch grob der Vertriebsmannschaft mitgeteilt. Nun passiert es aber häufig, dass ein Großkunde, der die Investition in eine Unternehmenslizenz erwägt, Anforderungen an das neue Release hat, die über den Releaseplan hinausgehen. Da es sich um einen signifikanten Auftrag handelt, wird dem Kunden versprochen, diese zusätzlichen Funktionalitäten in das neue Release mit aufzunehmen.[19]

Entwicklungsabteilung unter Druck

Jetzt steht die Entwicklungsabteilung unter Druck: Entweder die Entwicklungsressourcen werden verstärkt oder andere – bereits zugesagte – Funktionalitäten müssen auf ein späteres Release verschoben werden. Besonders kritisch wird es, wenn die vom Großkunden geforderten zusätzlichen Funktionalitäten für die Mehrzahl aller anderen Kunden nicht von Bedeutung sind, hingegen die nun weggelassenen Funktionalitäten schon. Daher wird versucht, diese Funktionalitäten trotzdem noch zu integrieren, dies geschieht auf Kosten des Releasefertigstellungstermins. Dies wiederum bewirkt, dass sich eine Vielzahl von geplanten Produktverkäufen ebenfalls terminlich verschiebt. Der prognostizierte Umsatz bleibt also vorerst aus.[20]

1.3.7
Zusammenhang zwischen terminlichen Risiken und kaufmännischen Risiken

Direkter Zusammenhang

Aus den bisherigen Abschnitten ist bereits hervorgegangen, dass ein direkter Zusammenhang zwischen terminlichen und kaufmännischen Risiken besteht. Letztendlich ist eine Terminüberschreitung bei externen Projekten meist mit einer Vertragsstrafe verbunden. Besonders obiges Beispiel aus der Produktentwicklung verdeutlicht, dass die nicht zeitgenaue Fertigstellung eines neuen Produktreleases signifikante Auswirkungen auf den Umsatz haben kann.

Tabelle 2 gibt eine Übersicht, in welchem Zusammenhang terminliche und kaufmännische Risiken stehen. Dabei wird bei den terminlichen Risiken jeweils angegeben, ob es sich um ein internes oder externes Projekt bzw. um eine Produktentwicklung handelt.

---

[19] Die Erfahrung hat gezeigt, dass sich in letzter Zeit jedoch immer weniger Kunden auf derartige Zusagen einlassen.

[20] Da die meisten Produkthäuser quartalsorientiert arbeiten, hat dies signifikante Auswirkungen, insbesondere bei börsenorientierten Unternehmen.

Eingetretenes terminliches Risiko	Hervorgerufenes kaufmännisches Risiko	Wahrscheinlichkeit des Eintretens des kaufmännischen Risikos
Überschreitung eines Meilensteins bei einem externen Projekt	Kurzfristige Investition in zusätzliche Ressourcen	Mittel
Endtermin eines externen Projektes wird überzogen	Empfindliche Vertragsstrafe	Sehr hoch[21]
Endtermin eines internen Projektes wird überzogen	Investition in zusätzliche Ressourcen	Sehr niedrig
Schlüsselkunde fordert die Integration zusätzlicher (nicht geplanter) Funktionalitäten in einem Produkt	Verspätete Fertigstellung des Releases, eventuell zusätzliche Investition in Ressourcen	Mittel
Wettbewerber kommt mit mehr Funktionalitäten früher auf den Markt	Vollständige Überarbeitung des geplanten Releases, Zeitverzögerung, Umsatzausfall	Extrem hoch

Tabelle 2: Zusammenhang zwischen terminlichen Risiken und kaufmännischen Risiken Wenig Auswirkungen

Kaufmännische Risiken haben jedoch im Umkehrschluss nur sehr wenig Auswirkungen auf terminliche Risiken. Ein Zusammenhang lässt sich allenfalls dann darstellen, wenn die kaufmännischen Risiken beispielsweise Mitarbeiterentlassungen bewirken, denn dann ist damit auch die zeitgerechte Erreichung der einzelnen Meilensteine gefährdet.

1.3.8 Zusammenhang zwischen terminlichen Risiken und technischen Risiken

Zwischen terminlichen Risiken und technischen Risiken besteht nahezu kein Zusammenhang. Hingegen bewirkt das Eintreten von technischen Risiken oft terminliche Risiken, wie aus Tabelle 3 hervorgeht. Auch hier sind die jeweiligen Unterscheidungen zwischen internen und externen Projekten sowie der Produktentwicklung in der linken Spalte enthalten:

Nahezu kein Zusammenhang

---

[21] Sofern das Verschulden eindeutig beim Auftragnehmer liegt.

Tabelle 3: Zusammenhang zwischen technischen und terminlichen Risiken

Eingetretenes technisches Risiko	Hervorgerufenes terminliches Risiko	Wahrscheinlichkeit des Eintretens des terminlichen Risikos
Plattformwechsel beim Kunden eines externen Projektes	Überschreitung mehrerer Meilensteine durch Umstellung	Sehr hoch
Plattformwechsel bei einem internen Projekt	Überschreitung des Fertigstellungstermins, eventuell Projektabbruch	Hoch
Schnittstelle wird von einem Partner nicht mehr unterstützt (Produktentwicklung)	Leichte Überschreitung des endgültigen Releases (Pre Release möglich)	Gering

1.3.9 Ressourcenrisiken

1.3.9.1 Ressourcenrisiken bei externen Projekten

Externe Projekte können aus den unterschiedlichsten Gründen Ressourcenrisiken unterliegen. Meist liegt eine Kombination aus den bisher aufgeführten Risiken vor, die dann konsequenterweise Ressourcenrisiken bewirken.

Kombination aus mehreren Risiken

Es sind aber auch die folgenden Risiken zu sehen, die unabhängig von den bisherigen Risiken eintreten können:

Mitarbeiterfluktuation ist kritisch

- Krankheit einiger Mitarbeiter[22]
- Es verlassen einige Mitarbeiter das Unternehmen, die in dem Projekt gearbeitet haben. Dies kann sowohl im Rahmen einer Entlassungswelle passieren, als auch durch individuelle Kündigungen. Besonders gravierend ist es, wenn Mitarbeiter, die in dem Projekt eine Schlüsselposition innehatten, das Unternehmen verlassen.
- Die vorgesehenen Projektmitarbeiter können nicht zum geplanten Zeitpunkt eingesetzt werden, da sie noch in einem anderen

---

[22] Jeder Projektleiter plant zwar eine gewisse Anzahl an Krankheitstagen in seinem Projektplan ein, doch in Zeiten knapper Budgets werden diese „Puffer" als erstes auf ein Minimum reduziert.

Projekt beschäftigt sind, dessen Zeitplan sich verzögert hat (Dominoeffekt).

- Vom Auftraggeber wird der Einsatz einer neuen Technologie gefordert, für die der Auftragnehmer aber keine hinreichend ausgebildeten Ressourcen hat.
- Der Auftraggeber nimmt plötzlich eine bestehende Vertragsoption zur Umsetzung weiterer Funktionalitäten in Anspruch, mit der der Auftragnehmer nicht mehr gerechnet hat. Unabhängig davon, ob es sich hier um eine bezahlte Option handelt oder nicht, im ersten Moment hat der Auftragnehmer ein Ressourcenproblem. Eine bezahlte Option bewirkt zumindest, dass nicht auch ein kaufmännisches Risiko eintritt.

Diese Risiken haben, wenn sie eintreten, jeweils erhebliche Auswirkungen auf die rechtzeitige Fertigstellung des Projektes. Abbildung 2 zeigt auf, wie schwer diese Auswirkungen jeweils sein können. Aus Abbildung 2 geht ebenfalls hervor, dass die Auswirkungen der Krankheit von Mitarbeitern nicht so gravierend ist, hier kann man kurzfristig mit freien Mitarbeitern die entstehenden Engpässe kompensieren. Die Mitarbeiterfluktuation hingegen – und hier ganz besonders die von Schlüsselpositionen – bewirkt eine echte Krise innerhalb des Projektes, da hier in der Regel beim Auftragnehmer kein kurzfristiger Ersatz zur Verfügung steht.

Rechtzeitige Fertigstellung des Projektes ist gefährdet

Der Einsatz neuer Technologien hingegen wird von seinen Auswirkungen her in Abbildung 2 als nicht so gravierend eingestuft. Dazu sei bemerkt, dass dies natürlich von den folgenden Aspekten abhängig ist:

- Wie hoch sind die notwendigen Investitionen, die der Auftragnehmer vornehmen muss, um diese neuen Technologien einzuführen?

Abbildung 2: Unterschiedliche Schwere der Auswirkungen der Ressourcenrisiken

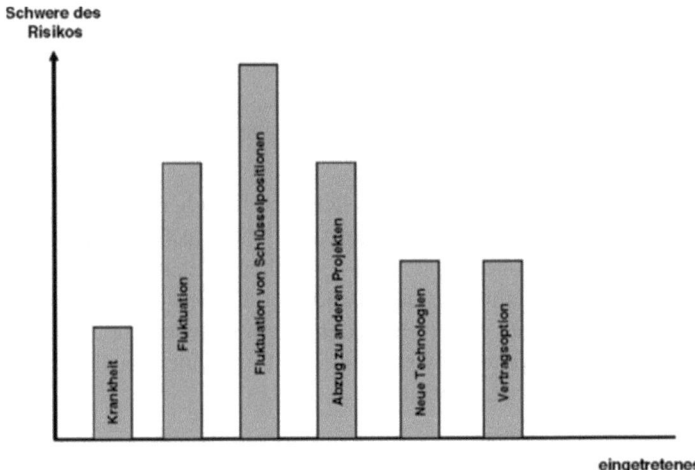

Ausbildungsmaßnahmen kosten Zeit

- Welchen zeitlichen Rahmen nehmen die Ausbildungsmaßnahmen in Anspruch, damit die Mitarbeiter diese neuen Technologien effektiv nutzen können?
- Existieren weitere Projekte (auch wenn sie momentan noch im Stadium der Angebotserstellung sind), wo diese neuen Technologien zum Einsatz gebracht werden können oder gar ihr Einsatz vom potentiellen Auftraggeber gefordert wird?[23]
- Ist der Auftraggeber eventuell bereit, entweder einen Teil der Kosten, die durch die Investition in die neuen Technologien entstehen, zu tragen oder ist er bereit, eine zeitliche Verzögerung der Fertigstellung des Projektes in Kauf zu nehmen?[24]
- usw.

Es fällt auf, dass es hier in erster Linie auch am Verhandlungsgeschick des Projektleiters liegt, ob die Auswirkungen dieses Risikos gravierend sind, oder ob sie in einem akzeptablen Maß gehalten werden können.

---

[23] In diesem Fall kann die Investition in die neue Technologie gleich auf mehrere Projekte verteilt werden.
[24] Diese Situation könnte zum Beispiel dann eintreten, wenn der Auftraggeber den Einsatz dieser neuen Technologien im Laufe des Projektes fordert oder wenn die neuen Technologien nachweislich für den Auftragnehmer in keinem weiteren Projekt in absehbarer Zeit einsetzbar sind.

1.3.9.2
Ressourcenrisiken bei internen Projekten

Gerade bei internen Projekten besteht die latente Gefahr (oder eben Risiko), dass Mitarbeiter kurzfristig abgezogen werden. Je nachdem, ob es sich um Schlüsselpositionen innerhalb des Projektes handelt, ist der Projektfortschritt gefährdet. Trotzdem wird dies häufig in Kauf genommen, um externe Projekte (siehe vorheriger Abschnitt) zu retten, in denen Ressourcenprobleme aufgetreten sind.

Latente Gefahr des Mitarbeiterabzug

Ansonsten bestehen natürlich auch bei internen Projekten ähnliche Risiken durch Kündigung, Krankheit usw.

Ein interessanter Fall tritt ein, wenn in einem internen Projekt der Einsatz neuer Technologien ansteht. Hier ist das Risiko wesentlich höher, als es bei externen Projekten der Fall ist, denn die Möglichkeit der Fremdfinanzierung durch einen Auftraggeber fällt hier weg. Das bedeutet letztendlich, dass ein Technologiewechsel eigenfinanziert werden muss und die Mitarbeiter zu einem Projektrisiko werden, sofern sie über keinerlei Erfahrung mit der neuen Technologie verfügen.

Häufig werden interne Projekte auch dazu benutzt, um Ressourcen für diese neue Technologie auszubilden bzw. die Einsatztauglichkeit der neuen Technologie zu testen. Damit wird also ein internes Projekt zu einem „Versuchskaninchen" für die Ausbildung der Ressourcen.

Interne Projekte zur Mitarbeiterausbildung nutzen

Ein zusätzliches Ressourcenrisiko kann eintreten, wenn das Unternehmen häufig mit freien Mitarbeitern arbeitet – je nach Finanzlage ist es in der letzten Zeit häufig zu beobachten gewesen, dass Unternehmen sich von heute auf morgen von allen freien Mitarbeitern trennen.[25] Dieser Umstand kann ein Projekt zum sofortigen Abbruch bringen.

1.3.9.3
Ressourcenrisiken bei der Produktentwicklung

Risiken hinsichtlich der Projektressourcen bei der Produktentwicklung sind heutzutage eigentlich keine Risiken mehr, sondern – etwas überspitzt ausgedrückt – Gewohnheit. Nahezu alle Hersteller von Software-Produkten mussten in den letzten Jahren erheblich Personal abbauen, um ihre Kostenstruktur wieder in den Griff zu bekommen.

Keine Risiken, sondern Gewohnheit

---

[25] Diese Vorgehensweise findet ihre Begründung in der Tatsache, dass anderweitig keine betriebsbedingten Kündigungen im Unternehmen möglich sind!

Nun ist es aber leider heutzutage zu einer schlechten Angewohnheit geworden, bei einem derartigen Personalabbau wie folgt vorzugehen:

Typische Vorgehensweise beim Personalabbau

- Die heilige Kuh „Vertrieb" wird zunächst nicht angerührt, da hier ja Umsatz generiert wird.
- Zunächst wird im Marketing gekürzt, dann aber – da hier bereits in den Monaten zuvor erhebliche Streichungen vorgenommen wurden – im Entwicklungsbereich.[26] Häufig sind hier vor allem die Testabteilungen betroffen.[27]
- Im letzten Schritt werden dann die Presales und Consultants in den Landesniederlassungen systematisch reduziert.

Krisenmanagement

Somit kann in diesem Bereich eigentlich nicht mehr von Risikomanagement die Rede sein, vielmehr liegt hier ein Krisenmanagement vor. Der oben dargestellte Abbau bewirkt meistens das Eintreten der folgenden Risiken:

- Das neue Produktrelease kann nicht in dem geplanten Zeitraum fertiggestellt werden. Das bedeutet wiederum:
- Es wird darauf verzichtet, das neue Release hinreichend zu testen, um wenigstens halbwegs den Fertigstellungstermin einhalten zu können.
- Es wird auf die Integration entsprechender Funktionalitäten verzichtet, die zwar zugesagt waren, nun aber aus Termingründen nicht mehr umgesetzt werden können.
- Die interne Weiterbildung der neuen Funktionalitäten des Releases wird vernachlässigt (angefangen von der Ausbildung der Presalesmitarbeiter, die dem Vertrieb helfen, das neue Release entsprechend zu verkaufen, bis hin zur Supportabteilung, die auftauchende Probleme mit dem neuen Release lösen sollen).

---

[26] Tatsache ist, dass die Kunden des Herstellers derartige Kürzungen zunächst nicht bemerken, da das nächste Release, in dem die Auswirkungen dann sichtbar werden, noch nicht auf dem Markt ist. Umso größer wird dann aber die Überraschung, wenn das neue Release in einer unzureichenden Qualität erscheint.

[27] Etwas boshaft könnte man hier festhalten: Man hat ja immer noch die Kunden, die testen das Produkt ohnehin ausführlicher, als dies jeder hausinterne Tester tun würde.

- Die Stabilität des neuen Releases lässt derart zu wünschen übrig, dass viele Kunden auf den Einsatz des neuen Releases verzichten und mit der bisherigen Produktversion weiterarbeiten.

Die logische Konsequenz aus dieser Aufzählung ist, dass sich die geplanten Wartungseinnahmen drastisch reduzieren werden. Somit haben Ressourcenrisiken einen unmittelbaren Einfluss auf die kaufmännischen Risiken innerhalb der Produktentwicklung.

Drastische Reduzierung der Wartungseinnahmen

1.3.10 Zusammenhang zwischen Ressourcenrisiken und kaufmännischen Risiken

Zwischen kaufmännischen Risiken und Ressourcenrisiken besteht ein direkter Zusammenhang, da Ressourcenrisiken immer kaufmännische Risiken nach sich ziehen, wie in obiger Ausführung verdeutlicht wurde. Tabelle 4 zeigt diesen Zusammenhang nochmals auf:

Direkter Zusammenhang

Eingetretenes Ressourcenrisiko	Hervorgerufenes kaufmännisches Risiko	Wahrscheinlichkeit des Eintretens des kaufmännischen Risikos
Krankheit von Projektmitarbeitern	Investition in freie Mitarbeiter	Sehr hoch
Fluktuation von Projektmitarbeitern	Abzug von Mitarbeitern aus anderen Projekten oder Neueinstellungen mit entsprechender Anlernphase	Sehr hoch
Technologiewechsel beim Kunden	Investition in Ausbildungsmaßnahmen und in neue Produkte	Hoch
Keine Ausbildung der existierenden Mitarbeiter in neuer Technologie	Projektverzug mit entsprechender Vertragsstrafe	Mittel
Abbau von Mitarbeitern im Produktgeschäft	Ausbleibende Wartungsumsätze	Mittel
Wechsel von Mitarbeitern von internem zu externem Projekt	Abbruch des internen Projektes	Gering

Tabelle 4: Zusammenhang zwischen Ressourcenrisiken und kaufmännischen Risiken

Generell gilt, dass alle in Tabelle 4 aufgeführten Ressourcenrisiken auch durch ein Outsourcing bestimmter, abgrenzbarer Projektbereiche gelöst werden können. Dies verursacht jedoch nicht geplante Kosten und stellt somit auch ein kaufmännisches Risiko dar.

Folgeauswirkungen im Auge behalten

Wegen des engen Zusammenhangs von Ressourcenrisiken und kaufmännischen Risiken sollten bei den im weiteren Verlauf dieses Buches beschriebenen Risikomanagementstrategien immer diese Folgeauswirkungen im Auge behalten werden.

Im Umkehrschluss haben kaufmännische Risiken ebenfalls ihre Auswirkungen auf Ressourcenrisiken. Diese lassen sich wie folgt beschreiben: Immer wenn ein kaufmännisches Risiko eingetreten ist, muss die daraus entstehende finanzielle Aufwendung anderweitig kompensiert werden. Betrachtet man die Kostenstruktur der meisten Unternehmen, so wird man feststellen, dass die Lohn- und Gehaltskosten meist die größten Kostenstellen sind. Folglich sind Mitarbeiterentlassungen die Konsequenz.

Wesentliche Meilensteine im Auge behalten

Damit enstehen dann die zuvor aufgeführten Ressourcenrisiken, die besonders im Produktgeschäft fatale Auswirkungen haben können. Aber auch im externen Projektgeschäft sind die Auswirkungen gravierend, wenn ein wesentlicher Meilenstein verfehlt wird.

1.3.11
Zusammenhang zwischen Ressourcenrisiken und terminlichen Risiken

Da Projektpläne immer anhand der zur Verfügung stehenden Ressourcen erstellt werden, besteht zwischen den Ressourcenrisiken und den terminlichen Risiken ein unmittelbarer Zusammenhang, wie aus dem bisherigen Verlauf des Kapitels hervorging und Tabelle 5 verdeutlicht:

Eingetretenes Ressourcenrisiko	Hervorgerufenes terminliches Risiko	Wahrscheinlichkeit des Eintretens des terminlichen Risikos
Abbau von Mitarbeitern im Produktgeschäft	Verspätete Fertigstellung oder unvollständige Fertigstellung des neuen Releases	Sehr hoch
Fluktuation von Mitarbeitern in externen Projekten	Überschreitung wesentlicher Meilensteine und damit verbunden Vertragsstrafe	Sehr hoch
Krankheit von Mitarbeitern	Überschreitung von kleineren Meilensteinen	Mittel
Keine Ausbildung der existierenden Mitarbeiter in neuer Technologie	Projektverzug wegen erforderlicher Ausbildungsmaßnahmen	Mittel

Tabelle 5: Zusammenhang zwischen Ressourcenrisiken und terminlichen Risiken

Der Zusammenhang zwischen terminlichen Risiken und Ressourcenrisiken ist ebenfalls von Bedeutung, hier spielt dann nämlich auch noch die Zulieferung der Ergebnisse von eventuellen Unterauftragnehmern eine Rolle, wie Tabelle 6 verdeutlicht:

Eingetretenes terminliches Risiko	Hervorgerufenes Ressourcenrisiko	Wahrscheinlichkeit des Eintretens des Ressourcenrisikos
Verfehlung eines kleineren oder mittleren Meilensteins	Hinzuziehen einiger zusätzlicher Mitarbeiter	Mittel
Verfehlung des Endtermins	Hinzuziehen mehrerer zusätzlicher Mitarbeiter	Sehr hoch
Verspätete Zulieferung eines Unterauftragnehmers	Kompensation der fehlenden Bereiche durch eigene Ressourcen	Hoch

Tabelle 6: Zusammenhang zwischen terminlichen Risiken und Ressourcenrisiken

1.3.12 Zusammenhang zwischen Ressourcenrisiken und technischen Risiken

Ressourcenrisiken und technische Risiken stehen nur in einem geringen Zusammenhang. Tabelle 7 zeigt jedoch, dass zumindest hinsichtlich des Know-hows derjenigen Mitarbeiter, die ein Ressourcenproblem hervorgerufen haben, technische Risiken eintreten können, daher sind in Tabelle 7 bei den Ressourcenrisiken immer solche Mitarbeiter aufgeführt, die über ein bestimmtes technisches Knowhow verfügen.

Ferner werden hier konkrete Beispiele aus dem Projektgeschäft angegeben, da sich die technischen Risiken nicht verallgemeinern lassen:

Tabelle 7: Zusammenhang zwischen Ressourcenrisiken und technischen Risiken

Eingetretenes Ressourcenrisiko	Hervorgerufenes technisches Risiko	Wahrscheinlichkeit des Eintretens des technischen Risikos
Abbau von Mitarbeitern im Produktgeschäft, die für die Anbindung externer Produkte verantwortlich sind	Schnittstellenproblematiken	Hoch
Fluktuation von Mitarbeitern in externen Projekten, die für Plattformaspekte verantwortlich waren	Migrationsprobleme	Hoch
Krankheit von Mitarbeitern, die für die Dokumentation verantwortlich waren	Wartungs- und Supportprobleme	Mittel

Auf der anderen Seite ist der Zusammenhang zwischen technischen Risiken und Ressourcenrisiken schon größer, da ein eingetretenes technisches Risiko meist einen erhöhten Aufwand seitens der Mitarbeiter verursacht. Tabelle 8 zeigt den Zusammenhang zwischen technischen Risiken und Ressourcenrisiken auf. Auch hier wird auf konkrete Beispiele des Projektgeschäfts eingegangen.

Tabelle 8: Zusammenhang zwischen technischen Risiken und Ressourcenrisiken

Eingetretenes technisches Risiko	Hervorgerufenes Ressourcenrisiko	Wahrscheinlichkeit des Eintretens des Ressourcenrisikos
Schnittstellenproblematik	Hinzuziehen des Herstellers des anderen Werkzeuges	Mittel
Migrationsprobleme	Hinzuziehen mehrerer zusätzlicher Mitarbeiter	Sehr hoch
Wartungs- und Supportprobleme	Aufstockung der Wartungs- und Supportabteilung	Mittel

1.3.13 Politische Risiken

1.3.13.1 Einführung

Im Gegensatz zu den bisher aufgeführten Risikotypen wird in diesem Abschnitt auf die Aufteilung in die drei Gruppen

- externe Projekte,
- interne Projekte und
- Produktentwicklung

verzichtet, da sämtliche politische Risiken die unangenehme Eigenschaft haben, sich „nicht im Geringsten an Klassifikationen zu halten". Das heißt nichts anderes, als dass sich politische Risiken gleichermaßen auf die oben aufgeführten Projekttypen verteilen und somit nicht mehr kategorisierbar sind.

Politische Risiken halten sich nicht an Klassifikationen

In diesem Abschnitt wollen wir die folgenden Aspekte von politischen Risiken analysieren:

- Was sind politische Risiken?
- Typische Beispiele von politischen Risiken
- Eigenschaften von politischen Risiken, die sie für ein Projekt so gefährlich machen
- Möglichkeiten, politischen Risiken weitgehend aus dem Weg zu gehen

Aspekte von politischen Risiken

1.3.13.2 Was sind politische Risiken?

Der Begriff „politische Risiken" lässt sehr viel Interpretationsspielraum offen. Daher soll hier zunächst eine Definition gegeben werden:

Definition: Politische Risiken
: Politische Risiken sind Risiken, die sich nicht den üblichen Risikotypen (kaufmännische, technische, terminliche oder Ressourcenrisiken) zuordnen lassen. Sie haben ihre Ursache meist in persönlichen Motivationen von Entscheidungsträgern und sind nicht rational nachvollziehbar.

Höchst komplex und kritisch
: Aus dieser Definition von politischen Risiken geht bereits hervor, dass der Umgang mit ihnen höchst komplex und auch kritisch ist. Sie sind extrem schwer planbar und eine Analyse ist meist nicht auf einer realistischen Basis durchführbar. Im folgenden Abschnitt werden einige politische Risiken aufgeführt, die obige Beschreibung untermauern und darstellen, warum eine gehörige Portion Fingerspitzengefühl notwendig ist, um politische Risiken in den Griff zu bekommen.

1.3.13.3
Typische politische Risiken

Die folgenden politischen Risiken innerhalb von Software-Projekten sind denkbar:

Toolauswahl
: - Für ein Projekt wird eine Toolauswahl vorgenommen. Hierzu wird ein Ausschuss eingerichtet, der nach einer sorgfältigen Evaluierungsphase zu einem bestimmten Ergebnis kommt. Dieses Ergebnis wird jedoch vom Management ignoriert, weil aus bestimmten Gründen bereits im Vorfeld ein fester Lieferant „ausgewählt"[28] wurde.
  - Trotz besserer Qualifikation wird ein Unterauftragnehmer vom Management abgelehnt und durch einen anderen Unterauftragnehmer ersetzt.
  - Obwohl eine neue Technologie wesentlich geeigneter zur Projektabwicklung wäre, wird die Technologie zum Einsatz gebracht, die dem internen Hausstandard entspricht.

---

[28] Angefangen von Bestechung über freundschaftliche oder verwandtschaftliche Beziehungen bis hin zu der Einstellung „bei dem Lieferanten haben wir doch schon immer gekauft" sind hier der Phantasie keine Grenzen gesetzt.

- Ein internes Projekt ist von entscheidender Bedeutung für den Fortbestand einer Abteilung – trotzdem wird ein signifikanter Teil der in diesem Projekt beschäftigten Mitarbeiter zur Abwicklung eines externen Projektes abgezogen.
- Zu einem ergänzenden Produkt wird bewusst keine Schnittstelle entwickelt, da der Hersteller in einem anderen Bereich zum Wettbewerb gehört.
- Ein bestimmtes Produkt kommt deshalb in einem Projekt nicht zum Einsatz, weil der Projektleiter früher einmal schlechte Erfahrungen mit dem Produkt oder dem Hersteller gemacht hatte.[29]
- u.v.m.

Technologiefeindlichkeit und bewusster Mitarbeiterabzug

Die jeweiligen Auswirkungen dieser politischen Risiken auf das Projekt bzw. die Produktentwicklung werden in Tabelle 9 näher beschrieben. Es fällt auf, dass meist das Management (also die jeweiligen Entscheidungsträger) für politische Risiken verantwortlich bzw. ausschlaggebend sind.

Management meist verantwortlich

1.3.13.4
Warum sind politische Risiken so gefährlich?

Politische Risiken haben eine wesentliche Eigenschaft: Sie sind nicht berechenbar! Es können zwar die jeweiligen Auswirkungen vom Ansatz her vorhergesehen werden, jedoch sind weder Zeitpunkt noch Ursache zu bestimmen. Erschwerend kommt hinzu, dass – wie bereits erwähnt – politische Risiken meist auf den Entscheidungen des Managements beruhen und somit die damit verbundenen Entscheidungen nur schwer revidierbar sind.

Politische Risiken sind nicht berechenbar

Ein weiteres Merkmal von politischen Risiken ist, dass sie (siehe auch Tabelle 9) immer gravierendere Auswirkungen hinsichtlich des Eintretens anderer Risikotypen haben. Da die Ursachen von politischen Risiken nicht rational nachvollziehbar sind, kann diesen auch nicht vorgebeugt werden. Die folgenden Punkte sind allgemein Ursachen für politische Risiken:

---

[29] Die Motivation der schlechten Erfahrung mit dem Produkt ist hier noch nachvollziehbar, auch wenn sich das Produkt im Laufe der Zeit verbessert haben kann. Hingegen sind die schlechten Erfahrungen mit einem Hersteller als Entscheidungsgrundlage weniger nachvollziehbar.

- Technische Unerfahrenheit der Entscheidungsträger, zum Beispiel bei der Auswahl von Werkzeugen oder Unterauftragnehmern
- Persönliche Vorteile der Entscheidungsträger oder persönliche Beziehungen interner Entscheidungsträger zu externen Unternehmen
- Wettbewerbssituationen

Persönliche Aversionen und Machtsicherung

- Persönliche Aversionen und Machtsicherung gegenüber Managementkollegen, zum Beispiel durch bewusste Sabotage interner Projekte
- Persönliche Aversionen gegenüber Produkten oder Herstellern von Produkten
- usw.

Es ist auch durchaus üblich, dass mehrere dieser hier aufgeführten Ursachen eintreffen können und somit die entsprechende Entscheidung auslösen.

1.3.14
Zusammenhang zwischen politischen Risiken und anderen Risikotypen

Kein direkter Zusammenhang zu einem bestimmten Risikotyp

Wie bereits anfangs dieses Abschnittes erwähnt, stehen politische Risiken nicht mit einem bestimmten Risikotyp in Zusammenhang. Das Eintreten eines politischen Risikos hat meist gravierende Auswirkungen auf das gesamte Projekt und betrifft somit alle anderen Risikotypen, wie in Tabelle 9 dargestellt.

Eingetretenes politisches Risiko	Hervorgerufenes anderes Risiko	Wahrscheinlichkeit des Eintretens des anderen Risikos
Toolauswahl gegen die Entscheidung eines dafür eingerichteten Ausschusses	Technische Probleme mit dem „ausgewählten" Produkt sowie Frustration der Ausschussmitglieder	Sehr hoch
Ablehnen eines besser geeigneten Unterauftragnehmers	Projektverzug und mangelhafte Qualität sowie Terminuntreue	Hoch
Einsatz einer Technologie, die zwar dem Hausstandard entspricht, jedoch nicht geeignet ist	Erhebliche technische Schwierigkeiten, große Probleme bei einem späteren Technologiewechsel, mangelhafte Ausbildung der Projektmitarbeiter	Sehr hoch
Trotz elementarer Bedeutung des internen Projektes werden Mitarbeiter abgezogen	Abbruch des Projektes, eventuell Auflösung der Abteilung, für die das Projekt von Bedeutung war	Hoch
Trotz Notwendigkeit wird ein bestimmtes Produkt nicht angebunden	Qualitätsverlust des Produktes, Schwächung gegenüber Wettbewerbern, ausbleibende Produktumsätze	Sehr hoch
Ablehung des Einsatzes eines Produktes aus persönlichen Gründen	Technische Probleme	Mittel[30]

Tabelle 9: Zusammenhang zwischen politischen Risiken und anderen Risikotypen

1.3.15 Fazit

Alle im bisherigen Verlauf dieses Buches aufgeführten Risikotypen sind in einem engen Zusammenhang zu sehen. Es macht keinen Sinn, wenn ein Projektleiter oder Risikomanager versucht, diese Risikotypen separat und voneinander losgelöst zu betrachten. Dies gilt besonders bei den politischen Risiken.

Risikotypen nicht separat und voneinander losgelöst betrachten

---

[30] Sofern ein vergleichbares Produkt zum Einsatz kommt.

Bei der Analyse potentieller Risiken ist somit auch immer auf die Zusammenhänge der Risiken untereinander zu achten (Dominoeffekt). Abbildung 3 stellt die Zusammenhänge der kaufmännischen Risiken zu den übrigen Risikotypen grafisch dar.

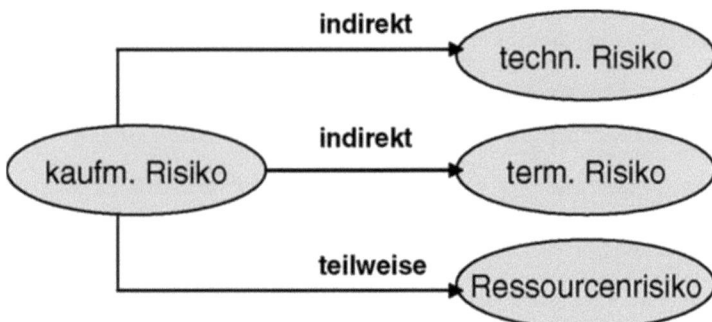

Abbildung 3: Zusammenhang zwischen kaufmännischen Risiken und den übrigen Risikotypen

Aus Abbildung 3 geht hervor, dass eingetretene kaufmännische Risiken nur einen geringen Einfluss auf das Eintreten der übrigen Risikotypen haben – allenfalls zu Projektbeginn, wenn noch keine Werkzeuge angeschafft wurden oder wenn das Eintreten der kaufmännischen Risiken einen Mitarbeiterabbau bewirkt, kann von einem Einfluss gesprochen werden.

Anders sieht das schon beim Eintreten technischer Risiken aus, wie Abbildung 4: Zusammenhang zwischen technischen Risiken und den übrigen Risikotypen
verdeutlicht:

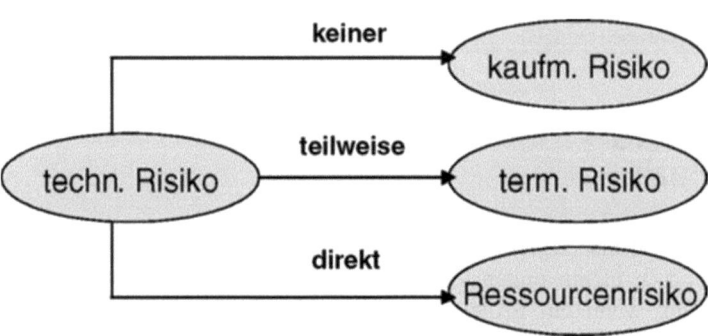

Abbildung 4: Zusammenhang zwischen technischen Risiken und den übrigen Risikotypen

Das Eintreten technischer Risiken zieht nahezu immer Ressourcenrisiken mit sich und teilweise auch terminliche Risiken[31], lediglich kaufmännische Risiken stehen in keinem zwingenden Zusammenhang.

Noch signifikanter ist dies bei den terminlichen Risiken, dargestellt in Abbildung 5:

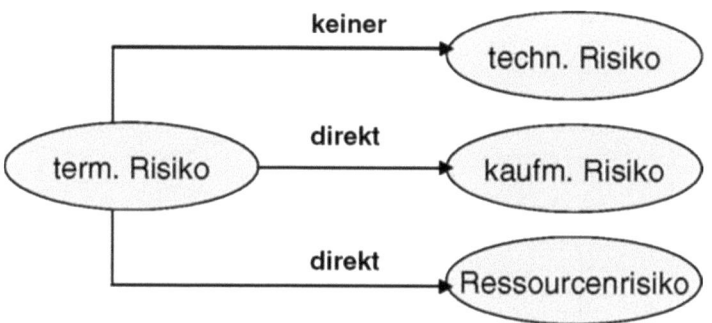

Abbildung 5: Zusammenhang zwischen terminlichen Risiken und den übrigen Risikotypen

Das Eintreten terminlicher Risiken zieht immer das Eintreten sowohl kaufmännischer als auch Ressourcenrisiken nach sich. Lediglich zu den technischen Risiken besteht kein Zusammenhang.

Besonders gravierend ist das Eintreten von Ressourcenrisiken, wie Abbildung 6 darstellt.

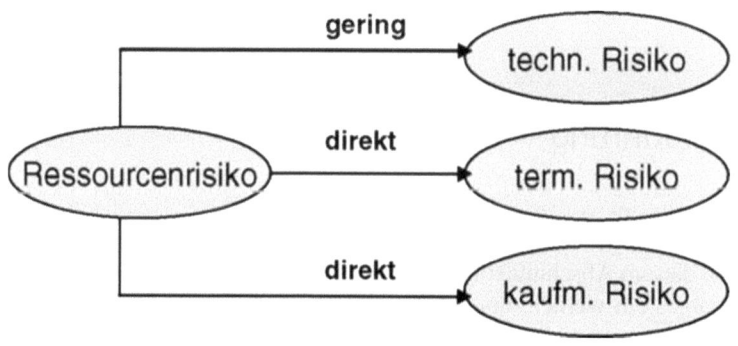

Abbildung 6: Zusammenhang zwischen Ressourcenrisiken und den übrigen Risikotypen

---

[31] Entweder versucht man die Auswirkungen terminlicher Risiken durch einen erhöhten Ressourceneinsatz oder durch den Zeitfaktor zu kompensieren.

Das Eintreten von Ressourcenrisiken bewirkt meist eine wahre Kettenreaktion, da fast alle anderen Risikotypen ebenfalls davon betroffen sind, vergleichbar zu den in Abbildung 7 dargestellten politischen Risiken.

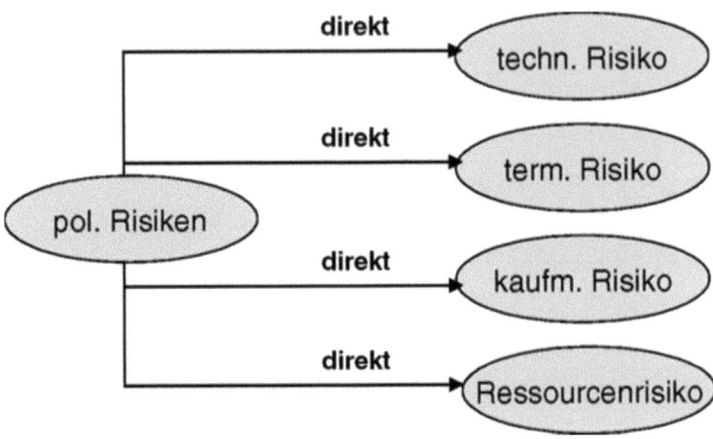

Abbildung 7: Zusammenhang zwischen politischen Risiken und den übrigen Risikotypen

1.4 Typische Auswirkungen nicht erkannter Risiken

1.4.1 Einführung

Bereits im vorherigen Abschnitt wurde teilweise darauf eingegangen, welche Auswirkungen das Eintreten eines Risikos haben kann. In diesem Abschnitt sollen die möglichen Auswirkungen detaillierter dargestellt werden, um die Sensibilität des Lesers zum Thema Risikomanagement zu erhöhen.

Bei jedem Unternehmen sind die Auswirkungen anders

Natürlich gestalten sich die Auswirkungen bei jedem Unternehmen in unterschiedlicher Form – hier soll jedoch in einer provokativen Schwarz/Weiß-Malerei prognostiziert werden, was alles passieren könnte.

Die in den folgenden Abschnitten beschriebenen Auswirkungen sind alle der Realität entnommen – sie wurden aus verständlichen

Gründen jedoch so anonymisiert, dass ein direkter Rückschluss nicht möglich ist. Es ist nicht Ziel dieses Buches, einzelne Unternehmen „an die Wand zu stellen" – vielmehr soll dieses Buch unseren geneigten Lesern dazu verhelfen, künftig Fehler, die andere gemacht haben, einerseits zu vermeiden und andererseits natürlich auch daraus zu lernen. In diesem Kapitel wollen wir uns zunächst auf die technischen und die kaufmännischen Risiken konzentrieren.

1.4.2
Auswirkungen nicht erkannter kaufmännischer Risiken

1.4.2.1
Auswirkungen und Ergebnisse

Kaufmännische Risiken haben unabhängig davon, ob es sich um ein externes oder internes Projekt oder um eine Produktentwicklung handelt, vergleichbare Auswirkungen – das Projekt wird defizitär. Zu differenzieren ist dabei jeweils das Ergebnis dieser Auswirkungen:

- Bei einem externen Projekt wird das Projekt in der Regel trotzdem zu Ende geführt. Es wird versucht nachzuverhandeln, um den finanziellen Schaden möglichst gering zu halten.
- Bei einem internen Projekt existieren zwei unterschiedliche Ergebnisse: Entweder das Projekt wird mit sofortiger Wirkung gestoppt oder nachbudgetiert. Welcher Weg eingeschlagen wird, hängt in erster Linie von dem aktuellen Projektstatus und der Bedeutung, die das interne Projekt für den Unternehmenserfolg hat, ab.
- Bei der Produktentwicklung wird meist das aktuelle Release mit verringerter Funktionalität ausgeliefert. Ein Ende der Produktentwicklung ist auch möglich, in diesem Fall wird versucht, das Produkt (samt Entwicklungsmannschaft) entweder zu verkaufen oder in eine eigenständige Firma zu übertragen (Spin Off).

Unterschiedliche Auswirkungen

Im Folgenden soll ein typisches Fallbeispiel für das Eintreten und die Auswirkungen kaufmännischer Risiken gegeben werden.

1.4.2.2
Typisches Fallbeispiel für kaufmännische Risiken

Mischung zwischen Produkt- und Consultinghaus

Ein typisches Fallbeispiel stammt aus einer Mischung zwischen Produkt- und Consultinghaus. Das Unternehmen hat einer großen Bank eine Unternehmenslizenz eines Software-Produktes verkauft und gleichzeitig in Form eines Consultingauftrages die Integration des Werkzeuges in den Software-Entwicklungsprozess versprochen, ohne dass man sich zuerst mit diesem Prozess vertraut gemacht hat. Diese Consultingleistungen wurden zu einem sehr günstigen Festpreis angeboten, um den Zuschlag für das Lizenzgeschäft zu erhalten. Der Festpreis lag deutlich unter dem, den ein professionelles Consultinghaus angesetzt hätte.

Finanzielles Defizit war absehbar

Wie nicht anders zu erwarten, stellte das Controlling des Unternehmens relativ bald ein finanzielles Defizit fest. Der Prozess der Produkteinführung verschleppte sich und gestaltete sich komplizierter und aufwändiger als zuvor erwartet. Welche Fehler wurden hier begangen?

Unterschiedliche Fehler

- Der Angebotspreis war ein Kampfpreis, um Lizenzen verkaufen zu können. Zur Absicherung des Einführungsprojektes hätte eine Rückstellung aus der Marge des Lizenzgeschäftes getätigt werden müssen. Dies war nicht erfolgt, um ein besseres Quartalsergebnis zu präsentieren.
- Das Unternehmen hat zu einem Festpreis angeboten, ohne sich im Vorfeld um die Rahmenbedingungen gekümmert zu haben. Damit stand das Projekt von Anfang an unter finanziellem Druck, gekoppelt mit großen Unsicherheiten.
- Das Unternehmen hat sein Kerngeschäft im Lizenzvertrieb, die Consultingmitarbeiter waren in der Handhabung des Werkzeuges geschult – weniger in der flächendeckenden Einführung des Werkzeuges. Bei der Kalkulation wurde dies aber nicht berücksichtigt.

Das Ergebnis sah letztendlich so aus, dass das Unternehmen über einen Zeitraum von 6 Monaten drei Consultingmitarbeiter bei der Bank im Einsatz hatte, ohne dass diese fakturiert werden konnten. Der dadurch entstandene Schaden lag im sechsstelligen Bereich.

1.4.2.3
Besonderheit Produktentwicklung

Unternehmen, deren Kerngeschäft die Produktentwicklung ist, unterliegen seit einiger Zeit einem zusätzlichen kaufmännischen Risiko, auf das an dieser Stelle kurz eingegangen werden soll: In den meisten Fällen wird die Produktweiterentwicklung über die Wartungseinnahmen finanziert. Hierbei gelten die folgenden Regelungen:

Risikofaktor Wartungseinnahmen

- Der Wartungspreis beträgt zwischen 15% und 18% des Lizenzpreises jährlich.
- Normalerweise ist das erste Jahr Wartung nicht in dem Lizenzpreis enthalten, nur wenige Hersteller machen hier eine Ausnahme.
- In der Wartung ist ein kostenloser Upgrade enthalten, wenn der Hersteller ein neues Produktrelease auf den Markt bringt.

Es existiert neben diesen Regelungen noch eine Vielzahl weiterer Bestimmungen, zum Beispiel, was passiert, wenn ein Kunde über einen Zeitraum von zwei oder drei Jahren keinen Wartungsvertrag hatte, nun aber das neue Release haben möchte? Wir wollen im Folgenden auf ein typisches Fallbeispiel für kaufmännische Risiken eingehen.

Vielzahl weiterer Bestimmungen

Ein Produkthersteller bietet eine auf den Telekommunikationsmarkt angepasste Software-Testumgebung an. Die Lösung ist sehr erfolgreich und in den Jahren 1999 und 2000 schließt nahezu jeder Kunde einen Wartungsvertrag ab. Damit stellen die zu erwartenden Wartungseinnahmen einen signifikanten Anteil am Gesamtumsatz dar.

Nun befindet sich bekanntermaßen der Telekommunikationsmarkt in den letzten Jahren in einer gewaltigen Krise, die mit zahlreichen Mitarbeiterentlassungen einherging. Im Zuge weiterer Einsparungsmaßnahmen wurden die existierenden Wartungsverträge genauer untersucht. Dies hatte für das Produkthaus eine der beiden folgenden Konsequenzen:

- Der Wartungsvertrag wurde vollständig gekündigt, da man beschloss, mit der existierenden (und stabil laufenden) Version des Werkzeuges zu arbeiten und keine neuen Releases mehr zum Einsatz zu bringen.
- Der Wartungsvertrag wurde drastisch gekürzt – es wurden nur noch die Lizenzen unter Wartung gehalten, die auch wirklich im

Zwei Konsequenzen möglich

Einsatz waren. Der Wartungsvertrag wurde also an die aktuelle (und deutlich niedrigere) Mitarbeiterzahl angepasst.

Umsatzeinbruch steht bevor

Für das Produkthaus bedeutete dies in jedem Fall einen deutlichen Umsatzeinbruch. Das kaufmännische Risiko lag in dem hohen prozentualen Anteil der Wartungsumsätze am Gesamtumsatz. Eine Faustregel besagt, dass dieser maximal 15% bis 18% betragen sollte, betrachtet man jedoch die derzeit aktuellen Quartalsberichte einiger Hersteller, so kann man hier Angaben von zum Teil über 50% feststellen. Abgesehen von dem hier dargestellten kaufmännischen Risiko unterliegen solche Firmen noch einem weiteren Risiko: der Übernahme durch ein anderes Unternehmen!

1.4.2.4
Ausblick

Finanzielle Auswirkungen können nur schwer kompensiert werden

Kaufmännische Risiken haben beim Eintreten immer finanzielle Auswirkungen, die nur schwer kompensiert werden können. Auf der anderen Seite sind kaufmännische Risiken relativ einfach erkennbar, man weiß meist schon zu Projektbeginn, wo diese zu lokalisieren sind. Entsprechend können auch bei den Vertragsverhandlungen hier Maßnahmen zum Risikoschutz eingeleitet werden. Mehr dazu ist Kapitel 5 zu entnehmen.

1.4.3
Auswirkungen nicht erkannter technischer Risiken

1.4.3.1
Auswirkungen und Ergebnisse

Beim Eintreten von technischen Risiken sind die folgenden Auswirkungen zu beobachten, die unter Umständen auch alle zugleich eintreten können:

Zusätzliche Investitionen erforderlich

- Es muss (sofern die technischen Risiken durch den Einsatz eines bestimmten Werkzeuges eingetreten sind) mit einer zusätzlichen Investition für ein alternatives Werkzeug gerechnet werden.

- Es muss (sofern die technischen Risiken durch einen Technologiewechsel eingetreten sind) mit einem erhöhten Schulungsaufwand sowie einer gewissen Projektverzögerung gerechnet werden.
- Es muss (sofern die technischen Risiken durch Schnittstellenproblematiken verursacht wurden) mit älteren Versionen von Werkzeugen weitergearbeitet werden.
- Es muss (sofern die technischen Risiken durch den Abzug von Know-how-Trägern aus dem Projekt eingetreten sind) mit dem Einsatz externer Berater kalkuliert werden.

Einsatz externer Berater erforderlich

- Es muss (sofern die technischen Risiken durch den Ausfall eines Unterauftragnehmers eingetreten sind) entweder mit einer erhöhten Eigenleistung oder mit der Suche nach einem neuen Unterauftragnehmer eine längere Projektlaufzeit kalkuliert werden.
- usw.

Diese Liste lässt sich noch beliebig weiterführen, das folgende Fallbeispiel verdeutlicht, wie technische Risiken ein Projekt gefährden können.

1.4.3.2
Typisches Fallbeispiel für technische Risiken

In diesem Beispiel wird eine Produktentwicklung behandelt, wobei das Produkt selbst nicht weiter betrachtet wird. Dies ist für die folgenden Ausführungen auch nicht weiter von Bedeutung, entscheidend waren die technischen Rahmenbedingungen, unter denen das Produkt entwickelt wurde.

Technische Rahmenbedingungen von Bedeutung

Die Ausgangssituation gestaltete sich wie folgt:

- Als Zielsprache wurde C verwendet.
- Das Produkt wurde auf einem UNIX-Betriebssystem entwickelt.
- Als Datenbank wurde ein relationales Datenbankmanagementsystem eingesetzt.
- Ein CASE-Tool kam nicht zum Einsatz, dafür wurde ein eigens entwickelter Codegenerator verwendet.

Unter diesen technischen Rahmenbedingungen ist vor einigen Jahren eine Vielzahl von Produkten entwickelt worden, es lagen also keine technischen Risiken zu Beginn der Produktentwicklung vor,

Ausgangssituation unkritisch

die das Projekt vom Risikomanagement als zu riskant hätten einstufen lassen.

Im Laufe der Produktentwicklung wurden allerdings Warnzeichen ignoriert und die langsam auftretenden technischen Risiken wurden vernachlässigt. Nach einigen Jahren sah die Situation wie folgt aus:

Vernachlässigte technische Risiken

- Microsoft Windows wurde zum Standard, UNIX trat mehr oder weniger in den Hintergrund.
- Das Datenbankmanagementsystem verlor erheblich an Marktanteilen.
- Damit wurde der selbst entwickelte Codegenerator, der auf dem Datenbankmanagementsystem basierte, zum Exoten, der sonst keinerlei Einsatzgebiete fand.
- Die mittlerweile auf dem Markt verbreiteten Werkzeuge zur professionellen Software-Entwicklung wurden nicht eingesetzt (bzw. nicht angeschafft).

Damit entwickelten sich die technischen Risiken immer mehr zu einem echten Problem. Aus Kostengründen wurde jedoch auf ein rechtzeitiges Dagegenwirken verzichtet.

Logische Konsequenz

Die Konsequenz lag auf der Hand. Im Laufe der Jahre verlor der Hersteller zunehmend Marktanteile, die Produktweiterentwicklung konnte nur noch unter widrigen Umständen vorgenommen werden, es bestand keine Chance neue Mitarbeiter zu finden, die die veralteten Technologien noch beherrschen.

Welche Fehler wurden im Risikomanagement[32] begangen? Der schwerwiegendste war sicherlich, dass man sich nicht mit den Veränderungen am Markt (der immer größer werdenden Bedeutung des Microsoft-Betriebssystems) gekümmert hat. Ferner hat man sich zu sehr auf einen bestimmten Hersteller verlassen und sich damit zu sehr abhängig gemacht. Die fehlende Bereitschaft, in neue Technologien zu investieren, war dann letztendlich das „Todesurteil" für das Produkt.

1.4.3.3 Aussicht

Die Vernachlässigung von technischen Risiken innerhalb des Produktgeschäftes kann bis zu einem technologischen Verhalten des

---

[32] Sofern überhaupt eins existiert hat.

Produktes führen (und damit letztendlich zur Einstellung der Produktentwicklung).

In externen Projekten können technische Risiken schwerwiegende Auswirkungen hinsichtlich des Projektzeitplans haben, wenn der Risikomanager sie nicht rechtzeitig in den Griff bekommt.

Auch in externen Projekten schwerwiegende Folgen

1.4.4 Weitere Fallbeispiele

1.4.4.1 Einführung

Im bisherigen Verlauf dieses Kapitels wurde der ständig aktuelle Technologiewandel, der wie ein Damoklesschwert über jedem Projekt schwebt, als eines der größten Projektrisiken identifiziert – unabhängig davon, ob es sich um ein externes oder internes Projekt oder um eine Produktentwicklung handelt. Ebenso von Bedeutung sind die kaufmännischen Risiken eines Projektes.

In den nächsten Abschnitten werden einige Fallbeispiele aus der Praxis gegeben, aus denen nicht nur hervorgeht, welche Auswirkungen diese Risiken haben können, sondern anhand derer auch dargestellt wird, wie diese Risiken frühzeitig erkannt und damit hätten vermieden werden können.

In den folgenden Abschnitten wollen wir ferner unterschiedliche Fallbeispiele für externe Projekte, interne Projekte und die Produktentwicklung unterscheiden. Ergänzend werden auch die anderen Risikotypen (kaufmännische, Ressourcen- und politische) mit aufgeführt.

Unterschiedliche Fallbeispiele

1.4.4.2 Fallbeispiel ReP

ReP steht in diesem Zusammenhang für Risiken in externen Projekten. In dem hier dargestellten Projekt war der Auftraggeber eine Behörde, der Auftragnehmer ein internationaler Konzern.

Zielsetzung war die Erstellung einer Anwendung, die ca. 3.000 Benutzern den Zugriff auf innerhalb dieses Projektes zu archivierende Daten gewährleisten sollte. Das Projekt hatte eine Laufzeit von 4 Jahren, das Projektteam bestand aus 14 Mitarbeitern. Der Auftrag-

Herausforderung: 3.000 Nutzer

nehmer hatte den Zuschlag ausschließlich über den Angebotspreis[33] erhalten, vergleichbare Referenzen konnte er nicht vorweisen.

Risikomanagement wurde nicht durchgeführt

Der Auftragnehmer begann direkt nach der Auftragserteilung mit der Projektabwicklung, ein Risikomanagement wurde aus Unwissenheit nicht vorgenommen. Primäres Ziel des Unternehmens war es, zunächst die erforderlichen Mitarbeiter einzustellen, die zur erfolgreichen Projektabwicklung notwendig waren. Unter Risikomanagement-Aspekten sah dieses Projekt wie folgt aus:

- Der Zuschlag erfolgte ausschließlich über den Preis, damit bestand von Anfang an die latente Gefahr, dass sobald das Projekt nicht den geplanten Weg verlief, ein monetärer Verlust zu verzeichnen sein würde.
- Zu Projektbeginn standen nicht die erforderlichen Projektmitarbeiter zur Verfügung – sie mussten erst von extern „beschafft" werden. Damit waren allen im vorherigen Abschnitt beschriebenen Ressourcenrisiken Tür und Tor geöffnet.

Erschwerend kam hinzu, dass vom Auftraggeber der Einsatz einer bestimmten Datenbank gefordert wurde. Der Auftragnehmer war jedoch Partner eines anderen Datenbankherstellers. Die logische Konsequenz sah wie folgt aus:

Logische Konsequenz

- Der Auftragnehmer schlug natürlich die „eigene" Datenbank vor.[34]
- Leider konnte der Datenbankhersteller die Funktionalität der vom Auftraggeber geforderten Datenbank mit dem aktuellen Release nicht unterstützen, es gab jedoch eine entsprechende Ankündigung, dass mit dem nächsten Release die geforderte Funktionalität erfüllt würde.

---

[33] Leider ist immer wieder festzustellen, dass so genannte „Preisverkäufer" Zuschläge erhalten, deren realistische monetäre Umsetzung jenseits von Gut und Böse ist. Es profitiert davon ausschließlich der Vertriebsmitarbeiter, der dem Kunden dieses Projekt „aufgeschwatzt" hat. Auf der einen Seite kann der Auftragnehmer dieses Projekt für diesen Preis nicht in der gewünschten Zeit, in der erforderlichen Qualität und dem gewünschten funktionalen Umfang abwickeln, auf der anderen Seite erhält der Kunde zwar eine billige, dafür aber fehlerträchtige und nahezu unbrauchbare Lösung. Der Vertriebsmitarbeiter erhält seine Provision und wechselt, sobald das Projekt in ein kritisches Stadium gerät, das Unternehmen.

[34] Maßgeblich für diese Entscheidung waren keinerlei technische Gründe, sondern ausschließlich die zu erwartenden Provisionen.

Damit lief der Auftragnehmer in die nächste Risikosituation; technische Risiken schwebten über dem Projekt. Und – wie sollte es anders sein – der Datenbankhersteller erfüllte seine Zusagen NICHT! Nun bestand höchster Handlungsbedarf beim Auftragnehmer, in einer Art Panikaktion wurde die Hälfte des Projektteams dafür abgestellt, die vom Kunden geforderte Funktionalität selbstständig zu entwickeln.

Erste technische Risiken

Die Entwicklung war auch erfolgreich – nur wurde wiederum kein Risikomanagement betrieben. Ergebnis war, dass das nächste Release des Datenbankherstellers eine völlige Überarbeitung der Eigenentwicklung erforderte, weil sich der Datenbankhersteller nicht an die zuvor zugesagten Schnittstellensyntax hielt. Damit standen erneut die Projektmitarbeiter nur im begrenzten Maße für das eigentliche Projekt zur Verfügung.

Es erübrigt sich, den weiteren Projektverlauf darzustellen. Der Auftragnehmer hatte durch das Versäumnis, rechtzeitig ein Risikomanagement zu etablieren, ein Millionenprojekt leichtfertig vergeben.

Millionenprojekt leichtfertig vergeben

Dieses Projekt ist ein Paradebeispiel für Missachtung nahezu aller Regeln des Risikomanagements:

- Technische Risiken: Diese waren von Anfang an offensichtlich und wurden schlichtweg ignoriert.
- Ressourcenrisiken: Spätestens nach dem Eintreten der technischen Risiken traten diese auf.
- Kaufmännische Risiken bestanden von Anfang an – letztendlich bedingt durch den „Sonderpreis".

Nun wird der interessierte Leser sicherlich sofort den Einwand haben, dass nicht nur der Auftragnehmer kein Risikomanagement betrieben hat, sondern auch der Auftraggeber sich keinerlei Gedanken über eventuelle Risiken gemacht hat. Der Auftragnehmer war der billigste Anbieter, damit war die Beamtenpflicht erfüllt und der Auftrag konnte ruhigen Gewissens erteilt werden.[35]

Auch der Auftraggeber machte Fehler

Aber auch im Projektverlauf hat der Auftraggeber entscheidende Fehler gemacht, schließlich hat er es versäumt, in regelmäßigen

---

[35] Leider wurden die verantwortlichen Personen auf Grund ihres Beamtenstatus nicht zur Rechenschaft gezogen – damit war der alleinige Leidtragende wie üblich der Steuerzahler – beim Auftragnehmer hingegen wurde der verantwortliche Manager mit sofortiger Wirkung vor die Tür gesetzt. Böse Zungen behaupten, dass dies die erste wirksame Risikomanagementmaßnahme des Unternehmens war.

Reviews den Fortschritt des Projektes zu hinterfragen, und sich zu schnell mit bestimmten Aussagen zufrieden gegeben bzw. abgefunden.

1.4.4.3
Fallbeispiel RiP

Interne Geschäftsprozesse untersuchen

Das nächste Fallbeispiel behandelt Risiken in internen Projekten, hier abgekürzt mit RiP. Das vorgestellte Projekt hatte zur Zielsetzung, die internen Geschäftsprozesse innerhalb der Auftragsabwicklung kritisch zu untersuchen und entsprechend zu automatisieren. Auftraggeber war demzufolge das Unternehmen selber, die Projektlaufzeit war auf drei Monate begrenzt, Projektstart war Juli. Allein aus dieser Projektkonstellation wird deutlich, dass die beiden folgenden Risiken existierten:

Ressourcenproblematiken

- Ressourcenproblematiken: Die Aufgabe des Projektes bestand zum Großteil in einer Interviewphase der betroffenen Manager – nachdem der Projektstart für Juli anberaumt wurde, war zu erwarten, dass viele der erforderlichen Interviewpartner sich im Urlaub befanden.

Politische Risiken

- Politische Risiken: Hier bestand die große Gefahr, dass viele der zu befragenden Personen mit ihren Auskünften sehr vorsichtig sein würden, da eine Automatisierung von Geschäftsprozessen meist auch eine Personalreduzierung nach sich zieht.

Im Laufe des Projektes entwickelte sich dann noch ein wesentlich größeres politisches Risiko: Man hatte versäumt, rechtzeitig den Betriebsrat einzuschalten! Dieser wurde erst von den jeweiligen Mitarbeitern der Auftragsabwicklungsabteilungen informiert und fühlte sich hintergangen. Für das Projekt hatte das die folgenden Auswirkungen:

Auswirkungen auf das Projekt

- Der Betriebsrat boykottierte das Projekt und versuchte einen Projektabbruch zu bewirken.
- Die Mitarbeiter gaben nahezu keine Auskünfte mehr, da sie durch das Verhalten des Betriebsrates einerseits verunsichert waren und andererseits diejenigen, die ihren Arbeitsplatz gefährdet sahen, durch den Betriebsrat ermutigt wurden.
- Das Projekt geriet somit in terminliche Schwierigkeiten, da die Datenerhebungsphase nicht abgeschlossen werden konnte.

Letztendlich musste das Projekt abgebrochen werden, bei einer abschließenden Analyse wurde festgestellt, dass fehlendes Risikomanagement (insbesondere die Vernachlässigung der politischen Risikotypen) die Ursache war.

1.4.4.4
Fallbeispiel RPe

Das nächste Fallbeispiel behandelt das Risikomanagement bei der Produktentwicklung (RPe). Das folgende Beispiel beschreibt die Entwicklung eines Software-Entwicklungswerkzeuges, auch CASE-Tool genannt. Das Produkt wurde von einem deutschen Unternehmen entwickelt, das Entwicklungsteam bestand aus 12 Mitarbeitern. Wie im Produktgeschäft häufig anzutreffen, ist das Produkt aus einem Großprojekt heraus entstanden.

Produkt entstand aus einem Großprojekt

Aus der Betrachtungsweise des Risikomanagements lagen also die folgenden Risiken vor:

- Kaufmännische Risiken: Das Unternehmen hatte bisher ausschließlich im Dienstleistungsumfeld (Projektgeschäft) seinen Umsatz generiert. Mit der Entwicklung des Software-Entwicklungswerkzeuges begab man sich ins Produktgeschäft – also völliges Neuland.
- Ressourcenrisiken: Mit der Produktentwicklung wurden wertvolle Ressourcen aus dem Projektgeschäft abgezogen. Diese konnten nun nicht mehr fakturiert werden, da sie mit der Produktentwicklung ausgelastet waren. Es mussten neue Mitarbeiter eingestellt werden, welche wiederum erst eingearbeitet werden mussten.
- Ein weiteres Risiko war darin zu sehen, dass es zu diesem Zeitpunkt bereits eine Reihe von Software-Entwicklungswerkzeugen auf dem Markt gab. Die Wettbewerbssituation war also von Anfang an gegeben.

Kaufmännische und Ressourcenrisiken

Diese drei Punkte zeigen auf, dass das Unternehmen bereit war, ein hohes Risiko einzugehen, besser gesagt: beträchtlich in die Entwicklung des Produktes zu investieren. Es wurden in einer frühen Phase die grundlegenden Elemente des Risikomanagements durchgeführt. Dabei stellte man zunächst in einem Worst-Case-Szenario dar, welche Krisensituationen eintreten könnten. Dabei wurden die beiden folgenden Punkte als wesentliche Risiken identifiziert:

Zwei wesentliche Risiken

- Das Produkt kann sich nicht gegenüber den Wettbewerbsprodukten etablieren.
- Die Ressourcen, die zur Produktentwicklung benötigt werden, könnten nicht ausreichen.

Es wurden zwar diese beiden Risiken identifiziert, es wurde aber versäumt, sich bereits jetzt die entsprechenden Maßnahmen zu überlegen, die zu ergreifen sind, wenn eins der beiden Risiken eintritt. Ferner wurde versäumt, *während* der Produktentwicklung zu monitoren, ob sich zusätzliche Risiken ergeben.

So machte sich nach einiger Zeit das Fehlen der bewährten Mitarbeiter in dem Großprojekt bemerkbar – als Maßnahme wurden kurzfristig neue Mitarbeiter eingestellt, diese verfügten jedoch noch nicht über die notwendige Erfahrung und wurden vom Auftraggeber nicht akzeptiert.

Also fand ein Austausch zwischen den neuen und den bewährten Projektmitarbeitern statt, die neuen Mitarbeiter übernahmen die Produktweiterentwicklung. Damit konnte zwar das Projekt gerettet werden, allerdings stockte jetzt die Produktentwicklung.

Teufelskreis

Das Unternehmen befand sich also in einem Teufelskreis – wären von Anfang an neue Mitarbeiter integriert worden, hätte dieser vermieden werden können. Es liegt auf der Hand, dass nun kaufmännische Risiken auftraten; diesen konnte entgegengewirkt werden, indem man eine „Fremdfinanzierung" der Produktentwicklung in Form einer Beteiligung eines externen Unternehmens rechtzeitig erwog und auch in Anspruch nahm.

Das Produkt konnte letztendlich fertiggestellt werden, auch das Projekt wurde erfolgreich beendet. Allerdings fielen die Gewinne, die der Produktumsatz abwarf, nicht in der Form aus, wie man es sich zu Anfang vorgestellt hatte.

1.4.4.5
Fazit

Risiken von Anfang an betrachten

Es lassen sich hunderttausende solcher Beispiele aufführen. Jeder Mitarbeiter, der über einen gewissen Erfahrungsschatz in der IT-Branche verfügt, kann hier seine eigenen Beispiele ergänzen. Es ist ohnehin sehr einfach, am Ende eines gescheiterten Projektes aufzuführen, warum das Projekt gescheitert ist und wer welchen Fehler gemacht hat, weil er ein oder mehrere Risiken unterschätzt oder nicht erkannt hat. Viel schwieriger ist es jedoch, dies bereits am Anfang eines Projektes zu berücksichtigen und mit einem entsprechenden Risikomanagement zu bewirken, dass das nächste Projekt nicht wieder scheitert.

1.4.5 Zusammenfassung

Dieser Abschnitt hat aufgezeigt, welche Auswirkungen die unterschiedlichen Risikotypen haben können, wenn sie nicht rechtzeitig erkannt werden. Einer der wichtigsten Schritte ist dabei nicht nur die im nächsten Kapitel beschriebene Identifizierung der Risiken, auch die frühzeitige Betrachtung von Gegenmaßnahmen ist von entscheidender Bedeutung.

Gegenmaßnahmen sind von großer Bedeutung

Bevor wir näher auf die einzelnen Techniken der Risikoidentifizierung eingehen, möchten wir noch kurz zwei weitere Technologien betrachten, die dem Risikomanagement angelehnt sind.

1.5 Weitere dem Risikomanagement angelehnte Managementtechniken

1.5.1 Einführung

Risikomanagement wird oft in Zusammenhang mit weiteren Managementtechniken gesehen. Diese resultieren aus dem Risikomanagement, kommen also zum Tragen, wenn ein Risiko (oder auch mehrere) eingetreten ist und die Auswirkungen gravierend sind. Aufzuführen wären hier:

- Krisenmanagement
- Notfallmanagement

Wenn Risiken eingetreten sind...

Im Folgenden sollen diese beiden Managementtechniken näher erläutert und ihr Zusammenhang mit dem Risikomanagement dargestellt werden.

1.5.2
Krisenmanagement

1.5.2.1
Einführung ins Krisenmanagement

Krisenmanagement ist genauso verbreitet wie Risikomanagement, das heißt, dass Krisenmanagement ebenfalls in nahezu allen erdenklichen Bereichen durchgeführt wird. Doch wo ist die Anlehnung zum Risikomanagement? Nun, ganz einfach – Krisenma-nagement wird dann durchgeführt, wenn das Risikomanagement versagt hat, also ein Risiko eingetreten ist.

Krisenmanagement wird dann durchgeführt, wenn das Risikomanagement versagt hat

Im Umkehrschluss könnte man jetzt die These aufstellen: „Wer unfähig ist, ein professionelles Risikomanagement innerhalb seines Unternehmens zu etablieren, muss sich in Zukunft mit Krisenmanagement beschäftigen!" Diese Aussage ist zwar nicht falsch, es sei aber darauf hingewiesen, dass gewisse Risiken einfach nicht vorhersehbar sind und damit kein Projekt alleine durch Risikomanagement in einem sicheren Umfeld gehalten werden kann.

1.5.2.2
Ursachen von Krisen in der IT-Branche

Bevor nun weiter auf das Thema Krisenmanagement eingegangen wird, soll zunächst eine Abgrenzung zwischen „Risiko" und „Krise" vorgenommen werden. Hier hilft die folgende Definition weiter:

Definition: Krise

Eine Krise ist die erste Eskalationsstufe eines unterschätzten oder nicht erkannten Risikos, das innerhalb eines Projektes eingetreten ist.

Dies bedeutet, dass sobald von einem Krisenmanagement die Rede ist, ein Risikomanagement versagt hat. Es stellt sich nun die Frage, warum dem so ist, und es ergeben sich die folgenden Möglichkeiten[36]:

- Das eingetretene Risiko war nicht vorhersehbar.[37]

---

[36] Oder besser ausgedrückt: Schuldzuweisungen!
[37] Je mehr Erfahrung ein Projektmanager hat, desto seltener wird eine derartige Möglichkeit im Risikomanagement auftauchen.

- Das Risiko war vorhersehbar, wurde aber in der Eintrittswahrscheinlichkeit zu gering eingestuft (mehr zum Thema Eintrittswahrscheinlichkeit ist dem Kapitel „Risikomatrix" zu entnehmen).
- Das Risiko war von der Eintrittswahrscheinlichkeit her richtig eingestuft, jedoch wurden die möglichen Auswirkungen des Eintretens unterschätzt oder waren in der Form nicht vorhersehbar. Es wurde also die Schwere des Risikos unterschätzt.

Verschiedene Möglichkeiten

Krisenmanagement hat die Eigenschaft, dass es erst dann zum Einsatz kommt, wenn die folgenden Bedingungen erfüllt sind:

- Der reguläre Fortschritt des Projektes ist in Frage gestellt oder gar ausgeschlossen.
- Die Auswirkungen des Risikos sind derart gravierend, dass auf der Ebene des Projektmanagements keine interne Lösung mehr gefunden werden kann.
- Alle Auswirkungen des Risikos sind bekannt und mit dem entsprechenden Zahlenmaterial versehen worden.

Bedingungen

1.5.2.3
Zuständigkeiten im Krisenmanagement

Aus der Politik bestens bekannt ist der Begriff des Krisenstabs. Auch in der IT-Branche etabliert sich so langsam dieser Begriff, ein Krisenstab setzt sich hier aus den folgenden Personen (Rollen) zusammen:

- dem Risikomanager (dieser wird in der Regel zum Krisenmanager),
- dem Projektleiter (sofern er nicht identisch mit der Person des Risikomanagers ist),
- einem Vertreter des Auftraggebers (sofern es sich um ein externes Projekt handelt, ansonsten ist eine interne Auftraggeberrolle hier vertreten),
- einem kaufmännischen Vertreter[38] des Unternehmens,
- einem Vertreter des Managements des Unternehmens.

Im Krisenmanagement involvierte Rollen

---

[38] Da eingetretene Risiken – in diesem Fall also Krisen – nahezu immer mit finanziellen Konsequenzen behaftet sind.

Aufgabe dieses Konsortiums ist es, die Krise zu lösen, also die Auswirkungen des eingetretenen Risikos in einem erträglichen Rahmen zu halten. Ist dies nicht mehr möglich, so tritt das im nächsten Kapitel beschriebene Notfallmanagement in Kraft.

1.5.3 Notfallmanagement

Unter Notfallmanagement ist die nächste Eskalationsstufe des Risikomanagements zu verstehen. Dies wird schon aus der „Benennung" deutlich.

| Was ist ein Notfall? | **Ein Notfall ist die zweite Eskalationsstufe des Risikomanagements. Voraussetzung für den Status „Notfall" ist, dass ein erkanntes oder auch nicht erkanntes Risiko eingetreten ist und die daraus resultierende Krise nicht bewältigt werden konnte.** |

Abbildung 8 zeigt die Entwicklung der unterschiedlichen Eskalationsstufen von :

- Risiko über
- Krise bis hin zum
- Notfall

auf. Wird ein Notfall nicht gelöst, ist das gesamte Projekt in Gefahr.

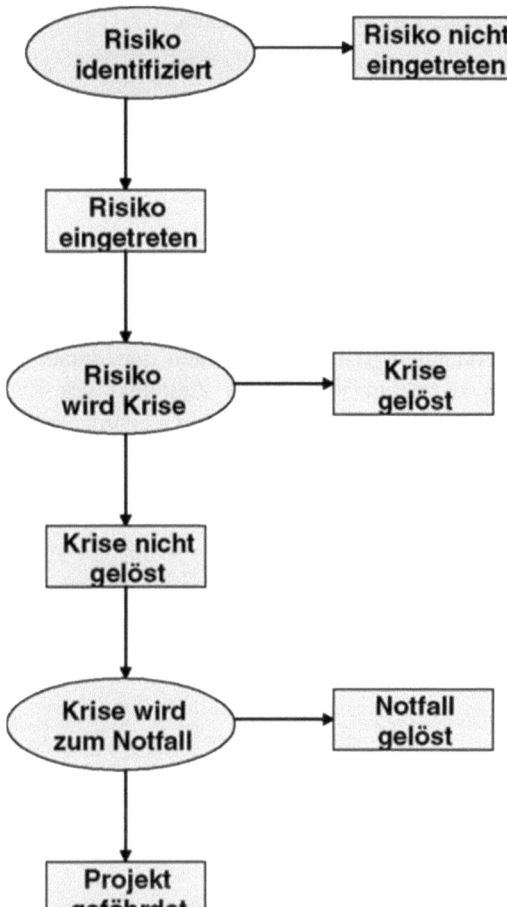

Abbildung 8:
Die Entwicklung eines Risikos zur Krise bis hin zum Notfall

1.6 Fazit

In diesem einleitenden Kapitel wurden zunächst die Ursachen erforscht, warum Risikomanagement eine wichtige Disziplin (nicht nur innerhalb der IT-Branche) ist. Im Anschluss wurden die unterschiedlichen Einstellungen zu Risiken betrachtet und analysiert, wie diese Einstellungen entstehen können.

Der wesentliche Teil dieses Kapitels befasste sich mit den unterschiedlichen Risikotypen, die in der IT-Branche existieren:

Fünf unterschiedliche Risikotypen

- Geschäftliche/kaufmännische Risiken
- Technische/technologische Risiken
- Terminliche Risiken
- Ressourcenrisiken
- Politische Risiken

Dabei wurde dargestellt, welche Auswirkungen diese Risikotypen auf die drei Projektarten (externe Projekte, interne Projekte und Produktentwicklung) haben. Ferner wurden typische Auswirkungen von nicht erkannten Risiken besprochen und darauf eingegangen, dass bereits zu einem sehr frühen Zeitpunkt das Risikomanagementteam sich mit den zu ergreifenden Gegenmaßnahmen beschäftigen muss.

2 Risikoidentifizierung

Gerhard Versteegen

2.1 Allgemeines

Die Identifizierung von Risiken ist eine Art Bestandsaufnahme, in der alle das Projekt betreffenden Risiken gesammelt werden. Es liegt auf der Hand, dass diese Aktivität von großer Bedeutung ist, da alle weiteren Maßnahmen auf den hier identifizierten Risiken beruhen. Es gilt die Regel, dass ein Risiko, das nicht im Vorfeld identifiziert werden konnte, beim Eintreten auch nicht mit den entsprechenden Maßnahmen in den Griff bekommen werden kann.

In diesem Kapitel soll zunächst dargestellt werden, zu welchem Zeitpunkt eine Risikoidentifizierung stattfindet. Es sei schon einmal vorweggenommen, dass sich die Risikoidentifizierung über das gesamte Projekt hinweg erstreckt, also über die folgenden Phasen:

Bestandsaufnahme

- Vor der Angebotserstellung
- Während der Angebotserstellung
- Während der Vertragsverhandlungen
- Während der Erstellung des Projektplanes
- In der Analysephase
- In der Entwicklungsphase
- In der Deploymentphase[39]

Risikomanagement wird in allen Phasen betrieben

---

[39] Dem aufmerksamen Leser dürfte nicht entgangen sein, dass hier die Design- und die Testphase nicht explizit herausgestellt wurden; dies hat den Hintergrund, dass während dieser Phasen das aktive Risikomanagement in den Hintergrund tritt. Des Weiteren lassen sich aus Sicht des Risikomanagements die Design- und die Entwicklungsphase zusammenfassen. Hinsichtlich der Testphase lässt sich festhalten, dass

Hilfsmittel für die Risikoidentifizierung

In den nächsten Abschnitten wird darauf eingegangen, welche Risiken in welchen Phasen identifizierbar sind. Im Anschluss wird dargestellt, welche Hilfsmittel für die Risikoidentifizierung zur Verfügung stehen. Hier ist in erster Linie die Risikoliste zu erwähnen. Auch die jeweiligen Verantwortlichkeiten, die während dieser Phase existieren, werden näher untersucht und charakterisiert. Am Ende des Kapitels wird noch kurz auf die weitere Verwendung der Ergebnisse der Risikoidentifizierung eingegangen.

2.2 Zeitpunkte der Risikoidentifizierung

2.2.1 Die erste Phase der Risikoidentifizierung

2.2.1.1 Einführung

Bevor ein Angebot erstellt wird

Die erste Phase der Risikoidentifizierung beginnt bereits vor dem Zeitpunkt, wo ein Unternehmen überhaupt ein Angebot erstellt, also zu dem Zeitpunkt, wo das Unternehmen von der Existenz eines potentiellen Projektes erfährt. Erfahrungsgemäß existiert hier eine große Anzahl unbekannter Parameter, denen man sich erst im weiteren Verlauf der Angebotserstellung nähern kann – entsprechend groß sind hier natürlich auch die Risiken.

2.2.1.2 Identifizierung erster Risiken

Angebotserstellung ist teuer

Die Erstellung eines Angebotes ist ressourcenintensiv und kostet somit Geld. Daher sind hier (üblicherweise auf Basis von Ausschreibungsunterlagen) die folgenden Risiken zu identifizieren, bevor man mit der Erstellung des Angebotes beginnt:

- Hat der Kunde bereits ein festes Budget für dieses Projekt vorge-

---

Software immer getestet wird und somit keiner speziellen Phase zuzuordnen ist.

sehen und ist dieses Budget auch freigegeben[40]? Dieser Punkt muss genauestens überprüft werden. Sollte dem nicht so sein, so ist das Risiko, ob das Projekt überhaupt jemals abgewickelt wird, sehr hoch. Aussagen wie: „Das ist nur noch eine Formsache!" sind ein eindeutiges Signal, hier besser nicht die Arbeit in die Angebotserstellung zu investieren. Je nachdem, wie gut man den Kunden kennt, sollte man dann darauf bestehen, dass diese „Formsache" zur Realität wird.

- Sind die wesentlichen Keyplayer des Projektes beim Kunden identifiziert und bekannt? Häufig begehen Unternehmen den Fehler, sich sofort in die Arbeit der Angebotserstellung zu stürzen, ohne die wesentlichen Ansprechpartner beim Kunden zu kontaktieren. Zu unterscheiden sind hier die folgenden Personen, die im Vorfeld der Angebotserstellung zu identifizieren und zu kontaktieren sind: *Sind die wesentlichen Keyplayer des Projektes beim Kunden bekannt?*

- Der so genannte „Project owner", also die Person, die konkret den Auftrag unterschreibt. Hierbei handelt es sich um ein Ausschlusskriterium – ist dem Angebotsersteller diese Person nicht bekannt, so sollte auch kein Angebot erstellt werden.   *Zu identifizierende Personen*

- Der so genannte „Budget owner", also die Person, die das Budget für das Projekt freigibt.[41]

- Der so genannte „technical owner", also die Person, die für die fachlichen und technischen Inhalte des Projektes verantwortlich ist.

- Erst wenn man diese drei Personen identifiziert und gesprochen hat, kann man sich eigentlich ein realistisches Bild von dem Projekt machen. Diese Personen nicht zu kennen, stellt ein erhebliches Risiko für das Projekt dar. Man spricht auch von einem kontinuierlichen „Stochern im Nebel".

- Hat man einen Champion beim Kunden aufgebaut? Es ist von großer Bedeutung, dass man beim Kunden einen gewissen Bekanntheitsgrad hat, will man das Projekt nicht ausschließlich über den Angebotspreis gewinnen. Dieser Bekanntheitsgrad kann dann durch die Existenz eines internen Champions gesteigert werden. Unter einem internen Champion wird ein Mitarbeiter des Kunden verstanden, der sich für die Vergabe des Projektes an den Auftragnehmer einsetzt. Im Idealfall baut man eine der drei   *Existiert ein Champion?*

---

[40] Selbst wenn man nicht die Höhe des Budgets erfährt – die Tatsache, ob das Budget freigegeben wurde oder nicht, ist von entscheidender Bedeutung.
[41] In der Regel handelt es sich hierbei um einen Einkäufer.

im vorherigen Punkt angesprochenen Personen zum Champion auf, da sie einen konkreten Einfluss auf die Vergabe des Projektes haben.

Welchen Stellenwert hat das Projekt?

- Welchen Stellenwert hat das Projekt für den Kunden? Handelt es sich um ein strategisch wichtiges Projekt oder um ein „nice to have"-Projekt? Das Risiko, dass das Projekt in Krisenzeiten abgebrochen wird, ist bei einem „nice to have"-Projekt ungleich höher als bei einem strategischen Projekt. Die Bedeutung des Projektes kann relativ leicht ermittelt werden, hier helfen Gespräche mit den oben aufgeführten Schlüsselpersonen. Meist sagt auch die interne „Aufhängung" des Projektes innerhalb des Unternehmens einiges über die Bedeutung des Projektes aus.

Sind die Ausschreibungsunterlagen neutral?

- Auch die genaue Analyse der Ausschreibungsunterlagen ist von großer Bedeutung. Sind diese so eindeutig gehalten[42], dass eine seriöse Projektkalkulation vorgenommen werden kann? Dies ist insbesondere bei Festpreisprojekten ein sehr wichtiger Punkt, der genau überprüft werden soll.

- Wurden die Ausschreibungsunterlagen vom Kunden selber erstellt, oder wurden sie von einem externen Unternehmen erstellt? Diese Situation ist häufig im öffentlichen Bereich anzutreffen. Wurden die Ausschreibungsunterlagen von einem externen Unternehmen erstellt und darf dieses sich an der Ausschreibung beteiligen, so liegt hier ein erhebliches Risiko vor, dass die Arbeit, die man in die Erstellung des Angebotes investiert, vergeblich ist[43]. Aber auch wenn das externe Unternehmen nicht in die Ausschreibung involviert ist, sollte genau betrachtet werden, welche Partnerschaften dieses Unternehmen hat. Häufig haben hier nämlich bereits im Vorfeld entsprechende Absprachen stattgefunden. Im Idealfall kann man das Unternehmen selber zum Partner machen und erhält somit wesentlich mehr Informationen, als diese den Ausschreibungsunterlagen zu entnehmen sind.

---

[42] Im Prinzip muss hier die folgende Frage immer wieder überprüft werden: „Weiß der Kunde wirklich, was er will?" Die Antwort kann man zum Beispiel durch widersprüchliche Angaben oder auch fehlende logische Zusammenhänge erkennen.

[43] In diesem Fall ist häufig festzustellen, dass die Ausschreibungsunterlagen so gehalten sind, dass eine Aufwandsabschätzung nur vage vorzunehmen ist.

- Hat der Kunde eventuell schon einen potentiellen Auftragnehmer im Auge und benötigt nur noch ein zweites Angebot? Auch diese Situation ist durchaus nicht selten, jedoch schwer zu erkennen. Ist es jedoch so, dann gilt auch hier: Keine Investition in die Angebotserstellung![44]

Steht der Auftragnehmer schon fest?

2.2.1.3 Zeitliche Reihenfolge der Risikoidentifizierung

Die hier aufgelisteten Risiken sind in der zeitlichen Reihenfolge zu überprüfen, in der sie beschrieben sind. Abbildung 9 zeigt ein Vorgehensmodell zur Risikoidentifizierung vor der Angebotserstellung auf:

---

[44] Die Erfahrung hat gezeigt, dass eine solche Situation eigentlich nicht eintritt, wenn man einen internen Champion innerhalb des Auftraggebers hat. Auch wenn man die drei oben aufgeführten Schlüsselpositionen persönlich kennt, sollte man in der Lage sein zu erkennen, ob man nur ein „Alibiangebot" erstellen soll oder ob ein konkretes Interesse vorliegt.

Abbildung 9: Vorgehensmodell zur Risikoidentifizierung vor der Angebotserstellung

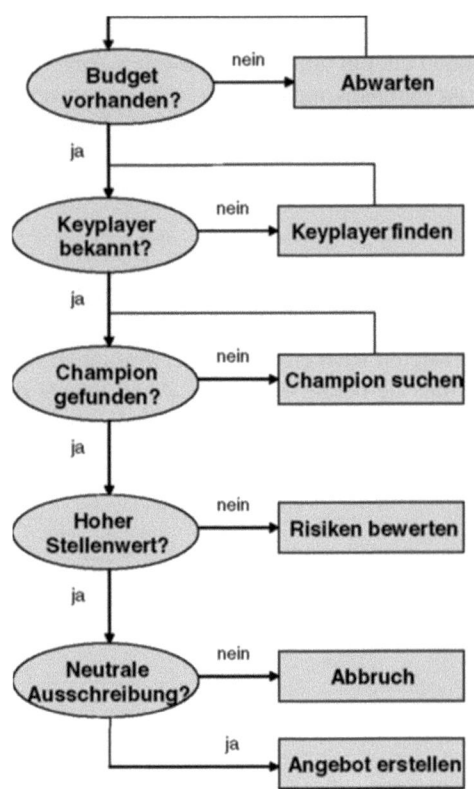

Aus Abbildung 9 geht hervor, dass in dieser frühen Phase noch eine Reihe von „Ausstiegspunkten" existieren, die ein Unternehmen davor bewahren, sich auf ein Projekt einzulassen, dessen Risiken zu hoch sind und wo ein wirtschaftlicher Misserfolg absehbar ist.

2.2.2
Risikoidentifizierung während der Angebotserstellung

2.2.2.1
Einführung

Hat man sich entschlossen, dass die Risiken zur Angebotserstellung „tragbar" sind, beginnt die nächste Phase der Risikoidentifizierung, die sich nun schon konkreter mit den Projektrisiken beschäftigt. Im Mittelpunkt stehen dabei jedoch nicht die technischen Risiken, sondern immer noch die Analyse des Auftraggebers und des Umfeldes des Projektes. Diese zweite Phase wird ebenfalls vor Projektbeginn durchgeführt, also in der Phase der Angebotserstellung. Das bedeutet, dass der Projektmanager – oder besser gesagt der Proposalmanager[45] – sich während der Erstellung des Angebots bereits damit beschäftigt, welche eventuellen Risiken im späteren Projektverlauf auftauchen könnten.

Konkreter Blick auf die Projektrisiken

Die Risikoidentifizierung während der Angebotserstellung ist natürlich noch sehr vage, besonders wenn ein kaufmännischer Proposalmanager sich über technische Risiken Gedanken macht und umgekehrt. Die Ergebnisse, die aus dieser Risikoidentifizierung hervorgehen, sind jedoch ein wesentlicher Input für das spätere Projekt- und Risikomanagement.

Vage Risikoidentifizierung

2.2.2.2
Typische Risiken in der Angebotserstellung

Obwohl man sich noch in einem sehr frühen Projektstadium befindet, lassen sich bereits zu diesem Zeitpunkt eine Reihe von Risiken entdecken. Aufzuführen sind hier:

Sehr frühes Projektstadium

- Projektbeginn und Projektlaufzeit: Es kann jetzt schon untersucht werden, ob im eigenen Hause die notwendigen Ressourcen frei sind und ob andere Projekte zur Projektlaufzeit eventuell zusätz-

---

[45] Unter einem Proposalmanager versteht man diejenige Person, die verantwortlich für die Erstellung des Angebots ist. Zu unterscheiden sind ab einer gewissen Projektgröße kaufmännische Proposalmanager und technische Proposalmanager.

Durchzuführende Analysen	liche Ressourcen benötigen könnten.[46] Dabei dürfen nicht nur die derzeit laufenden Projekte betrachtet werden, sondern die folgenden Analysen müssen durchgeführt werden: • Welche Projekte im eigenen Haus befinden sich derzeit in der Angebotsphase, die den relevanten Zeitraum betreffen und deren Zuschlagswahrscheinlichkeit größer 70%[47] sind? • Sind interne Projekte geplant, die von strategisch wichtiger Bedeutung sind und deren Ressourcenbedarf zum jetzigen Zeitpunkt noch nicht absehbar ist? • Welche Projekte, die den relevanten Zeitraum betreffen, sind aus Ressourcensicht in einer kritischen Situation, so dass hier eventuell zusätzliche Ressourcen benötigt werden, die für das vorliegende Projekt geplant sind?
Einzusetzende Technologien	• Einzusetzende Technologien: Sind die vom Auftraggeber gewünschten Technologien im Unternehmen bekannt? Werden die entsprechenden Werkzeuge bereits eingesetzt und ist das Know-how im eigenen Hause ausreichend vorhanden? Wie solvent sind die Hersteller dieser Technologien und Werkzeuge?
Wirtschaftliche Situation des Auftraggebers	• Wirtschaftliche Situation des Auftraggebers: Wie steht der Auftraggeber wirtschaftlich da? Ist eventuell zu befürchten, dass der Auftraggeber in finanzielle Schwierigkeiten gerät oder hat er diese schon?
Referenzen	• Referenzen: Verfügt das Unternehmen über ausreichende Referenzen? Kann dem potentiellen Auftraggeber glaubhaft versichert werden, dass das notwendige Know-how im Unternehmen vorhanden ist?[48]

---

[46] Hier kann bereits eine Grobplanung vorgenommen werden, die dann bei der Erstellung des detaillierten Projektplanes als Grundlage einfließt.

[47] Dieser Wert hängt sehr stark von der durchschnittlichen Wahrscheinlichkeit ab, mit der ein Unternehmen einen Auftrag gewinnt (auch als Trefferquote bezeichnet). Die hier angegebenen 70% sind ein Durchschnittswert.

[48] Gerade in Krisenzeiten ist Glaubwürdigkeit ein besonders wichtiger Punkt; immer mehr Unternehmen tendieren zur Beauftragung eines „sicheren" Auftragnehmers und sehen zunehmend von Experimenten ab.

- Projektende: Im vorherigen Kapitel wurde bereits darauf eingegangen, dass ein festes und unaufschiebbares Projektende gewisse Risiken in sich birgt. Es ist bereits in dieser Phase zu ermitteln, wie „unumstößlich" dieser letzte wesentliche Meilenstein ist.

Projektende

2.2.2.3 Kritische Aspekte während der Angebotserstellung

Als Ergebnis hat der potentielle Auftragnehmer nun eine grobe Risikoliste vorliegen, die im weiteren Verlauf des Projektes verfeinert wird. Diese Risikoliste ist aber bereits eine wichtige Grundlage für die anstehenden Vertragsverhandlungen. Abbildung 10 zeigt die jeweils unterschiedlichen kritischen Aspekte auf, die bei der Angebotserstellung seitens des Risikomanagements zu berücksichtigen sind:

Grobe Risikoliste als Ergebnis

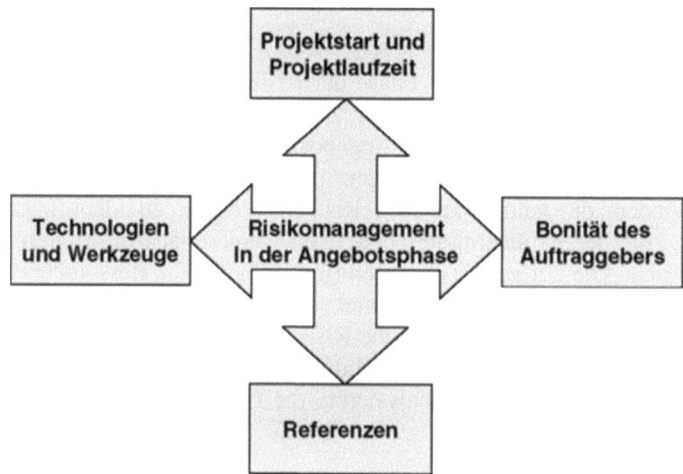

Abbildung 10: Kritische Aspekte, die bei der Angebotserstellung zu berücksichtigen sind

Aus Abbildung 10 geht hervor, *welche* Aspekte während der Angebotserstellung bei der Risikoidentifizierung zu berücksichtigen sind – es geht nicht daraus hervor, in *welchem Umfang* diese Aspekte zu berücksichtigen sind, da diese bei jedem Projekt anders zu gewichten sind. Ferner ist zu beachten, dass die meisten technologischen Risiken zu diesem Zeitpunkt noch relativ unbekannt sind.

2.2.2.4
Ausblick

Sind alle in diesem Abschnitt besprochenen Risikoaspekte beleuchtet worden und ist das Angebot fertiggestellt, wird vor der ofiziellen Abgabe des Angebots an das ausschreibende Unternehmen ein Angebotsreview durchgeführt, in dem die wesentlichen Inhalte besprochen und die bereits erkannten Risiken aufgezeigt werden. Nur wenn dieses Review positiv verläuft, wird das Angebot abgegeben.

2.2.3
Risikoidentifizierung bei den Vertragsverhandlungen

2.2.3.1
Einführung

Identifizierung von kaufmännischen Risiken

Die nächste entscheidende Phase der Risikoidentifizierung sind die Vertragsverhandlungen, also der Zeitpunkt, wo der Auftraggeber signalisiert hat, dass ihm das Angebot zugesagt hat und er mit dem Auftragnehmer zusammenarbeiten möchte. In dieser Phase werden besonders die kaufmännischen Risiken versucht zu identifizieren bzw. die bereits identifizierten Risiken werden näher einzugrenzen versucht. Die übrigen Risikotypen (insbesondere die Ressourcenrisiken) werden jedoch auch betrachtet.

Grundlage ist die obige grobe Risikoliste. Sobald der Auftraggeber signalisiert hat, dass Verhandlungen geführt werden sollen, sind alle Risiken genauer zu analysieren, die Gegenstand der Verhandlungen sind.

2.2.3.2
Typische Risiken in der Vertragsverhandlung

Typische Risiken, die bei den Vertragsverhandlungen besprochen werden, sind:

Zahlungsziele

- Zahlungsziele, insbesondere wenn die Bonität des Auftraggebers in Zweifel steht. Hier sollte man versuchen, möglichst wenig in Vorleistung zu gehen. So ist es durchaus üblich, dass bereits ein signifikanter Betrag nach der Auftragserteilung fällig wird –

bleibt diese Zahlung schon aus, sollte man auf Auftragnehmerseite bereits konkrete Maßnahmen einleiten.[49]

- Einzusetzende Technologien und Werkzeuge – wie verpflichtend sind die Angaben aus der Ausschreibung, ist der Auftraggeber bereit, über Alternativen (die für den Auftragnehmer geringere Risiken in sich bergen) zu diskutieren? Besonders bei den einzusetzenden Werkzeugen sollte der Auftraggeber eine gewisse Flexibilität zeigen, denn letztendlich kann es ihm egal sein, mit welchem Werkzeug die Software entwickelt wurde – was zählt, ist die Qualität der Software, nicht wie sie erreicht wurde. Natürlich gibt es hier auch Ausnahmen, zum Beispiel wenn die Software vom Auftraggeber oder anderen Unternehmen weiterentwickelt werden soll oder wenn bereits erste Ergebnisse in einem bestimmten Format vorliegen. Einzusetzende Technologien und Werkzeuge

- Unterauftragnehmer, die vom Auftraggeber vorgegeben werden – wer übernimmt hier die Haftung (also die Risiken)? Wir kommen im weiteren Verlauf noch öfters auf das Thema Risikoübertragung zurück. Unterauftragnehmer

- Geforderte Meilensteine – wie flexibel ist hier der Auftraggeber? Zum jetzigen Zeitpunkt weiß der Projektleiter bereits ungefähr, welche Ressourcen ihm wann und in welchem Umfang zur Verfügung stehen werden. Er kann also grob festlegen, ob die geforderten Meilensteine realistisch zu erreichen sind. Geforderte Meilensteine

- Ressourcenfestlegung – wen will der Kunde? Gerade bei Bestandskunden kommt es häufig vor, dass diese bereits positive Erfahrungen mit bestimmten Mitarbeitern des Auftragnehmers gesammelt haben und nun expliziet deren Einsatz im neuen Projekt fordern. Sind diese jedoch in anderen Projekten beschäftigt oder haben gar das Unternehmen mittlerweile verlassen, ist der Projektleiter gefordert.[50] Ressourcenfestlegung

- usw.

---

[49] Die wohl extremste (aber auch sicherste) Maßnahme besteht darin, dass sämtliche Arbeiten mit sofortiger Wirkung eingestellt werden, bis der Zahlungseingang zu verzeichnen ist.

[50] Hierbei handelt es sich jedoch in erster Linie um ein Risiko, das der Kunde eingeht, wenn er sich auf neue Mitarbeiter einstellen muss und nicht auf die altbewährten Kräfte zurückgreifen kann.

2.2.3.3
Unterschiedliche Rahmenbedingungen

Je nach Projekttyp und Bekanntheitsgrad des Kunden variiert diese Liste – so existieren bei einem Bestandskunden, für den schon eine Vielzahl von Projekten abgewickelt wurde, erheblich weniger Risiken, als dies bei einem Neukunden der Fall ist. Um die Risiken bei einem Neukunden besser abzuschätzen, sollte der potentielle Auftragnehmer versuchen, möglichst viele Informationen über den Kunden zu erhalten.

Standardprojekt oder neuer Projekttyp?

Ebenso unterschiedlich sieht die Situation aus, wenn es sich bei dem Projekt um eine Art „Standardprojekt" des Auftragnehmers handelt, wie zum Beispiel die Einführung von SAP in einer gewohnten Umgebung. Auch hier sind die Risiken deutlich geringer als bei einem Neuprojekt.

Da sich erfahrungsgemäß Vertragsverhandlungen über einen längeren Zeitraum auf mehrere Runden verteilen, können die Risiken zunehmend eingegrenzt werden. Je mehr Risiken bei der Vertragsverhandlung entweder auf den Auftraggeber übertragen oder hinsichtlich ihrer Auswirkungen oder Eintrittswahrscheinlichkeit reduziert werden können, um so größer ist die Wahrscheinlichkeit, dass das Projekt erfolgreich abgewickelt wird.

2.2.3.4
Ausblick

Keine bösen Überraschungen mehr

Ferner gilt auch: Je sorgfältiger die Risikoidentifizierung bis zu diesem Zeitpunkt vorangetrieben wurde, desto weniger „böse Überraschungen" werden im späteren Projektverlauf eintreten. Natürlich ist hier immer zu beachten, dass die Aufwendungen, die bis zu diesem Zeitpunkt in die Risikoanalyse investiert wurden, unter Umständen vergebens waren, wenn es letztendlich nicht zu einem Vertragsabschluss kommt.

Auf der anderen Seite ist zu beachten, dass die Risikoidentifizierung unter Umständen ergeben kann, dass die Abwicklung des Projektes mit großer Wahrscheinlichkeit ein defizitäres Ergebnis produzieren könnte! Dann hat man selber noch die Möglichkeit, von der Projektabwicklung abzusehen. Erst wenn der Vertrag unterschrieben ist, stehen beide Parteien in der Pflicht.

2.2.4 Risikoidentifizierung bei der Erstellung des detaillierten Projektplanes

2.2.4.1 Einführung

Parallel zu den Vertragsverhandlungen wird der bisherige Projektplan[51] detaillierter ausgearbeitet. Diese Aufgabe wird von dem designierten Projektmanager wahrgenommen. Im Gegensatz zu den in den Vertragsverhandlungen betrachteten kaufmännischen Risiken steht in dieser Phase die Identifizierung der technischen, terminlichen und Ressourcenrisiken im Vordergrund.

Parallel zu den Vertragsverhandlungen

2.2.4.2 Typische Risiken

Der designierte Projektleiter versucht nun die im Folgenden aufgelisteten Risiken zu identifizieren, dabei werden einige Risiken, die bereits in den Phasen zuvor analysiert wurden, erneut unter die Lupe genommen. Das hat den folgenden Grund: Der Proposalmanager, der bisher die Analyse der Risiken vorgenommen hatte, ist nicht unbedingt identisch mit dem späteren Projektmanager, da ein Proposalmanager oft vertriebsorientiert denkt und arbeitet, jedoch weniger Erfahrung in der Projektabwicklung hat. Doch der Projektmanager hat völlig andere Bedürfnisse hinsichtlich des Risikomanagements, die eher technischer Natur sind.

- Sind *wirklich* ausreichend Ressourcen über den gesamten Projektverlauf verfügbar? Spätestens jetzt müssen die parallelen Projekte genauer unter die Lupe genommen werden. Je nach Größe des Projektes und nach Anzahl der zur Verfügung stehenden Ressourcen müssen eventuell in der Angebotsphase befindliche Projekte nun gestoppt werden.

Technische Analyse aus Sicht des Projektmanagers

---

[51] Natürlich wird auch schon während der Angebotsphase ein Projektplan erstellt. Dieser ist aber häufig noch „anonymisiert" und in einem relativ groben Zustand. Nachdem sich der Auftragnehmer jedoch in Vertragsverhandlungen befindet, wir der Projektplan detaillierter ausgearbeitet.

Existieren die notwendigen Werkzeuge?

- Sind diese Ressourcen ausreichend ausgebildet hinsichtlich der im Projekt eingesetzten Technologien? Hier besteht die latente Gefahr, dass fehlendes Know-how eventuell durch teuren Zukauf externer Kräfte kompensiert werden muss.
- Sind die für den Projekteinsatz erforderlichen Werkzeuge bereits im Unternehmen vorhanden und existieren ausreichend Erfahrungen mit diesen Werkzeugen? Müssen eventuell zusätzliche Lizenzen bestellt oder die zugehörigen Wartungsverträge verlängert werden?
- Wie realistisch ist das Erreichen der jeweils geplanten Meilensteine unter den jetzt konkreten Ressourcensituationen?
- Müssen Unterauftragnehmer in das Projekt involviert werden und wenn ja, werden diese Unterauftragnehmer vom Auftraggeber vorgegeben? Welche Qualifikation haben diese Unterauftragnehmer?[52]
- usw.

Nur wenig zuverlässige Informationen

Es liegt auf der Hand, dass zu diesem frühen Zeitpunkt dem Projektleiter nur wenig zuverlässige Informationen zur Verfügung stehen, um eine gewissenhafte Einschätzung der Risiken vornehmen zu können. Auf der anderen Seite kann jedoch ein erfahrener Projektleiter hier schon Problemfelder erkennen, wo sich potentielle Risiken ergeben könnten.

2.2.4.3 Detailliertere Betrachtung der identifizierten Risiken

Wie schon bei der iterativen Software-Entwicklung gibt es auch im Risikomanagement Iterationen, wo die möglichen Risiken immer näher spezifiziert werden. Betrachten wir die einzelnen Punkte obiger Aufzählung mal genauer, nun unter der Voraussetzung, dass sich Auftragnehmer und Auftraggeber zwischenzeitlich vertraglich einig geworden sind:

---

[52] Bisher stand die Solvenz der Unterauftragnehmer im Vordergrund, nun müssen ihre technischen Fähigkeiten überprüft werden.

- Verfügbarkeit der Ressourcen: Jeder Projektleiter erhält vom Management vor Projektbeginn immer die Zusagen, die er gerne hätte.[53] Je erfahrener der Projektleiter ist, desto realistischer weiß er solche Zusagen einzuschätzen. Grundlage sind die zuvor bei der Angebotserstellung vorgenommene Grobplanung der Ressourcen, welche nun aktualisiert werden muss. Damit werden potentielle Ressourcenrisiken von Anfang an erkennbar. Sind bereits jetzt Engpässe offensichtlich, muss der Projektleiter rechtzeitig nach Alternativen suchen, zur Not auch extern, also über Freiberufler.[54]

    Verfügbarkeit der Ressourcen

- Ausbildung der Ressourcen: Ein erfahrener Projektleiter ist in der Regel über die jeweiligen Skills seiner Projektmitarbeiter informiert und damit in der Lage zu erkennen, ob das Projekt von technischen Risiken bedroht ist, wenn seine Mitarbeiter gar nicht bzw. nur am Rande mit den im Projekt einzusetzenden Technologien vertraut sind. Zur Minimierung des Risikos sind rechtzeitige Fortbildungsmaßnahmen einzuleiten. Während der Erstellung des konkreten Projektplans werden den jeweiligen Tasks die entsprechenden Mitarbeiter zugeordnet – spätestens hier fallen „Ausbildungsrückstände" auf, die schnellstens zu beseitigen sind, um nicht eine Vielzahl von Risiken heraufzubeschwören.

    Ausbildung der Ressourcen

- Verfügbarkeit der Werkzeuge: Nahezu jedes Projekt in der Software-Entwicklungsbranche wird heutzutage mit einer Vielzahl von Werkzeugen abgewickelt. Leider sind hier nur wenige Werkzeuge Standard, so dass sich gerade Projekthäuser, die für unterschiedliche Kunden arbeiten, ständig mit neuen Werkzeugen auseinandersetzen müssen. Sollen also in dem Projekt bestimmte Werkzeuge zum Einsatz kommen, mit denen die künftigen Projektmitarbeiter nicht vertraut sind, liegen hier eine Reihe zusätzlicher Risiken vor. Der Projektleiter hat hier die Möglichkeit (und auch Pflicht) dem Kunden die Verwendung derjenigen Werkzeuge vorzuschlagen, die in seinem Hause bekannt und im Einsatz sind. Damit können obige Risiken vermieden werden. Besteht der Kunde jedoch auf dem Einsatz der vorgegebenen Werkzeuge (zum Beispiel weil bereits erste Ergebnisse im Vorfeld der Projektvergabe mit diesen Werkzeugen erstellt wurden), so muss der Projektleiter die damit verbundenen Risiken einkalkulieren.

    Verfügbarkeit der Werkzeuge

---

[53] In diesem Fall ist der Projektleiter „Kunde" des Managements.
[54] Der Projektleiter analysiert also bereits jetzt zu ergreifende Maßnahmen, wenn das Risiko eintreten sollte.

Plausibilität der Meilensteine	• Plausibilität der Meilensteine: Abhängig von den Ergebnissen der bereits angestellten Risikoanalyse ist der Projektmanager nun in der Lage, abschätzen zu können, wie realistisch das Einhalten der vorgegebenen Meilensteine ist bzw. welche Risiken hier existieren. Sind die Risiken zu groß, so kann er zwar versuchen, den Endtermin des Projektes nach hinten zu verschieben, wird dabei aber je nach Bedeutung des Projektes für den Kunden nur wenig Erfolg haben. Eine Alternative besteht in dem Zukauf weiterer Ressourcen. Dies wiederum wirft dann automatisch kaufmännische Risiken auf.
Integration von Unterauftragnehmern	• Integration von Unterauftragnehmern: Unterauftragnehmer gehören zu den potentiellen Projektrisiken. Besonders groß ist das Risiko, wenn der Unterauftragnehmer vom Kunden vorgeschrieben wird.[55] Zur Vermeidung dieser unbekannten Risiken sollte der Projektleiter versuchen, ihm bekannte Unterauftragnehmer in das Projekt zu integrieren.

Nach dieser Analyse sollte der Projektleiter in der Lage sein, eine erste grobe Einschätzung der potentiellen Risiken abzugeben. Tabelle 10 gibt eine Zusammenfassung, auf welche Risiken der Projektleiter bei der Erstellung des detaillierten Projektplans stoßen kann, wie gravierend die Auswirkungen sein können und welche ersten Schritte möglich sind, um das Risiko zu vermeiden, zu reduzieren oder gegebenenfalls auch zu übertragen.

Tabelle 10: Risikoidentifizierung während der Erstellung des detaillierten Projektplans

Art des Risikos	Schwere des Risikos	Erste Schritte
Verfügbarkeit von Ressourcen	Mittel	Externe Ressourcenbeschaffung
Ausbildung der Ressourcen	Groß	Fortbildungsmaßnahmen
Verfügbarkeit der Werkzeuge	Gering	Eigene Produkte vorschlagen
Plausibilität der Meilensteine	Sehr groß	Verschiebung des Endtermins oder Integration zusätzlicher Ressourcen
Integration von Unterauftragnehmern	Mittel	Eigene Unterauftragnehmer integrieren oder Risikoübertragung

---

[55] Allerdings besteht dann hier zumindest die Möglichkeit des in Kapitel 5 aufgeführten Risikotransfers vom Auftragnehmer auf den Auftraggeber.

2.2.5
Risikoidentifizierung in der Analysephase

2.2.5.1
Anforderungsmanagement

Die nächste entscheidende Phase ist der eigentliche Projektbeginn, also die Analysephase, in der auch das Anforderungsmanagement integriert ist. Und genau das ist das passende Stichwort: Anforderungsmanagement. Mittlerweile gehört diese Disziplin des Software-Engineerings zu denjenigen, die mit den meisten Risiken behaftet sind, wie die folgende Aufstellung verdeutlicht:

Anforderungsmanagement

- Anforderungen sind keine starren Gebilde, sie verändern sich ständig während des Projektverlaufes.
- Anforderungen werden von unterschiedlichen Personen aus dem Kundenumfeld gestellt, dabei ist es durchaus wahrscheinlich, dass sich diese Anforderungen auch widersprechen.
- Häufig sind die im Anforderungsmanagementprozess involvierten Mitarbeiter nicht in der Lage zu erkennen, wann es sich um eine Anforderung, einen Änderungswunsch oder um eine Fehlermeldung handelt. Dies ist jedoch von entscheidender Bedeutung für den Projektverlauf. Auf diesen Punkt wird weiter unten noch eingegangen.

Anforderung, Änderungswunsch oder Fehlermeldung

- Anforderungsmanagement gehört zu den Disziplinen, die bisher nur in sicherheitskritischen Bereichen professionell betrieben werden.
- Häufig wird Anforderungsmanagement nicht werkzeuggestützt durchgeführt, allenfalls in Form von Textdokumenten, die jedoch ab einer gewissen Projektgröße nicht mehr ausreichen.

Werkzeugunterstützung ist wichtig

- Nahezu nie wird das Anforderungsmanagement mit dem Änderungsmanagement gekoppelt (in Form von Werkzeugen). Sobald also die ersten Anforderungen sich ändern, treten Probleme innerhalb des Projektes auf. Dies ist besonders dann der Fall, wenn die Änderungswünsche Auswirkungen auf bereits fertiggestellte Anforderungen haben (Dominoeffekt).
- usw.

Die Zuständigkeit innerhalb des Anforderungsmanagements liegt bei einem so genannten Anforderungsmanager, der bei kleineren Projekten identisch mit dem Projektleiter ist.

2.2.5.2
Unterschiedliche Anforderungstypen

Bevor nun auf die Risiken innerhalb des Anforderungsmanagements eingegangen wird, soll zunächst der Begriff der Anforderung geklärt werden. Generell werden drei Arten von Anforderungstypen unterschieden:

Drei Arten von Anforderungen

- Anforderungen, die zu Beginn eines Projektes gestellt werden,
- Anforderungen, die im Laufe des Projektes gestellt werden, die allgemein auch als *Änderungswünsche*[56] bezeichnet werden können,
- Anforderungen, die nach der Übergabe des fertigen Produktes gestellt werden und die allgemein auch als *Fehlermeldungen* bezeichnet werden können. Dabei lassen sich hinsichtlich der Fehlermeldungen noch zwei unterschiedliche Klassen bilden:
- Fehlermeldungen, die während der Gewährleistungszeit eintreffen,
- Fehlermeldungen, die nach Ablauf der Gewährleistungszeit eintreffen.

Änderungswünsche sind schwieriger als Anforderungen

Es ist offensichtlich, dass die Art von Anforderungen, bei denen es sich um Änderungswünsche handelt, wesentlich schwieriger zu handhaben sind, als dies bei der ersten bzw. letzteren Gruppe von Anforderungen der Fall ist. Man spricht dabei dann auch von Änderungsmanagement und nicht mehr von Anforderungsmanagement.

Für den Anforderungsmanager besteht jedoch hinsichtlich seiner Tätigkeit kaum ein Unterschied zwischen diesen drei Anforderungstypen. Lediglich die Voraussetzungen unterscheiden sich.

Abbildung 11 gibt eine erste Übersicht, wann die drei unterschiedlichen Anforderungstypen innerhalb eines Projekt-Lifecycles auftreten:

---

[56] In der Literatur wird häufig eine strikte Trennung zwischen Anforderungen und Änderungswünschen vorgenommen. Beschränkt man sich jedoch bei einem Änderungswunsch auf die Kernaussage bzw. auf den Inhalt, so wird man feststellen, dass es sich bei einem Änderungswunsch um nichts anderes als eine neue Anforderung handelt.

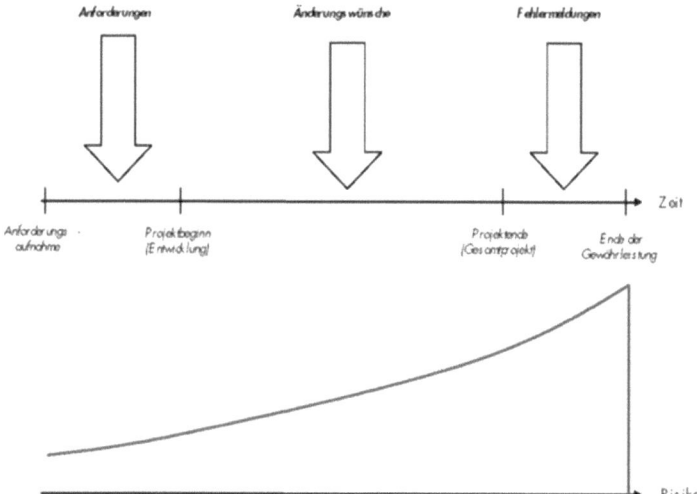

Abbildung 11: Ständig steigendes Risiko im Anforderungs- und Änderungsmanagement

Aus Abbildung 11 geht hervor, dass aus Sicht des Anforderungsmanagers vier wesentliche Meilensteine innerhalb eines Softwareentwicklungsprojektes zu unterscheiden sind:

- Der Beginn der Anforderungsaufnahme. Hier werden Anforderungen aufgenommen, die Bestandteil einer Projektdefinition sind.

- Der eigentliche Projektbeginn der Implementierung, also der Zeitpunkt, zu dem mit der Umsetzung der Anforderungen begonnen wird. Hier findet ein Wechsel vom Anforderungsmanagement zum Änderungsmanagement statt.

- Das Ende der Projektabwicklung, also der Zeitpunkt, zu dem eine lauffähige und getestete Software dem Kunden zur Verfügung gestellt wird.

- Das Ende der Gewährleistungszeit, also ein Zeitpunkt, ab dem jegliche Anforderung nur noch gegen Bezahlung abgewickelt wird.[57] Zu diesem Zeitpunkt gestellte Anforderungen können auch als „Produkterweiterungen" bezeichnet werden.

Vier wesentliche Meilensteine

Ende der Projektabwicklung

---

[57] Dies gilt natürlich nur aus Sicht des soeben abgewickelten Projektes. Will der Auftragnehmer Folgeprojekte beauftragt bekommen, tut er gut daran, die Anforderungen, die nach der Gewährleistungszeit eintreffen, nicht pauschal als separat zu bezahlende Anforderungen einzustufen, sondern mit Fingerspitzengefühl zu behandeln.

2.2.5.3
Typische Risiken

Aus der obigen Abbildung geht ebenfalls hervor, in welchem Verhältnis sich das Risiko für das Gesamtprojekt bezüglich dem Zeitpunkt der jeweiligen Anforderung entwickelt:

Regel

```
Je früher dem Anforderungsmanager Anforderun-
gen bekannt sind, desto geringer ist das Ri-
siko.
```

Anforderungen (Änderungen oder auch Fehlermeldungen) während der Gewährleistung sind erfahrungsgemäß mit dem größten Risiko behaftet, da sie ohne Berechnung vom Auftragnehmer erfüllt werden müssen.

Doch wie können potentielle Risiken im Anforderungsmanagement vom Anforderungsmanager erkannt werden und welche potentiellen Risiken existieren überhaupt? Wenden wir uns zunächst den Risiken zu, aufzuführen sind hier:

Wer trägt die Hauptverantwortung?

- Wer trägt auf Kundenseite die Hauptverantwortung für die Formulierung von Anforderungen? So banal diese Aussage klingen mag – die häufigste Ursache für fehlerhaftes Anforderungsmanagement ist, dass man mit den falschen Personen auf Kundenseite redet. Also mit Personen, die eigentlich keine Befugnis haben, Anforderungen zu stellen. Häufig wird auch auf Seiten des Auftragnehmers der Fehler begangen, des guten Projektklimas wegen dem Kunden alles recht machen zu wollen und mit jedem zu sprechen, um eine optimale Lösung zu finden. Die Risiken, die sich hinter einer solchen Vorgehensweise verbergen, sind immens.

Keine Mehrdeutigkeiten

- Sind die Anforderungen so deutlich formuliert, dass keine Zweideutigkeiten (oder Mehrdeutigkeiten) enthalten sind? Zweideutige Anforderungen sind ein potentielles Risiko für den gesamten Projekterfolg.[58]
- Sind die Anforderungen so formuliert, dass sie ausschließlich die inhaltlichen Aspekte der Anforderungen wiedergeben und nicht bereits eine technische Umsetzung der Anforderung beschreiben? Häufig wird der Fehler begangen, dass man sich bereits

---

[58] Die Formulierung von Anforderungen ist mindestens ebenso schwierig wie die Aufnahme von Anforderungen. Dies wird häufig unterschätzt. Mittlerweile haben sich einige Consultinghäuser darauf konzentriert, entsprechende Fortbildungsmaßnahmen anzubieten.

während der Aufnahme und Analyse der Anforderungen Gedanken um die technische Umsetzung macht, was viel zu früh und ein potentieller Risikofaktor ist.

- Bei welchen Anforderungen ist absehbar, dass sie sich im Laufe der Zeit ändern könnten? Sich ändernde Anforderungen stellen nicht von vornherein ein Risiko dar, sie müssen aber entsprechend gemonitort werden, damit sie sich nicht zu einem Risiko entwickeln. Zugegebenermaßen gehört hier ein großes Erfahrungspotential seitens des Anforderungsmanagers dazu, um solche Anforderungen zu erkennen.

Was wird sich ändern?

- Welche Anforderungen sind derart maßgeblich für die Architektur[59] der zu erstellenden Software, dass sich eine Änderung dieser Anforderungen signifikant auf das Projekt auswirken würde? Diese Anforderungen sind ein signifikantes Projektrisiko.

- Welche Anforderungen lassen sich als „nice to have" identifizieren, die mit der eigentlichen Funktionalität der Anwendung nichts zu tun haben? Das sind natürlich keine Risiken – vielmehr handelt es sich hier um Anforderungen, die bei Eintreten von Risiken als „Verhandlungsmasse" zur Verfügung stehen.

Was ist „nice to have"?

2.2.5.4 Anforderungstypen aus Sicht des Risikomanagements

Sind die Anforderungen anhand der obigen Auflistung qualifiziert worden, ergeben sich aus Risikomanagementsicht die folgenden Typen von Anforderungen:

- Anforderungen, die von den „falschen" Personen gestellt wurden und zu verifizieren sind,
- Anforderungen, die nicht eindeutig formuliert sind und ebenfalls verifiziert werden müssen, damit sie nicht zum Risiko werden,
- Anforderungen, die für Änderungen prädestiniert sind und sich zu einem Risiko entwickeln können,
- Anforderungen, die für die Architektur der Software von Bedeutung sind und bei Änderungen zu einem Risiko werden,

Typen von Anforderungen

---

[59] Änderungen an der Architektur der Software haben erheblichen Einfluss auf den Projektverlauf. Wird die Architektur im Laufe des Projektes maßgeblich verändert, so hat dies gravierende Auswirkungen auf die Qualität der zu erstellenden Software.

- Anforderungen, deren Umsetzung „nice to have" ist und die zur „Verhandlungsmasse" werden.

Bei der jeweiligen Identifizierung, welche Anforderung nun ein Risiko darstellt oder nicht, sollte der Risikomanager hinzugezogen werden, sofern es sich bei dem Anforderungsmanager noch um einen relativ unerfahrenen Mitarbeiter handelt.

Beispiel Telelogic DOORS

Als Hilfsmittel für das Anforderungsmanagement existieren dazu professionelle Werkzeuge, wie zum Beispiel Telelogic DOORS, auf das wir in Kapitel 2.3 weiter eingehen werden.

2.2.5.5 Ausblick

95% aller möglichen Projektrisiken müssen identifiziert sein

Zu diesem Zeitpunkt – also nach Abschluss der Anforderungsanalyse – sollten 95% aller möglichen Projektrisiken identifiziert worden sein. Jedes Risiko, das in den im Folgenden aufgeführten Abschnitten gefunden wird, stellt eine potentielle Krise dar, da die Reaktionszeit für Maßnahmen sehr gering ist.

2.2.6 Risikoidentifizierung in der Entwicklungsphase

Hier treten die meisten Risiken ein

Eine entscheidende Phase innerhalb des Risikoma-nagements ist die Entwicklungsphase – allerdings weniger hinsichtlich der Risikoidentifizierung, sondern eher unter dem Aspekt, dass hier die meisten Risiken eintreten. Neue Risiken werden hier kaum noch identifiziert – ansonsten wurden bei der Risikoidentifizierung in den vorherigen Phasen gravierende Fehler gemacht.

Eine Ausnahme bilden dabei die Änderungen, die im Laufe der Entwicklungsphase eintreffen. Diese sind zunächst genauso zu behandeln, wie die im Abschnitt zuvor beschriebenen Anforderungen. Im zweiten Schritt muss dann untersucht werden, welche Auswirkungen diese Änderungen auf die bereits umgesetzten Anforderungen haben. Ziehen die Änderungen weitergehende Änderungen an bereits umgesetzten Anforderungen nach sich, so liegt hier ein Risiko vor.

Darüber hinaus lässt sich die Risikoidentifizierung während der Entwicklungsphase auf die folgenden Punkte ausdehnen:

- Welche Auswirkungen haben Krankheit oder Entlassungen bzw. Kündigungen von Mitarbeitern, die vorher nicht in dem eingetretenen Maße absehbar waren?
- Welche Auswirkungen hätte eine plötzliche Insolvenz eines Unterauftragnehmers?
- Welche Auswirkung hätte ein plötzlicher Technologiewechsel beim Kunden?

Diese Punkte haben allesamt eins gemeinsam: Sie lassen sich nicht vorhersagen, man kann lediglich eine Planung nach dem Motto: „Was wäre, wenn?" vornehmen.

Nur schwer vorhersagbar

2.2.7 Risikoidentifizierung in der Deploymentphase

Auch in der letzten Phase des Software-Entwicklungszyklus können noch Risiken identifiziert werden. Beispiele sind:

- Sind die notwendigen Voraussetzungen bei der Hardware, auf der die Software installiert werden soll, gegeben? (Zum Beispiel Arbeitsspeicher, freier Plattenspeicher, usw.)
- Auch softwaretechnisch existieren Risiken, zum Beispiel hinsichtlich der Version des Betriebssystems oder eventuell benötigter Datenbankmanagementsysteme.
- Personelle Risiken existieren ebenfalls, zum Beispiel ob die notwendigen Administratoren zur Verfügung stehen.
- Ein weiteres Risiko besteht in der Sicherstellung des innerbetrieblichen Ablaufs beim Kunden – bewirkt das Deployment zum Beispiel den Ausfall eines Servers für eine bestimmte Zeit.

Mögliche weitere Risiken

2.2.8 Zusammenfassung

Die Risikoidentifizierung wird in allen entscheidenden Phasen der Software-Entwicklung durchgeführt. Dabei nehmen die jeweils identifizierten Risiken von Phase zu Phase ab, was wiederum bedeutet, dass die hauptsächlichen Aufwendungen für die Risikoidentifizierung zu Beginn des Projektes liegen.

Immer weniger Risiken

Abbildung 12:
Der zeitliche Verlauf der Risikoidentifizierung

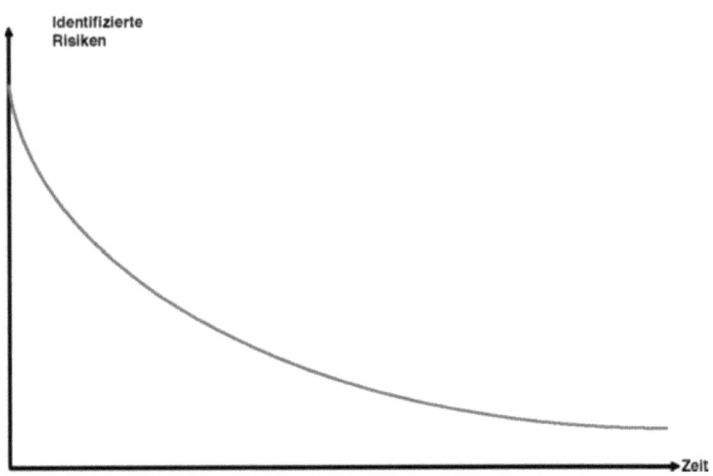

Abbildung 12 zeigt den zeitlichen Verlauf der Risikoidentifizierung über den Projektverlauf. Spätestens am Ende der Anforderungsanalyse sollten alle Risiken, die das Projekt bedrohen, erkannt worden sein.

2.3 Hilfsmittel der Risikoidentifizierung

2.3.1 Einführung

Für die Risikoidentifizierung steht eine Vielzahl von Hilfsmitteln zur Verfügung. Zu unterscheiden sind dabei einerseits relativ einfache Hilfsmittel und auf der anderen Seite sehr komplexe Hilfsmittel wie zum Beispiel IT-gestützte Anforderungsmanagementprogramme wie Telelogic DOORS. In diesem Kapitel wollen wir die folgenden Hilfsmittel kurz ansprechen:

Verschiedene Hilfsmittel

- Die Risikoliste
- Die Risikoabhängigkeitsliste
- Die Risikorangliste
- Die Risikomatrix

2.3.2
Einfache Hilfsmittel

Für die Risikoidentifizierung stehen unterschiedliche Hilfsmittel zur Verfügung. In den frühen Phasen der Angebotserstellung und Vertragsverhandlung wird häufig mit Exceltabellen gearbeitet, in denen mit einer Risikoliste begonnen wird. Die Dokumentation der Risiken erfolgt meist mit WinWord.

Exceltabellen genügen am Anfang

Diese Exceltabellen werden dann über den weiteren Projektverlauf hinweg kontinuierlich gepflegt und weiterentwickelt. So können die jeweiligen Maßnahmenkataloge durch entsprechende Hyperlinks direkt mit dem Excelsheet verknüpft werden.

Ein weiteres Hilfsmittel für die Phase der Risikoidentifizierung ist die Risikoabhängigkeitsliste. Diese Liste ist mit der Risikoliste verknüpft. Jedes Risiko wird daraufhin untersucht, ob es von dem Eintreten eines anderen Risikos in irgendeiner Weise beeinflusst wird. In der Risikoabhängigkeitsliste wird dann diese Abhängigkeit aufgezeigt.

Risikoabhängigkeitsliste

Ein typisches Beispiel: Als Risiko wird die Schnittstellenproblematik zwischen den einzusetzenden Werkzeugen innerhalb des Projektes identifiziert. Dieses Risiko lauert in einer gewissen Weise ständig über einem Projekt. Erheblich verstärkt wird dieses Risiko jedoch durch die Tatsache, dass ein Hersteller von einem anderen Hersteller übernommen wird. Letzteres wiederum stellt nicht nur für die Schnittstellenproblematik ein Risiko dar, sondern kann unter Umständen den Einsatz des Werkzeuges im Projekt in Frage stellen. Die Risiken sind also untereinander abhängig. Das bedeutet: Tritt Risiko A ein, wird höchstwahrscheinlich auch Risiko B eintreten.

Die Risikoabhängigkeitsliste wird besonders beim Monitoring von Risiken benötigt, sie vereinfacht das Auffinden potentieller neu eintretender Risiken.

Abbildung 13:
Ermittlung der
Abhängigkeit
von Risiken

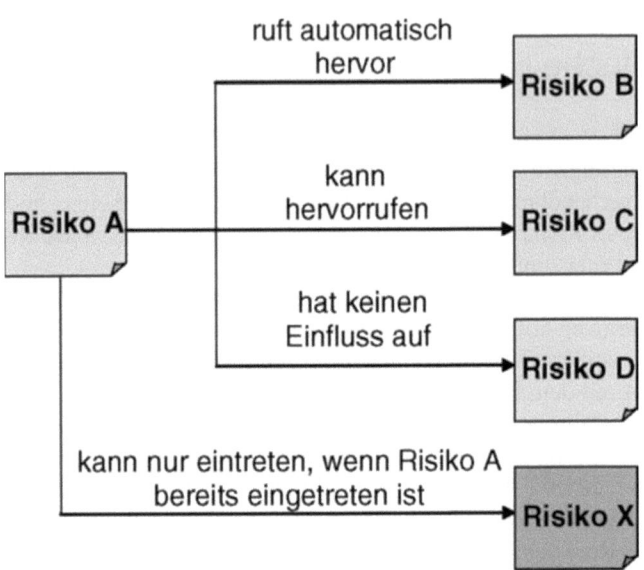

Abbildung 13 zeigt auf, welche Abhängigkeiten Risiken untereinander haben können. Zu unterscheiden ist:

Verschiedene Situationen

- Wenn Risiko A eingetreten ist, wird Risiko B automatisch eintreten. In diesem Fall können bereits gleichzeitig die für die Risiken A und B geplanten Maßnahmen ergriffen werden.
- Wenn Risiko A eingetreten ist, kann auch Risiko C entreten, muss aber nicht. Hier werden nur die Maßnahmen für Risiko A ergriffen, jedoch wird Risiko C genauer gemonitort.
- Wenn Risiko A eingetreten ist, hat das keine Auswirkungen auf Risiko D. In diesem Fall werden nur Maßnahmen für das Risiko A ergriffen.

Besonderheit

Eine Besonderheit stellt das Risiko X dar – dieses kann nur eintreten, wenn Risiko A bereits eingetreten ist – es muss also demzufolge auch vom Risikomanager erst dann beobachtet werden. Risiken, die das Eintreten anderer Risiken zur Bedingung haben, haben den „Vorteil", dass sie zunächst nicht weiter beobachtet werden und somit den Risikomanager zunächst entlasten. Daher ist es wichtig, solche Risiken besonders zu kennzeichnen.

Ein weiteres Hilfsmittel ist in der Risikorangliste zu sehen, die in Kapitel 3.3.6 näher beschrieben wird. Die Risikorangliste kommt besonders bei Projekten zum Einsatz, wo derart viele Risiken existieren, dass eine Priorisierung der zu behandelnden Risiken vorgenommen werden muss, um den Überblick nicht zu verlieren.

2.3.3
Komplexere Hilfsmittel

Bei verteilten Projekten sieht dies schon etwas schwieriger aus, hier empfiehlt sich dann der Einsatz eines professionellen Werkzeuges. Im Idealfall unterstützt dieses Werkzeug auch die elektronische Signatur, so dass gerade bei sicherheitskritischen Projekten sichergestellt ist, dass die richtigen Anforderungen von der richtigen Person freigegeben werden. Abbildung 14 zeigt einen Screenshot von Telelogic DOORS, einem professionellen Werkzeug für Anforderungsmanagement, das auch im Risikomanagement zum Einsatz kommen kann.

Verteilte Projekte erfordern komplexere Hilfsmittel

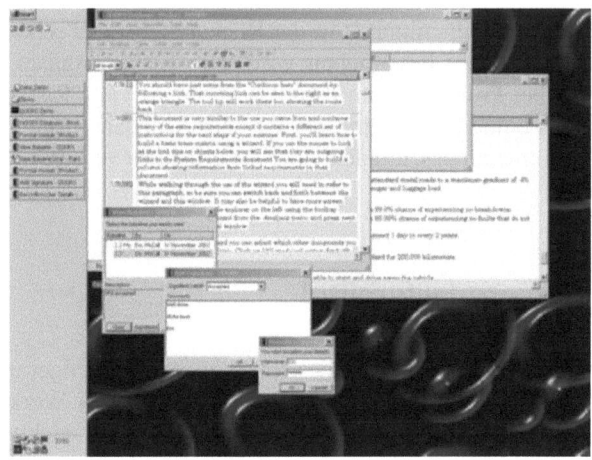

Abbildung 14: Beispiel eines komplexen Anforderungsmanagementsystems für die Risikoidentifizierung (hier Telelogic DOORS)

In Kapitel 4 gehen wir explizit auf die Risikomatrix ein. Diese ist als Ergänzung zur Risikoliste, Risikorangliste und Risikoabhängigkeitsliste zu sehen. Sie stellt die Schwere eines Risikos der Wahrscheinlichkeit des Eintretens eines Risikos gegenüber. Sie dient in erster Linie dazu, dem Projektmanagement oder auch der Unternehmensleitung einen aktuellen Überblick zu geben, wie sich die Risikosituation in einem Projekt gestaltet.

2.4 Verantwortlichkeiten bei der Risikoidentifizierung

2.4.1 Einführung

Risikomanagement betrifft alle Projektbeteiligten

Risikomanagement ist generell ein Thema, das alle Projektbeteiligten betrifft, und zwar sowohl auf Auftraggeber-, als auch auf Auftragnehmerseite. In diesem Abschnitt beschränken wir uns auf die Auftragnehmerseite.

Entsprechend der im bisherigen Verlauf dieses Kapitels aufgeführten unterschiedlichen Phasen der Risiko-identifizierung sind auch unterschiedliche Personen in diesen Prozess involviert. Im Folgenden wollen wir kurz auf die jeweiligen Rollen eingehen. Hier wird bewusst von Rollen gesprochen, da es sich bei der Identifizierung der Risiken um keine „Vollzeitbeschäftigung" handelt und die in diesen Prozess eingebundenen Personen in der Regel auch andere Tätigkeiten innerhalb des Projektes ausüben.

Im Anschluss werden die unterschiedlichen Risikoeinstellungen beschrieben, die diese Rollen wahrnehmen können. Unterschieden werden dabei:

- Risikoaversion
- Risikoneutralität
- Risikofreude

Unterschiedliche Risikoeinstellungen

2.4.2 Unterschiedliche Rollen bei der Risikoidentifizierung

Innerhalb der Risikoidentifizierung kommen die folgenden Rollen zum Einsatz:

- Kaufmännischer Risikomanager – diese Rolle kommt hauptsächlich in der Angebotsphase und während der Vertragsverhandlungen zum Einsatz. Die Rolle wird oft von der kaufmännischen Projektleitung oder auch von der kaufmännischen Unternehmensleitung wahrgenommen, abhängig von der Bedeutung des Projektes für den Unternehmenserfolg.

Kaufmännischer Risikomanager

- Technischer Risikomanager – diese Rolle kommt während des gesamten Projektverlaufs zum Einsatz. Sie wird meist vom Projektleiter wahrgenommen.

Technischer Risikomanager

- Juristischer Risikomanager – diese Rolle kommt während der Vertragsverhandlungen sowohl mit dem Auftraggeber, als auch mit den Unterauftragnehmern zum Tragen. Viele (vor allem kleinere) Unternehmen haben diese Rolle an eine Kanzlei outgesourct oder beschäftigen einen juristischen Berater auf Projektbasis, um hier nicht unnötige Kosten zu erzeugen.

Juristischer Risikomanager

Selbstverständlich agieren diese Rollen nicht separat, sondern arbeiten eng zusammen, da sich die jeweiligen Risiken auf diese drei Bereiche verteilen und jede Rolle auf den Input der anderen angewiesen ist. Je nach Projektbedeutung kann hier auch ein Verfahren eingeführt werden, wo ein jeweiliges Gegenzeichnen aller Rollen erforderlich ist.

2.4.3
Unterschiedliche Risikoeinstellungen

Innerhalb der oben beschriebenen drei Rollen ist zu differenzieren, welche Einstellungen die jeweiligen Personen, die diese Rollen wahrnehmen, zum Risiko haben. Die folgenden drei Risiko-Einstellungen werden dabei unterschieden:

Risikoaversion

- Risikoaversion – der Mitarbeiter versucht, nahezu alle Risiken zu vermeiden bzw. auszuschließen. Der Maßnahmenkatalog, der von ihm erstellt wird, ist sehr umfangreich.

Risikoneutralität

- Risikoneutralität – der Mitarbeiter hat eine gesunde Einstellung zu Risiken, er geht zwar bewusst einige Risiken ein, versucht jedoch gleichzeitig auf der sicheren Seite zu bleiben. Diese Risikoeinstellung entspricht einer Gratwanderung – sie kann in der Regel nur von Personen wahrgenommen werden, die über einen großen Erfahrungsschatz verfügen.

Risikofreude

- Risikofreude – der Mitarbeiter geht bewusst gewisse Risiken ein, um den Fortschritt des Projektes voranzutreiben und die Risikokosten gering zu halten.

Es liegt auf der Hand, dass hier ein gesundes Mittelmaß existieren sollte. Sind alle drei im Abschnitt zuvor beschriebenen Rollen vom ersten Typ, so ist davon auszugehen, dass die Risikokosten extrem hoch sind. Sind hingegen alle drei Rollen vom letzten Typ, so werden zwar die Risikokosten signifikant niedriger sein, das Projekt wird aber mehr oder weniger zu einem unvorhersehbaren Abenteuer. Das große Glück, dass alle drei Rollen vom mittleren Typ sind, wird wohl in kaum einem Unternehmen antreffbar sein.

Risikobewusstsein ist von Bedeutung

Ein weiterer Aspekt ist das Risikobewusstsein. Darunter versteht man das Ausmaß, in dem Personen, die sich in einer Gefahrensituation befinden, um das Gefahrenpotential wissen. Ebenfalls von Bedeutung ist dabei, inwieweit Personen, die wissentlich (siehe auch Risikofreude) riskant handeln, sich des Umfangs ihres Risikos, das sie eingehen, bewusst sind.

Abbildung 15 verdeutlicht, inwieweit die jeweilige Einstellung der in das Risikomanagement involvierten Rollen sowie deren individuelles Risikobewusstsein einen Einfluss auf die Kosten, die im Risikomanagement entstehen, haben. Es liegt auf der Hand, dass bei niedrigem Risikobewusstsein gekoppelt mit einer Risiko-aversion erhebliche Kosten zu erwarten sind, wohingegen Risikofreude gekoppelt mit hohem Risikobewusstsein die Kosten im Risikomanagement niedrig hält.

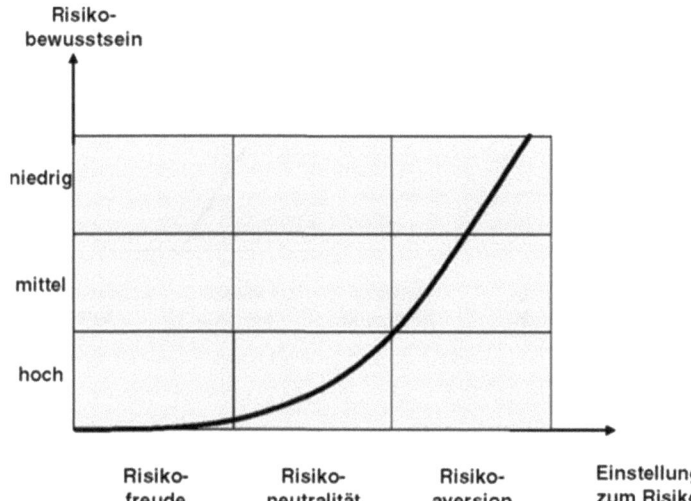

Abbildung 15: Auswirkungen des Risikobewusstseins und der Risikoeinstellung auf die Kosten im Risikomanagement

Im Gegensatz zu den Kosten verhält sich dabei die Wahrscheinlichkeit des Eintretens von Risiken genau umgekehrt, wie aus Abbildung 16 hervorgeht.

Abbildung 16: Auswirkungen des Risikobewusstseins und der Risikoeinstellung auf die Wahrscheinlichkeit des Eintretens von Risiken

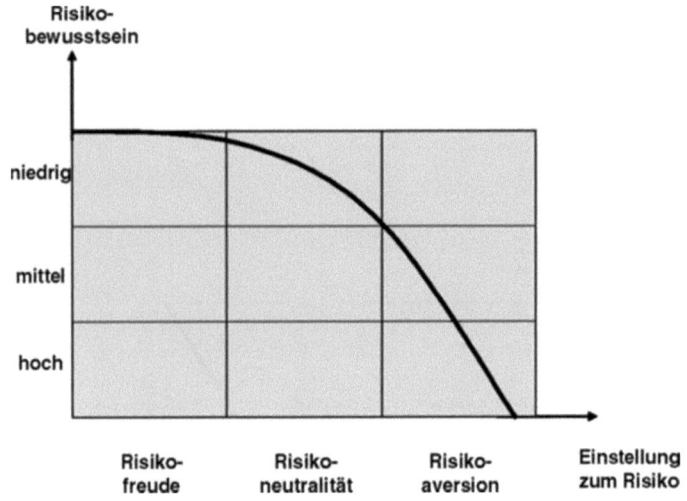

Stellt man nun Kosten und Risikoeintrittswahrscheinlichkeit gegenüber, so wird man feststellen, dass im Idealfall der in Abbildung 17 dargestellte Bereich für das Projekt abgedeckt wird.

Abbildung 17: Optimale Kopplung von Risikobewusstsein und Einstellung zum Risiko

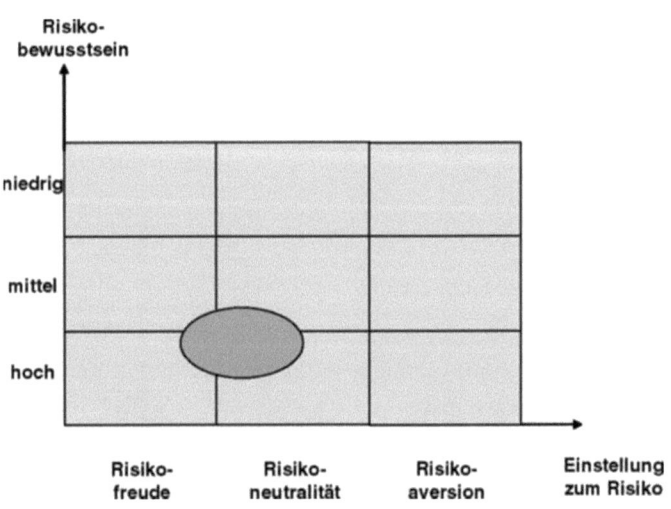

Risikoidentifizierung

2.4.4 Fazit

Risikomanagement wird immer von Menschen betrieben. Auch wenn Risikomanagement auf Basis von Erfahrungswerten und zu ermittelnden Kennzahlen vorgenommen wird, so bleibt immer noch der Mensch als „Unsicherheitsfaktor" ein gewisses Restrisiko. Die Einstellung zu Risiken der im Projekt involvierten Personen, die für das Risikomanagement verantwortlich sind, spielt somit eine erhebliche Rolle.

Bei Unternehmen, die in sicherheitskritischen Bereichen (zum Beispiel Militär oder Luft- und Raumfahrt) arbeiten, gehört es zur unternehmensweiten Sicherheitspolitik (oder auch Risikopolitik), hier eine einheitliche Einstellung zu Risiken zu etablieren. Damit kann zumindest die Einstellung zu Risiken vereinheitlicht werden.

Risikopolitik in sicherheitskritischen Bereichen

Anders sieht dies beim Risikobewusstsein aus – dies kann nur durch Erfahrung im Umgang mit Risiken erlangt werden. Daher sollte im Risikomanagement darauf geachtet werden, dass ein gewisses Know-how im Risikoteam vorhanden ist. Sollte dem nicht so sein, muss man auf externe Unterstützung zurückgreifen, will man nicht das Projekt unnötigen Gefahren aussetzen.

Zum Schluss dieses Kapitels wollen wir uns noch kurz der weiteren Nutzung der Ergebnisse der Phase der Risikoidentifizierung widmen.

2.5 Weitere Verwendung der Ergebnisse der Risikoidentifizierung

Die Ergebnisse der Risikoidentifizierung sind von entscheidender Bedeutung für den weiteren Projektverlauf. Sie stellen den wesentlichen Input für die im nächsten Kapitel beschriebene Risikoanalyse und Risikobewertung dar.

Input für Risikoanalyse und Risikobewertung

Die Ergebnisse erfüllen auch noch einen weiteren Zweck: Sie werden nach Abschluss des Projektes mit den tatsächlichen Krisen und Problemen, die während des Projektverlaufes eingetreten sind, abgeglichen. Damit wird nicht nur der Erfolg des Risikomanagers erkennbar, vielmehr kann hieraus für die Zukunft gelernt werden. Auf den Aspekt der Weitergabe von Erfahrungen innerhalb des Risikomanagements werden wir in Kapitel 8 genauer eingehen.

Besonders von Bedeutung sind natürlich die eingetretenen Risikotypen, die zuvor identifiziert wurden. Hier sind drei Angaben aus der Phase der Risikoidentifizierung von Bedeutung:

Drei Angaben von Bedeutung

- die Bedingungen, die angegeben wurden, unter denen das Risiko eintreten könnte,
- die Wahrscheinlichkeit, die angegeben wurde, mit der das Risiko eintreten könnte,
- die Auswirkungen, die prognostiziert wurden, die das Eintreten des Risikos verursachen könnte.

Erfahrungswerte sammeln

Es kann nun im späteren Verlauf des Projektes (oder auch am Ende des Projektes) überprüft werden, wie „realistisch" die Einschätzungen des Risikomanagers waren. Dabei geht es nicht darum, den Risikomanager bloßzustellen – vielmehr werden hier wichtige Erfahrungswerte gesammelt, aus denen für das nächste Projekt hinzugelernt werden kann.

2.6 Fazit

In diesem Kapitel wurde dargestellt, in welchen Phasen des Software-Entwicklungsprozesses die Risikoidentifizierung eine Rolle spielt. Dabei wurde differenziert zwischen den kaufmännischen Risiken, die in erster Linie ganz am Anfang des Projektes (also vor, während und direkt nach der Angebotserstellung) behandelt werden, und den technischen Risiken, die hauptsächlich während des Anforderungsmanagements identifiziert werden.

Unterschiedliche Hilfsmittel und Rollen

Für die Risikoidentifizierung stehen verschiedene Hilfsmittel zur Verfügung, die je nach Bedeutung und Größe des Projektes zum Einsatz kommen. Ebenso sind unterschiedliche Rollen in die Risikoidentifizierung involviert. Hier ist zu unterscheiden, welche Einstellungen die Personen, die dann letztendlich die Rollen wahrnehmen, zum Risiko haben. Die Ergebnisse der Risikoidentifizierung bilden die wesentliche Grundlage für die Analyse der Risiken und die Aufstellung der Maßnahmen, um die Auswirkungen der Risiken einzugrenzen.

3 Risikoanalyse und Risikobewertung

Michael Dietrich
Heidrun Reckert
Knut Salomon

3.1 Allgemeines

Nachdem die Risiken wie im letzten Abschnitt dargestellt identifiziert wurden, kann damit begonnen werden, diese entsprechend zu analysieren. Unter Analyse werden dabei die folgenden Aktivitäten verstanden:

- Feststellung der potentiellen Wahrscheinlichkeit des Eintretens des Risikos,
- Ermittlung möglicher Auswirkungen, wenn das Risiko eintreten sollte,
- Aufstellung von Maßnahmen zur Vermeidung des Eintretens der Risiken,
- Aufstellung von Maßnahmen, die durchzuführen bzw. einzuleiten sind, wenn das Risiko eingetreten ist.

Aktivitäten der Risikoanalyse

Im Folgenden werden diese unterschiedlichen Aktivitäten genauer beschrieben. Dabei wollen wir zunächst mit der Risikobewertung beginnen.

3.2 Risikobewertung

3.2.1 Teamorientierte Risikobewertung

Risikomanagement ist kein Selbstzweck

Risikomanagement ist kein Selbstzweck. Es dient auch nicht alleine der Beantwortung der Frage „worum müssen wir uns frühzeitig kümmern". Stattdessen soll Risikomanagement vor allem den Zweck verfolgen, das in einem Team vorhandene Wissen über mögliche Probleme zu bündeln und die frühzeitige und fortlaufende Kommunikation darüber zu fördern. Darüber hinaus soll das Team angehalten werden, rechtzeitig Planungsschritte für Problemsituationen zu unternehmen, um diese entweder zu:

- verhindern,
- deren Eintrittswahrscheinlichkeit zu minimieren,
- die Schadenshöhe im Problemfall zu minimieren oder
- eine Notfallplanung bereits abgeschlossen vorbereitet zu haben.

Zwei völlig gegensätzliche Ansätze

An dieser Stelle gibt es zwei völlig gegensätzliche Ansätze, wie dieses Wissen gebündelt und kommuniziert werden kann und soll.

Ein Ansatz läuft darauf hinaus, dass ein Risikomanager (meist in Personeneinheit zum Beispiel mit einem Projektmanager oder Abteilungsleiter) die Risikostatements zum Beispiel mit Hilfe einer Interviewtechnik sammelt. Er bewertet dann die Risiken und schlägt Gegenmaßnahmen vor. Die Autoren dieses Buches halten diesen Ansatz für verfehlt und haben ihn bereits allzu oft scheitern sehen.

Stattdessen stellen wir hier einen teamorientierten Risikomanagement-Ansatz vor, der seine Bedeutung spätestens dann gewinnt, wenn es darum geht, die Risiken im Team zu bewerten.

Fehlerquellen werden ausgeschlossen

Bei diesem teamorientierten Ansatz bewertet jedes Teammitglied die zuvor identifizierten Risiken selbst. Mit Hilfe verschiedener mathematischer Verfahren werden die Ergebnisse später zu einer einzigen Risikomaßzahl je identifiziertem Risiko aggregiert. Fehlerquellen, die durch mangelnde Kommunikation entstanden sein können, werden durch Anwendung weiterer mathematischer „Tricks" weitgehend ausgeschlossen.

Die Aggregation der Gesamtbewertung eines Risikos aus den Einzelbewertungen der Teammitglieder hat darüber hinaus den

Vorteil der zusätzlichen Identifikation jedes einzelnen Teammitgliedes mit dem Bewertungsergebnis und weitere motivatorische Aspekte.

3.2.2 Unterschiedliche Typen bei der Risikobewertung

3.2.2.1 Einführung

Bei der Risikobewertung können drei völlig gegensätzliche Kategorien von Menschen, die unter Umständen nicht unbedingt viel miteinander sprechen, auf diese Weise eingefangen und ihr Wissen kanalisiert und in produktiven Erkenntnisgewinn umgesetzt werden. Zu unterscheiden sind:

- Der Nörgler
- Der Entrepreneur
- Der Besserwisser

Drei unterschiedliche Typen

Diese drei unterschiedlichen Typen sollen im Folgenden näher charakterisiert werden.

3.2.2.2 Der Nörgler

Der Nörgler hat von Anfang an ein "schlechtes Gefühl" bei der einen oder anderen durchzuführenden Maßnahme. Er wird aber selten gefordert, sein Wissen/Bauchgefühl in ein klares Risikostatement (Aus Risikoquelle A folgt unter Bedingung B Problem C) zu gießen. Stattdessen wird die meist länglichen sorgenvollen Statements des Nörglers bald keiner mehr hören wollen.

Der Nörgler wird ignoriert, obwohl er unter Umständen wichtige Probleme frühzeitig erkannt und richtig bewertet hat. Seine kommunikativen Fähigkeiten werden im Risikomanagement gefördert. Durch seine Einbindung in die Risikobewertung wird ihm zusätzlich klar gemacht, dass seine Meinung zählt und mit der anderer Teammitglieder gleich gewichtet wird, obwohl es in der Realität meist etwas anders aussieht.

Der Nörgler nervt irgendwann

3.2.2.3
Der Entrepreneur

Fest gefügtes Bild

Der Entrepreneur hat ein fest gefügtes Bild, ja geradezu einen Plan im Kopf, wie die im Folgenden durchzuführenden Maßnahmen aufeinander aufbauen. Er möchte sich nicht durch Nörgeleien und unberechtigte Kritik derer, die in seinen Augen den Plan noch nicht verstanden haben, in seinem Vorwärtsdrängen aufhalten lassen. Die Bedenken des Nörglers wischt er, sobald er diesen durchschaut hat, nach kurzer Zeit unbeachtet zur Seite.

Der Entrepreneur wird durch strukturierte Risikostatements gezwungen, sich mit dem jeweiligen Risikotatbestand auseinanderzusetzen. Seine Einbindung in die Risikobewertung zwingt ihn, sich mit den nun klar strukturierten Bedenken der anderen Teammitglieder auseinanderzusetzen und sie für sich zu bewerten. Darüber hinaus helfen ihm die Risikostatements, seine Pläne zu überdenken und ggf. im Sinne der Risikominderung zu ändern.

3.2.2.4
Der Besserwisser

Geringe Berufserfahrung

Der Besserwisser tritt gewöhnlich auf den Plan, sobald Probleme auftreten, das heißt Risiken, die nicht fachmännisch gemanagt wurden, zu Problemen werden. Er hat schon immer gewusst, dass das nicht gut gehen kann. Dabei unterscheidet er sich vom Nörgler nur insofern, als er seine Bedenken nicht im Vorfeld äußert, sondern seine (ernsthaft unterstellt bereits zuvor vorhandenen) Erkenntnisse erst spät oder zu spät zur Kenntnis gibt. Seine Einstellung ist häufig geprägt durch geringe Berufserfahrung und evtl. daraus resultierend eine gewisse Obrigkeitshörigkeit gegenüber dem Entrepreneur, dem er bis hierher gegen sein eigenes Gewissen folgte, weil er sich nicht getraut hat, etwas zu sagen.

Offene Plattform

Der Besserwisser erhält im Risikomanagement eine offene Plattform, in der seine Bedenken geradezu gefordert und deren Äußerung belohnt wird. Durch seine Einbindung in die Risikobewertung lernt er seine Meinung über mögliche Probleme an der anderer zu messen und evtl. künftig hin zu realistischeren Werten zu korrigieren. Selbstbild und Fremdbild werden in Übereinstimmung gebracht. Sein instinktives evtl. noch durch wenig Betriebsblindheit geprägtes Wissen wird dem Team nutzbar gemacht.

3.2.3
Aggregation von Risikowissen

Ein wichtiger Aspekt des teamorientierten Risikomanagements besteht sicherlich darin, das Wissen aller an einem Vorhaben Beteiligten zu bündeln, also in einer Art Wissensmanagement[60] zu vereinen. Wichtig bei der teamorientierten Bewertung ist die gleiche Gewichtung der Risikobewertungen aller Beteiligten. Dabei spielt besonders der motivatorische Aspekt der „Fairness" eine Rolle. Darüber hinaus ist der Nutzen für das Risikomanagement selbst zu sehen, denn so kann sichergestellt werden, dass die bewerteten Risiken wirklich aus allen dem Team möglichen Blickwinkeln und Perspektiven betrachtet wurden.

Motivatorischer Aspekt der „Fairness"

Die Aggregation der durch die Teammitglieder einzeln ermittelten Risikobewertungen erfolgt entsprechend durch ein zuvor festgelegtes mathematisches Verfahren der Durchschnittsbildung. Darüber hinaus können zum Beispiel durch Ermittlung der Standardabweichung Risiken identifiziert werden, deren einzelne Bewertungen zu weit auseinander liegen, um sie einfach durch Durchschnittbildung zu nivellieren.

Gegebenenfalls kann so festgestellt werden, dass ein Risiko mangelhaft kommuniziert wurde oder seine Definition nicht eindeutig ist und einzelne Teammitglieder unterschiedliche Risiken mit einem Risikostatement verbinden, entsprechend in der Folge auch unterschiedliche Risiken kommuniziert und bewertet werden sollten.

Auswirkungen mangelhafter Kommunikation

Im Folgenden soll nun zunächst darauf eingegangen werden, wie Risiken durch die einzelnen Teammitglieder bewertet werden. Dann wird an konkreten Beispielen aus der Praxis gezeigt, wie die Aggregation der Risikomaßzahlen empfehlenswerterweise vorgenommen werden sollte.

3.2.4
Qualitative versus quantitative Risikobewertung

Es gibt verschiedene Motivationen, Risiken zu bewerten. Einerseits können Risiken quantitativ, also in Geldeinheiten bewertet werden. Dies ist vor allem dann nötig, wenn sich gegen Risiken versichert oder Risiken bilanziert werden sollen. (Selbst das KonTraG jedoch fordert von den Unternehmen nach Meinung führender Experten

Verschiedene Motivationen

---

[60] Mehr zum Thema Wissensmanagement ist Kapitel 8 zu entnehmen.

nicht unbedingt eine quantitative Risikoanalyse. Müssen doch lediglich „den Fortbestand des Unternehmens gefährdende Risiken" in ein Überwachungssystem eingebunden und in der Bilanz darüber berichtet werden. Der Bilanzbericht jedoch fordert nicht unbedingt eine Quantifizierung der Risiken.)

Qualitatives Risikomanagement

Andererseits, und das ist in den meisten Fällen ausreichend, können Risiken relativ zueinander bewertet werden. Es ist dann von qualitativer Risikobewertung oder allgemein von qualitativem Risikomanagement die Rede. Im Folgenden wird hier ausschließlich auf die qualitative Bewertung von Risiken eingegangen.

Die Beschreibung quantitativer Bewertungsverfahren beinhaltet sehr viel angewandte Mathematik (zum Beispiel Versicherungsmathematik) und würde den Rahmen dieses Buches sicherlich sprengen. Es muss aber bereits hier festgehalten werden, dass fast alle Aktivitäten des Risikomanagements problemlos ohne eine quantitative Analyse durchführbar sind.

Risikotatbestände

Welche Motivation also führt dazu, Risiken bewerten zu wollen und insbesondere in Relation zueinander zu betrachten? Einerseits wird bereits nach der Identifikation erster Risiken festzustellen sein, dass sehr schnell eine große Menge an Risikotatbeständen zu betrachten ist. So wird es unmöglich, für jedes einzelne Risiko sämtliche Planungsmaßnahmen:

- Verhinderung,
- Verringerung,
- Schadensbegrenzung,
- Notfallplanung

durchzuführen. Entsprechend wird es nötig aus der Liste der vorhandenen Risiken solche mit hoher Priorität hervorzuheben, um Planungsmaßnahmen bevorzugt dafür durchzuführen.

Andererseits wird aber auch nach Abschluss der Planungsmaßnahmen festzustellen sein, dass eine Unzahl an Aktivitäten eben in den Bereichen:

Verschiedene Bereiche

- Verhinderung von Risiken und
- Verringerung der Eintrittwahrscheinlichkeit des Schadensereignisses, wie auch in den Bereichen
- Schadensbegrenzung und
- Notfallplanung

auf das Risikomanagementteam zukommt. Jede einzelne Maßnahme hat jedoch aufgrund später noch näher zu definierender Bewertungskriterien einen unterschiedlichen, spätest möglichen Starttermin. Dementsprechend ist es hier auch wenig sinnvoll, alle Maßnahmen lediglich nach Priorität des jeweiligen Risikos anzugehen. Stattdessen soll die Risikobewertung auch hier wieder Handhabe liefern, die Maßnahmen gemäß ihrer Durchführungsreihenfolge zu priorisieren.

Halten wir also fest: Die Motivation für die quantitative Risikoanalyse ist einerseits

- die Priorisierung der Risiken selbst bzgl. der Planungsnotwendigkeit und andererseits
- die Priorisierung der durchzuführenden Maßnahmen bzgl. ihrer Durchführungsreihenfolge.

Motivation für die quantitative Risikoanalyse

3.3 Bewertungsmaßstäbe und Größen

3.3.1 Einführung

Welche sinnvollen Größen können also im quantitativen Risikomanagement je Risiko ermittelt werden, um Risiken bezüglich ihrer Planungsnotwendigkeit korrekt zu priorisieren? Die Maßzahlen zur Bestimmung der Maßnahmenpriorität werden an späterer Stelle besprochen.

Es hat sich als praktisch erwiesen, zunächst darüber nachzudenken, wie wahrscheinlich es eigentlich ist, dass ein Risiko zum Problem wird. (Dieser Überlegung liegt die Definition des Risikos als „Problem in Lauerstellung" zu Grunde.) Daraus ergibt sich als Größe die so genannte Eintrittswahrscheinlichkeit (engl. Probability). Eine zweite Überlegung kann der Schadenshöhe (engl. Impact) gelten, die in dem Fall zu erwarten ist, dass das durch das Risikostatement beschriebene Problem eintritt.

Problem in Lauerstellung

Der Prägnanz halber wird im Folgenden ausschließlich von Probability und Impact die Rede sein. In einer weiteren Überlegung sind jetzt natürlich die zu ermittelnden Größen für Impact und Probability bzw. die Skalen für die jeweiligen Maßstäbe festzulegen.

Probability und Impact

Bezüglich der Probability hat es sich als nützlich erwiesen, die normalerweise eher nicht mathematisch vorgebildeten Teams nicht mit den Gesetzen der Wahrscheinlichkeitsrechnung und deren Größen und Maßstäben zu konfrontieren. Stattdessen lautet die Empfehlung dieses Buches, die Probability durch Schätzwerte der einzelnen Teammitglieder wiederzugeben.

Feinere Abstufung des „Bauchgefühles"

Abzutragen wären diese dann auf einer ganzzahligen numerischen Skala zum Beispiel von 1 bis 5. Wobei dann 1 eine eher niedrige relative Probability wiedergibt und 5 eine eher hohe. Die Skala kann beliebig kleiner oder größer gewählt werden. Es bleibt jedoch festzustellen, dass Skalen mit weniger als 5 Skalenpunkten dazu führen, dass sehr viele Probabilitywerte in der Mitte, also zum Beispiel bei einer Skala von 1 bis 3 bei 2 liegen werden. Eine Skala mit mindestens 5 Skalenpunkten dagegen ermöglicht auch in der Risikobewertung eher unerfahrenen Teammitgliedern eine feinere Abstufung ihres „Bauchgefühles" nach 2 (eher unterhalb der Mitte) und 4 (eher oberhalb der Mitte).

Projektparameter Zeit, Kosten und Funktionalität gesondert betrachten

So entstehen genauere und differenziertere Bilder des jeweiligen Risikos. Eine ähnliche Bewertung empfiehlt sich auch für den Impact (die relative Schadenshöhe). Allerdings reicht hier eine Skala mit 3 Skalenpunkten von 1 (niedriger Schaden) bis 3 (höchster denkbarer Schaden) vollkommen aus. Zur Schadensklassifizierung ist es aber sinnvoll, die Projektparameter Zeit, Kosten und Funktionalität gesondert zu betrachten. In einem Projekt, das zum Beispiel extrem zeitkritisch ist, kann eine Verzögerung von nur einem Tag, einen höheren Schaden bedeuten als ein Budgetüberzug von zum Beipiel 10%. Dieser unterschiedlichen Bewertung muss bei der Schadensklassifizierung Rechnung getragen werden. Aus diesem Grund empfehlen wir, die Schadensklassen in einer Matrix darzustellen, die folgendermaßen aussehen könnte:

Tabelle 11: Beispiel für ein zeitkritisches Projekt

Schadensklasse	Zeit	Kosten	Funktionalität
3	Verzug >1 Tag	Erhöhung > 10% des geplanten Budgets	Features der Priorität 1 nicht vollständig implementiert
2	-	Erhöhung bis 10% des geplanten Budgets	Features der Priorität 1 vollständig implementiert, aber fehlerhaft
1	-	Erhöhung bis 5% des geplanten Budgets	Features der Priorität 1 vollständig implementiert, aber mit kleineren Schönheitsfehlern

In dem zeitkritischen Projekt ist es schon ein großes Problem, wenn der Projektabschluss auch nur um einen Tag verzögert wird. Möglicherweise kann der Kunde mit dem Produkt dann schon nichts mehr anfangen (zum Beispiel Demos für eine Messe oder ähnliches). Hier ist die Einhaltung des Zeitrahmens absolute Priorität. In einem kostenkritischen Projekt sieht das vielleicht schon ganz anders aus:

Schadensklasse	Zeit	Kosten	Funktionalität
3	Verzug > 2 Wochen	Erhöhung > 2%	Features der Priorität 1 nicht vollständig implementiert
2	Verzug > 1 Woche	-	Features der Priorität 1 vollständig implementiert, aber fehlerhaft
1	Verzug < 1 Woche	-	Features der Priorität 1 vollständig implementiert, aber mit kleineren Schönheitsfehlern

Tabelle 12: Beispiel für ein kostenkritisches Projekt

Hier spielt die Zeit nicht die grosse Rolle, aber eine Kostenerhöhung wird von dem Kunden nicht akzeptiert werden.

An diesen Beispielen kann man schon erkennen, dass die Inhalte der Zeilen nicht miteinander korrelieren müssen. Diese Schadensklassifizierung ist für jedes Projekt spezifisch aufzustellen. Jedes Projekt hat seine eigenen fixen und variablen Projektparameter – dieser spezifischen Situation muss auch in der Risikobewertung Rechnung getragen werden.

Es kann sogar sein, dass die Schadensklassifizierung im Verlauf eines Projektes geändert werden muss, wenn sich die Festlegung der Projektparameter verschiebt.

Schadensklassifizierung ist flexibel

Wichtig ist aber in allen Fällen, dass die Skalen für alle Teammitglieder verbindlich festgelegt und entsprechend kommuniziert werden. Jedes Teammitglied muss die Wahrscheinlichkeits- wie auch die Schadensklassifizierung kennen.

3.3.2
Der Skalenpunkt 0

Da auf die Bewertungsgrößen in einem späteren Schritt die Gesetze der mathematischen Multiplikation von Ganzzahlen angewandt werden, hat es sich als sinnvoll erwiesen, frühzeitig über den Skalenpunkt Null (0=Zero) zu diskutieren. Denn Null multipliziert mit irgendeinem Wert ergibt wieder Null, das heißt, die Null wirkt hier als Neutralisator.

Keine Auswirkung von Schadensereignissen?

Es wird jedoch in jedem Team Teammitglieder geben, die sich zum Beispiel wünschen, die Probability auch mit Null (überhaupt nicht wahrscheinlich) festlegen zu können. Ja selbst beim Impact wird es Teammitglieder geben, die der Null insofern besondere Bedeutung beimessen, als sie damit zum Ausdruck bringen wollen: „ich erwarte von dem Schadensereignis keine messbaren Auswirkungen".

3.3.3
Die relative Risikomaßzahl (Exposure)

Bevor nun die Bewertungen der einzelnen Teammitglieder zu einem Gesamtbild über das jeweilige Risiko zusammengefasst werden, wird aus Impact und Probability mittels einfacher Multiplikation eine relative Risikomaßzahl (Exposure) errechnet. Die Formel lautet also:

Formel: **`Exposure = Impact * Probability (E=I*P).`**

Spätestens an dieser Stelle wird klar, warum eine frühzeitige Diskussion über den Skalenpunkt Null sowohl bei Impact als auch bei Probability sinnvoll war.

Handelt es sich doch um die Diskussion, ob wir einem einzelnen Teammitglied „erlauben" wollen, ein Risiko für aus seiner Sicht gänzlich unbeachtlich (Exposure = 0) zu erklären. Das kann er, wenn er entweder die Probability als Null (kann nicht passieren) oder den Impact als Null (schadet nicht/ist kein Problem) bewertet.

3.3.4
Auswertung

Jetzt kann also eine Tabelle aufgestellt werden, die Tabelle 13 entspricht. Hierbei sind die einzelnen Risiken in der Vertikalen aufgetragen und die Bewertungsmaßzahlen der einzelnen Teammitglieder in der Horizontalen. Die Kurzbezeichnung soll es den Teammitgliedern erleichtern, die Risiken den jeweils durch eine eigene Identifikationsnummer (siehe Spalte No.) eindeutig gekennzeichneten Risikostatements zuzuordnen. Es handelt sich dabei um eine dem Risikostatement wie eine Schlagzeile zugeordnete Überschrift, die nicht mit dem Risikostatement selbst verwechselt werden darf. (In den Tabellen zur Risikobewertung stehen die Spaltenüberschriften „P" für Probability, I für Impact und E für Exposure.)

No.	Kurzbez.	Memb.1 P	I	E	Memb.2 P	I	E	Memb.3 P	I	E
1	Anz MA zu klein	2	5	10	1	1	1	5	5	25
2	Krankenst.	3	1	3	3	2	6	4	5	20
3	zu wenig Geld	4	2	8	2	3	6	5	4	20
4	Qualifikationsproblem	5	3	15	3	2	6	5	5	25
5	Charter geht nicht	3	2	6	5	3	15	5	5	25
6	Führungsproblem	5	4	20	4	4	16	4	5	20
7	Managementunterstützung	4	3	12	3	5	15	5	3	15
8	zu viele Änderungen	1	5	5	1	2	2	3	4	12
9	Analyse stimmt nicht	2	5	10	3	3	9	5	5	25
10	notwend. Designänderung.	0	5	0	2	4	8	4	5	20
11	Projektmanag. fällt aus	3	2	6	5	3	15	5	4	20
12	Akzeptanzproblem	5	3	15	4	2	8	3	2	6
13	Rollout hängt wg. Server	4	4	16	2	5	10	2	2	4
14	DB Server Performance	2	2	4	3	4	12	3	2	6
15	Deadlockproblem	3	5	15	1	2	2	2	3	6
16	Patchproblematik	5	5	25	2	3	6	5	2	10
17	Securityflaws	1	5	5	4	2	8	4	3	12
18	Urlaubssperre	2	2	4	3	3	9	5	5	25
19	Bankconnectivity	4	3	12	5	4	20	4	5	20
20	Büroproblematik	3	2	6	4	5	20	3	5	15
21	Reisekosten	5	3	15	2	2	4	4	5	20
22	Kalkulation	2	2	4	3	5	15	3	5	15
23	Sandbox	4	5	20	2	3	6	2	5	10
24	Logistikproblematik	2	4	8	1	4	4	4	5	20
25	Networkoverload	4	3	12	4	2	8	2	5	10
26	Kapazitätsproblem	3	2	6	3	5	15	3	5	15
27	Questionnaire	5	1	5	5	3	15	4	2	8
28	Supportkapazität	2	5	10	1	4	4	2	3	6

Tabelle 13: Bewertung von Risiken

Zugegeben, bei einer größeren Anzahl an Teammitgliedern wird eine solche Tabelle schnell unübersichtlich. Es wird also eine zweite Sicht auf diese Tabelle geben, wie sie zum Beispiel in Tabelle 14 zu sehen ist.

Tabelle 14: Weitere Sicht auf die Bewertung von Risiken

No.	Kurzbez.	M1 E	M2 E	M3 E	M4 E	M5 E	M6 E	M7 E
1	Anz MA zu klein	10	1	25	9	15	8	10
2	Krankenst.	3	6	20	4	12	25	12
3	zu wenig Geld	8	6	20	9	2	6	12
4	Qualifikationsproblem	15	6	25	16	15	16	15
5	Charter geht nicht	6	15	25	9	6	6	6
6	Führungsproblem	20	16	20	16	25	20	25
7	Managementunterstützung	12	15	15	9	20	6	9
8	zu viele Änderungen	5	2	12	6	5	3	25
9	Analyse stimmt nicht	10	9	25	6	3	2	20
10	notwend. Designänderung.	0	8	20	12	3	5	12
11	Projektmanag. fällt aus	6	15	20	12	5	4	8
12	Akzeptanzproblem	15	8	6	6	0	20	6
13	Rollout hängt wg. Server	16	10	4	6	6	5	5
14	DB Server Performance	4	12	6	9	20	8	4
15	Deadlockproblem	15	2	6	12	15	10	16
16	Patchproblematik	25	6	10	8	15	10	12
17	Securityflaws	5	8	12	12	20	4	15
18	Urlaubssperre	4	9	25	12	12	25	9
19	Bankconnectivity	12	20	20	6	25	15	20
20	Büroproblematik	6	20	15	6	25	25	10
21	Reisekosten	15	4	20	9	15	10	6
22	Kalkulation	4	15	15	9	2	25	16
23	Sandbox	20	6	10	8	20	8	12
24	Logistikproblematik	8	4	20	6	3	15	25
25	Networkoverload	12	8	10	8	1	4	25
26	Kapazitätsproblem	6	15	15	15	5	25	4
27	Questionnaire	5	15	8	9	5	10	4
28	Supportkapazität	10	4	6	4	1	10	5

Arithmetisches Mittel der Werte aus den Einzelexposures

Horizontal kann aus dieser Übersichtstabelle nun für jedes Risiko eine einzige Risikomaßzahl (Exposure) ermittelt werden, indem zum Beispiel das arithmetische Mittel der Werte aus den Einzelexposures der Tabelle 14 gebildet wird. Im Ergebnis steht dann eine Tabelle wie in Tabelle 15 gezeigt. Später wird gezeigt werden, welchen Vorteil ggf. das geometrische oder harmonische gegenüber dem arithmetischen Mittel haben kann. Tabelle 15 ist nun die Grundlage für alle weiteren Arbeiten bei:

- Qualitätssicherung der Bewertungen
- Priorisierung der Risiken
- Beobachtung des Gesamtrisikoverlaufes
- Beobachtung der Wirksamkeit von Maßnahmen

No.	Kurzbez.	M1 E	M2 E	M3 E	M4 E	M5 E	M6 E	M7 E	Over-all E
1	Anz MA zu klein	10	1	25	9	15	8	10	11,14
2	Krankenst.	3	6	20	4	12	25	12	11,71
3	zu wenig Geld	8	6	20	9	2	6	12	9
4	Qualifikationsproblem	15	6	25	16	15	16	15	15,43
5	Charter geht nicht	6	15	25	9	6	6	6	10,43
6	Führungsproblem	20	16	20	16	25	20	25	20,29
7	Managementunterstützung	12	15	15	9	20	6	9	12,29
8	zu viele Änderungen	5	2	12	6	5	3	25	8,29
9	Analyse stimmt nicht	10	9	25	6	3	2	20	10,71
10	notwend. Designänderung.	0	8	20	12	3	5	12	8,57
11	Projektmanag. fällt aus	6	15	20	12	5	4	8	10
12	Akzeptanzproblem	15	8	6	6	0	20	6	8,71
13	Rollout hängt wg. Server	16	10	4	6	6	5	5	7,43
14	DB Server Performance	4	12	6	9	20	8	4	9
15	Deadlockproblem	15	2	6	12	15	10	16	10,86
16	Patchproblematik	25	6	10	8	15	10	12	12,29
17	Securityflaws	5	8	12	12	20	4	15	10,86
18	Urlaubssperre	4	9	25	12	12	25	9	13,71
19	Bankconnectivity	12	20	20	6	25	15	20	16,86
20	Büroproblematik	6	20	15	6	25	25	10	15,29
21	Reisekosten	15	4	20	9	15	10	6	11,29
22	Kalkulation	4	15	15	9	2	25	16	12,29
23	Sandbox	20	6	10	8	20	8	12	12
24	Logistikproblematik	8	4	20	6	3	15	25	11,57
25	Networkoverload	12	8	10	8	1	4	25	9,71
26	Kapazitätsproblem	6	15	15	15	5	25	4	12,14
27	Questionnaire	5	15	8	9	5	10	4	8
28	Supportkapazität	10	4	6	4	1	10	5	5,71

Tabelle 15: Grundlage für alle weiteren Arbeiten im Risikomanage-ment

3.3.5 Priorisierung

Sortierung nach Exposure und Wichtigkeit

Die Risiken können, nachdem nun für jedes Risiko eine Gesamt-Exposure ermittelt wurde, nach Exposure sortiert und gemäß ihrer Wichtigkeit weiter behandelt werden. Es ergibt sich eine Tabelle wie in Tabelle 16. In dieser Tabelle ist nun die Spalte Rang hinzugekommen, die die Prioritätsreihenfolge der Risiken wiedergibt. Zusätzlich ist am unteren Ende der Tabelle eine Summe zu sehen. Hierbei handelt es sich um die Summe aller Exposures im Projekt.

Tabelle 16: Risikotabelle nach Wahrscheinlichkeiten

Rang	No.	Kurzbez.	M1 E	M2 E	M3 E	M4 E	M5 E	M6 E	M7 E	Overall E
1	6	Führungsproblem	20	16	20	16	25	20	25	20,29
2	19	Bankconnectivity	12	20	20	6	25	15	20	16,86
3	4	Qualifikationsproblem	15	6	25	16	15	16	15	15,43
4	20	Büroproblematik	6	20	15	6	25	25	10	15,29
5	18	Urlaubssperre	4	9	25	12	12	25	9	13,71
6	7	Managementunterstützung	12	15	15	9	20	6	9	12,29
7	16	Patchproblematik	25	6	10	8	15	10	12	12,29
8	22	Kalkulation	4	15	15	9	2	25	16	12,29
9	26	Kapazitätsproblem	6	15	15	15	5	25	4	12,14
10	23	Sandbox	20	6	10	8	20	8	12	12
11	2	Krankenst.	3	6	20	4	12	25	12	11,71
12	24	Logistikproblematik	8	4	20	6	3	15	25	11,57
13	21	Reisekosten	15	4	20	9	15	10	6	11,29
14	1	Anz MA zu klein	10	1	25	9	15	8	10	11,14
15	15	Deadlockproblem	15	2	6	12	15	10	16	10,86
16	17	Securityflaws	5	8	12	12	20	4	15	10,86
17	9	Analyse stimmt nicht	10	9	25	6	3	2	20	10,71

Risikoanalyse und Risikobewertung

			M1	M2	M3	M4	M5	M6	M7	Overall
18	5	Charter geht nicht	6	15	25	9	6	6	6	10,43
19	11	Projektmanag. fällt aus	6	15	20	12	5	4	8	10
20	25	Networkoverload	12	8	10	8	1	4	25	9,71
21	3	zu wenig Geld	8	6	20	9	2	6	12	9
22	14	DB Server Performance	4	12	6	9	20	8	4	9
23	12	Akzeptanzproblem	15	8	6	6	0	20	6	8,71
24	10	notwend. Designänderung.	0	8	20	12	3	5	12	8,57
25	8	zu viele Änderungen	5	2	12	6	5	3	25	8,29
26	27	Questionnaire	5	15	8	9	5	10	4	8
27	13	Rollout hängt wg. Server	16	10	4	6	6	5	5	7,43
28	28	Supportkapazität	10	4	6	4	1	10	5	5,71
		Summe								315,57

3.3.6
Die Risikorangliste

Es hat sich als praktikabel erwiesen, die auf die Aufstellung der Risikorangliste folgenden Schritte zur Planung von Gegenmaßnahmen nur noch für eine relativ geringe Anzahl der so sortierten Risiken durchzuführen. So wird zum Beispiel in kleinen Projekten nur noch für die „Top Ten" geplant. Nur so kann der Aufwand für das Risikomanagement gering (ca. 5% des Gesamtaufwandes/bei Neueinführung ca. 10%) gehalten werden.

Möglichkeit, den Aufwand für das Risikomanagement gering zu halten

3.4 Bewertungszyklen

3.4.1 Allgemeines

Bewertung der Risiken regelmäßig wiederholen

Risikomanagement ist, wie bereits an anderer Stelle erwähnt, kein einmaliges Unterfangen, sondern ein sich zyklisch mehrmals während eines Projektes wiederholender Prozess (besser sogar eine dauernde Aktivität aller Beteiligten). So wird sich auch die Bewertung der Risiken in regelmäßigen Abständen während des Projektes wiederholen. Die beiden Zahlen Rang und Summe der Exposures werden in den zukünftig noch folgenden Bewertungsdurchläufen eine außerordentliche Rolle spielen.

Zunächst wird das Risikomanagementteam mit Argusaugen darauf achten, welche Risiken in der Rangliste aufsteigen und welche absteigen. Steigt ein Risiko auf, kann zumindest eines gesagt werden: Die Maßnahmen zu Verringerung dieses Risikos sind in der Beurteilung ihrer Wirksamkeit durch das Team schlechter als die anderer Risiken.

Denn wenn immer ein Risiko aufsteigt, muss es ein anderes überholen. Dies kann aber nur geschehen, wenn die Exposure des anderen Risikos

Betrachtung der Exposure

- bei gleichzeitiger Erhöhung der Exposure des Aufstiegskandidaten wenigstens gleich geblieben ist
- bei gleich bleibender Exposure des Aufstiegskandidaten gesunken ist
- oder gar auf Null gesunken ist und das Risiko deshalb aus der Rangliste verschwindet.

Stellt das Team fest, dass es einen solchen Aufsteiger in der Top-Ten-Liste hat, so wird es umgehend die Gegenmaßnahmen dieses Risikos auf ihre Wirksamkeit bzw. den Grad ihrer Umsetzung überprüfen müssen.

Die Gesamtsumme betrachten

Darüber hinaus wird das Team die Gesamtsumme der identifizierten Risiken genau im Auge behalten. Steigt diese Gesamtsumme, kann davon ausgegangen werden, dass

- entweder neue Risiken hinzugekommen sind, das Gesamtrisiko des Projektes also steigt,

- oder Risiken in ihrer Exposure gestiegen sind (was ja durch die ergriffenen Gegenmaßnahmen verhindert werden sollte);
- schließlich kann es auch sein, dass einfach bei vorherigen Durchläufen vergessen wurde, bestimmte Risiken zu identifizieren. Dann allerdings weiß das Team vor allem eines, nämlich dass der Identifikationsprozess einer Verbesserung bedarf.

3.4.2 Qualitätssicherung bei der Bewertung

Gerade Tabelle 16 zeigt, dass offenbar einige der Risiken von den Teammitgliedern in erheblichem Maß unterschiedlich beurteilt wurden. Es gibt nun verschiedene Möglichkeiten, diese unterschiedlichen Bewertungen zu eliminieren. Bevor jedoch mathematische Tricks vorgestellt werden, wie zum Beispiel der Mehrheitsmeinung stärkeres Gewicht verschafft werden kann, muss hier eine wichtige qualitätssichernde Maßnahme erwähnt werden. Bildet man die Differenz aus der größten errechneten Exposure eines Teammembers und der zugehörig kleinsten für jedes Risiko ergibt sich eine Qualitätsmaßzahl für die jeweilige Bewertung.

Unterschiedlich bewertete Risiken

```
Q = Min Exp. / Max Exp.
```

Qualitätsmaßzahl

Je geringer Q ist, umso eher besteht noch Diskussionsbedarf bzgl. des Verständnisses der Risikodefinition. Je näher hingegen Q bei 1 liegt, umso höher ist die Qualität der jeweiligen Bewertung durch das Team. Das heißt, bei Risiken mit einem Q nahe 1 kann eine teamübergreifend einheitliche Bewertung des Risikos festgestellt werden. Je näher Q dagegen der Nullmarke rückt, umso schlechter war zuvor die Kommunikation des Risikos.

Ja es liegt der Verdacht nahe, dass unterschiedliche Teammitglieder unterschiedliche Risiken mit derselben Definition assoziieren, das heißt mehrere Risiken in einem Risikostatement vermischt wurden. Entsprechend müsste bei solchen Risiken gegebenenfalls die Definition verändert werden und eine Neubewertung der Risiken durch die Teammitglieder erfolgen.

Neubewertung kann notwendig werden

Eine weitere qualitätssichernde Maßnahme kann darin bestehen, über Einzelangaben aller Teammitglieder senkrecht den Modalwert (häufigster vorkommender Wert) zu berechnen. Liegt ein Teammitglied sowohl bei Exposure als auch bei Impact im Schnitt sehr nahe

Qualitätssichernde Maßnahme

bei dem theoretischen Mittel der Skala (in unserem Falle der 3), so müssen zwei Fragen gestellt werden:

Das Team unter der Lupe

- Kann es sein, dass das Teammitglied eventuell allgemein noch sehr unerfahren ist und sich deshalb keine „extremen" Urteile anmaßen will?
- Kann es sein, dass das Teammitglied in der Methode des Risikomanagements allgemein noch unerfahren ist und deshalb ein entsprechendes Coaching für das Verständnis der Risikostatements und der Auswahl der seiner Meinung nach angemessenen Bewertungsgrößen aus der Skala benötigt?

Es sollte in beiden Fällen die Risikobewertung von einem erfahrenen Teammitglied zusammen mit dem eher unerfahrenen Teammitglied diskutiert und gemeinsam korrigiert werden.

3.4.3
Rein mathematische Qualitätssicherung

Unterschiedliche Blickwinkel

Natürlich ist auch dann, wenn alle qualitätssichernden Maßnahmen wie oben erwähnt durchgeführt wurden, nicht auszuschließen, dass unterschiedliche Teammitglieder allein aufgrund ihrer unterschiedlichen Blickwinkel auf das Projekt und ihres unterschiedlichen persönlichen Erfahrungshintergrundes (Pessimismus/Op-timismus) sehr stark voneinander abweichende Bewertungen zu einem Risiko finden.

Da es sehr schwierig sein kann und evtl. gar nicht wünschenswert ist, erfahrene Teammitglieder nach ihrer Bewertung im Einzelnen zu befragen, können hier rein mathematische Qualitätssicherungsverfahren zum Einsatz kommen.

Das sanfteste Verfahren ist in diesem Fall das sogen. geometrische Mittel, welches dazu neigt, die „Mehrheitsmeinung" überzubewerten. Das heißt, beim Einsatz des geometrischen Mittels wird die Exposure eines Risikos näher an den Werten liegen, die von den Teammitgliedern besonders häufig genannt wurden, und entsprechend weiter von einzelnen Ausreißern entfernt. Auf die Tabelle 16 hätte das insofern eine Auswirkung, als das auf Rang 8 befindliche Risiko aus den Top Ten herausfallen würde und stattdessen das Risiko auf Rang 13 in die Top Ten auf Platz 10 Einzug hielte.

Noch ein wenig härter geht das so genannte gestutzte Mittel mit den Bewertungen der Teammitglieder ins Gericht. Ähnlich einer Eiskunstlaufveranstaltung wird hier der höchste vergebene Wert und der niedrigste vergebene Wert ignoriert. Das heißt, für das Risikomanagement für jedes einzelne Risiko wird jeweils der größte Pessimist und der größte Optimist ignoriert. Danach wird dann der Mittelwert aus allen verbleibenden Werten gebildet.

Das gestutzte Mittel

3.4.4 Priorisierung von Gegenmaßnahmen

Wie bereits erwähnt, werden Gegenmaßnahmen jetzt zunächst nur für die Risiken der Top-Ten-Liste geplant. Bei der Umsetzung der Gegenmaßnahmen für Risiken muss dann aber neben den bereits bekannten Größen noch eine dritte Größe ins Kalkül gezogen werden: die Zeit. Die Zeit tritt bei der Umsetzung der Gegenmaßnahmen in vier verschiedenen Facetten auf:

Die Zeit nicht vergessen

- Wann ist der wahrscheinliche Zeitpunkt, zu dem das Risiko zum Problem werden wird (Rolloutprobleme zum Beispiel nicht während der Planungsphase)?
- Wann kann mit der Umsetzung der jeweiligen Gegenmaßnahme frühestens begonnen werden?
- Wie lange wird die Umsetzung der Gegenmaßnahme dauern?
- Wie viel Zeit vergeht nach der Umsetzung der Gegenmaßnahme bis zu ihrer Wirksamkeit?

Vier verschiedenen Facetten

Der Zeitpunkt zwischen frühestem Umsetzungsbeginn für die jeweilige Gegenmaßnahme und wahrscheinlichem Problemzeitpunkt wird wie in Abbildung 18 als t1 bezeichnet. Die Summe aus Zeit zur Umsetzung und Dauer bis zur Wirksamkeit wird als t2 bezeichnet. Es wird definiert:

```
Δt = t2 / t1
```

Definition

(Δt wird als Quotient ausgedrückt, um jegliche willkürliche Maßeinheit bei der Angabe der Dauer, zum Beispiel in Tagen oder Stunden, zu eliminieren.)
Es ist dabei zunächst festzuhalten, dass Gegenmaßnahmen, bei denen Δt größer oder gleich 1 ist (t2 >= t1), wie in Abbildung 18 wohl

Beispiel

wirkungslos bleiben werden und entsprechend ungeeignet bzw. überflüssig sind.

Ein gutes Beispiel kann hier eine Dienstreise nach Afrika sein. Nehmen wir an, heute sei der 1. Oktober. Ein Gelbfieberprophylaxemittel ist in der Apotheke morgen verfügbar. Frühest möglicher Umsetzungsbeginn ist also der 2. Oktober. (Die Umsetzungsdauer ist in diesem Fall vernachlässigbar gering = Schlucken der Tablette). Um eine Wirkung zu erzielen muss das Mittel aber 4 Wochen hintereinander eingenommen werden (t2 beträgt von heute an 29 Tage). Sollte die Reise also vor dem 30. Oktober beendet sein, liegt der Problemzeitpunkt eindeutig vor dem Ablauf von t2. Die Gegenmaßnahme ist höchstwahrscheinlich wirkungslos.

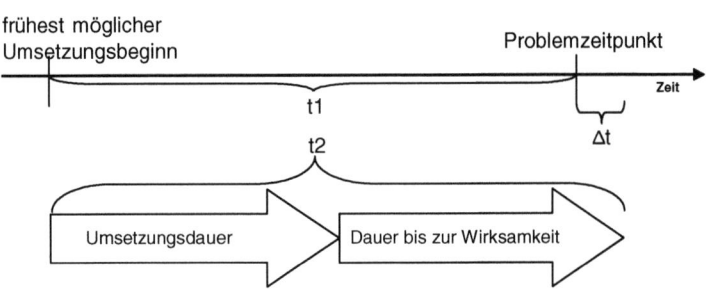

Abbildung 18: Wirksamkeit von Gegenmaßnahmen

Maßnahmen mit einem Δt kleiner 1 können noch sinnvoll bzw. wirksam umgesetzt werden. Dabei haben die Maßnahmen die höchste Priorität, deren Δt am größten ist, das heißt die, bei denen t2 und t1 am nächsten beieinander liegen. Maßnahmen mit einem kleinen Δt dagegen rangieren in der Priorität weiter hinten.

3.4.5
Δt und Risikopriorität vereint

Andererseits berücksichtigt diese Betrachtung nicht die Risikopriorität (Exposure) des Risikos. Deshalb ist es üblich, bei der Priorisierung der Umsetzung von Gegenmaßnahmen eine Formel anzuwenden, die die Exposure und den so genannten Deltafilter vereint. Es ergibt sich entsprechend für die Umsetzungspriorität der Gegenmaßnahmen (Up):

`Up = Exposure * Δt.`

Eine Gegenmaßnahme für ein Risiko mit einer hohen Exposure von 21 und einem Δt von 0,5 erhält so eine Umsetzungspriorität (Up) von 10,5 ebenso wie eine Maßnahme gegen ein Risiko mit einer Exposure von 14, deren Δt aber schon 0,75 beträgt. Eine Gegenmaßnahme für Risiko mit einer Exposure von 25 aber, deren Δt noch 0,2 beträgt, erhält entsprechend eine Up von nur 5 und rangiert entsprechend weiter hinten.

Definition: Umsetzungspriorität der Gegenmaßnahmen

3.5 Berichte und Auswertungen

3.5.1 Einführung

Risikomanagement-Berichte sind das A und O im Rahmen des Risikomanagement-Prozesses. Hierbei ist sicherlich zu unterscheiden, für wen welcher Bericht und welche Information in welcher Form sinnvoll ist. Betrachten wir die unterschiedlichen Stakeholder, so hat jeder eine andere Anforderung an Berichte.

Unterschiedliche Möglichkeiten

Der Projektleiter wie auch die Projektmitarbeiter wollen sehr detaillierte Informationen über die aktuellen Risiken wie auch über den Verlauf der Risiken während des Projektes erhalten. Der Kunde möchte über die Hauptrisiken informiert werden, mit den Informationen, was gegen diese Risiken getan wird und welchen Einfluss diese Risiken auf das Projekt haben könnten. Das interne Top Management möchte zusammengefasste Berichte über den aktuellen Status.

Hieraus ergeben sich die unterschiedlichsten Anforderungen an Berichte, und damit ist es auch Aufgabe des Risikomanagers, diese Berichte zusammenzustellen. Hierbei unterscheiden wir zwischen verschiedenen Auswertungen: einerseits die Auswertungen zum aktuellen Risikostatus im Projekt und andererseits historisierende Auswertungen, die den Verlauf von Risiken und des Gesamtrisikos über alle bisher durchgeführten Assessments darstellen.

Aktuelle und historisierende Auswertungen

3.5.2
Auswertung des aktuellen Risikostatus

3.5.2.1
Top-N-Bericht

Dieser Bericht stellt detaillierte Informationen über jedes der Top-N-Risiken mit allen Informationen aus

Berichtsinhalte
- Identifikation,
- Analyse und
- Planung

zur Verfügung. Tabelle 17 gibt ein Beispiel aus einem unternehmensweiten Migrationsprojekt mit mehreren Standorten. Das Risikomanagement wurde für jede Umstellung eines Produktionswerkes gesondert durchgeführt.

Rang	ID	Bedingung	Konsequenz	Ø W	Ø S	Kennzahl
1	10	Umstellung der Clients in Standort A bezogen auf die Installation von Office Scan funktioniert nicht	Mehraufwand bei der Clientumstellung entsteht	3,00	2,75	8,25
		Maßnahme:	Spezielle Client-Konfigurationen von Standort A erfragen und in der Testumgebung prüfen			
		Durchgeführt bis:	10.3.2003			
		Verantwortlich:	Herr Meyer			
		Trigger:	Client funktioniert nicht			
		Notfallplan:	Client komplett neu installieren (bedeutet ca. 1 Std. Mehraufwand pro Client)			
		Verantwortlich:	Herr Müller			
2	28	fehlende Gerätetreiber für Novell (Compaq noch nicht getestet)	Die Installation kann nicht fortgesetzt werden, ggf. kann der Server nicht eingesetzt werden	2,50	3,00	7,50
		Maßnahme:	1. Alle einsetzbaren Gerätetreiber sammeln und auf einer CD zur Verfügung stellen. 2. Eine verfügbare Internetverbindung während Migration gewährleisten. Zugangsidentifikationen und Passwörter für Hersteller Online-Support bereithalten			
		Durchgeführt bis:	12.3.2003			
		Verantwortlich:	Herr Schmidt			
		Trigger:	Gerätetreiber ist bei Umstellung nicht verfügbar			
		Notfallplan:	Benötigten Gerätetreiber vom Online-Support des Herstellers herunterladen.			
		Verantwortlich:	Herr Meier			
....						

Tabelle 17: Top-N-Bericht

3.5.2.2
Der Statusbericht

Der Statusbericht liefert eine Schnellübersicht über die Top-N-Risiken mit den aktuell geplanten Aktionen. Tabelle 18 gibt ein Beispiel für einen Statusbericht:

Tabelle 18: Statusbericht, der die Top-N-Berichte zusammenfasst

Risiko	Aktueller Rang	Letzter Rang	Häufigkeit in Liste	Aktion	Wer	Wann
Risiko A	1	7	1	Aktion B1	Hans Meyer	3.3.2003
Risiko B	2	4	2			
Risiko C	3	1	3			
Risiko D	4	-	-	Aktion B2		
Risiko E	5	6	1			

3.5.3 Risikoverteilung

Betrachtung der kritischen, weniger kritischen und der unkritischen Bereiche

Das Risikoverteilungschart zeigt an, wie stark die Risiken in den kritischen, weniger kritischen und den unkritischen Bereichen liegen. Dies gibt einen guten Hinweis auf das Gesamtrisikopotential in dem betrachteten Projekt. Diese Darstellung kann auf alle Risiken wie auch nur auf die Top-N-Risiken angewendet werden.

Abbildung 19 zeigt eine typische Risikoverteilung, sie stellt eine vereinfachte Form der im weiteren Verlauf dieses Buches näher beschriebenen Risikomatrix dar.

3.5.4 Risikoquellenanalyse

Diese Analyse gibt einen Eindruck, aus welchen Problembereichen im Projekt die meisten bzw. größten Risiken resultieren. Diese Analyse wird wie folgt ermittelt: Alle Risiken werden kategorisiert, zum Beispiel nach den Risikoquellen:

Kategorisierung nach Risikoquellen

- Organisation,
- Finanzen und
- Technik.

Die ermittelten Kennzahlen aller Risiken werden kategorieabhängig addiert und daraus werden die prozentualen Anteile ermittelt. Diese Analyse kann auch in ähnlicher Weise nur für die Top-N-Risiken durchgeführt werden.

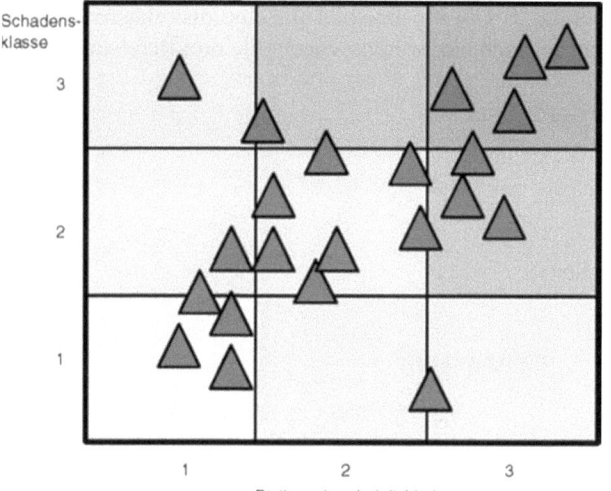

Abbildung 19: Beispiel für eine Risikoverteilung

3.5.5 Historisierende Auswertung

3.5.5.1 Einführung

Die bisherigen Auswertungen haben sich immer auf einen bestimmten Zeitpunkt bezogen – in diesem Abschnitt betrachten wir so genannte historisierende Auswertungen, also Auswertungen, die ein Risiko über einen gewissen Zeitraum hinweg betrachten.

Zeitpunkt versus Zeitraum

3.5.5.2 Historisierende Risikoquellenanalyse

Eine Analyse der Risikoquellen kann auch über mehrere Assessments hinweg betrachtet werden. Dies gibt einen guten Einblick in den Verlauf der Projektsituation. In dieser Darstellung wird aber nicht der prozentuale Anteil gegenübergestellt, sondern die ermittelten Kennzahlen werden bezüglich der entsprechenden Kategorien addiert. So kann man nicht nur die Anteilsänderung erkennen, sondern auch – hoffentlich – die Abnahme des Risikopotentials im Verlauf des Projektes.

Verlauf der Projektsituation

Abbildung 20 gibt ein Beispiel für eine historisierende Risikoquellenanalyse, auch hier werden wieder die drei Bereiche

- Organisation,
- Finanzen und
- Technik

betrachtet:

Abbildung 20: Historisierende Risikoquellenanalyse

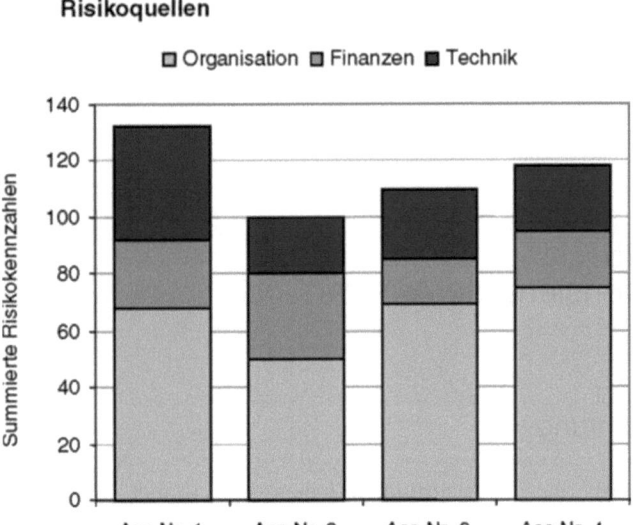

3.5.5.3
Historisierende Top-N-Analyse

Summierung aller Risikokennzahlen

Bei der historisierenden Top-N-Analyse werden die Risikokennzahlen aller Top-N (in diesem Fall Top 10) summiert und über die verschiedenen Assessments dargestellt. Diese Vorgehensweise gibt einen Einblick, ob das Gesamtrisikopotential des Projektes steigt oder sinkt. Zur genaueren Ermittlung wurde auch noch die durchschnttliche Kennzahl der Top-N dargestellt. Wenn auch diese kontinuierlich sinkt, dann kann man mit dem eigenen Risikomanagement zufrieden sein.

Abbildung 21 gibt ein Beispiel für eine historisierende Top-N-Analyse.

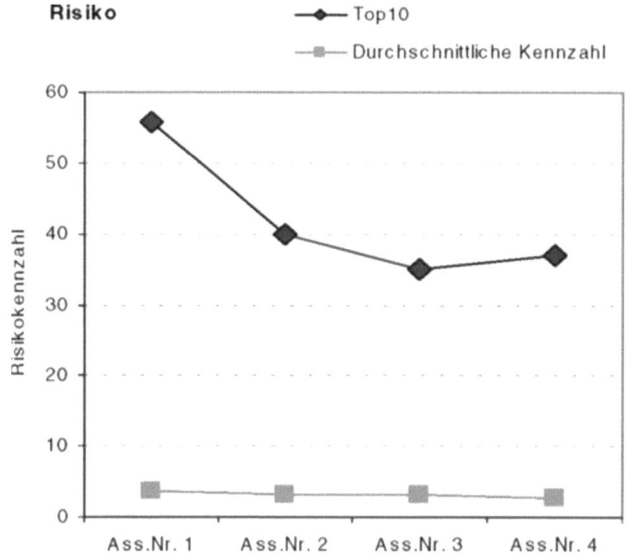

Abbildung 21: Historisierende Top-N-Analyse

3.5.5.4 Risikoentwicklung und -vorhersage

In einem großen Migrationsprojekt (Umstellung von ca. 2.000 Clients an verschiedenen Standorten plus Umstellung der zentralen Server) haben wir zusätzlich zu den bisher gezeigten Berichten noch eine Analyse der Rangänderungen einzelner Risiken vorgenommen. Dies hat den Vorteil, dass man Risiken, die scheinbar „nach oben schießen", schon erkennt, bevor sie in den Top-N landen. Falls eine derartige Rangänderung sehr extrem verläuft, ist die Frage zu stellen, ob nicht auch gegen diese Risiken schon gearbeitet werden sollte.

Analyse der Rangänderungen

In dem in Abbildung 22 dargestellten Beispiel (dem Risikomanagement-Bericht des Migrationsprojektes entnommen) ist ganz deutlich zu sehen, dass das Risiko mit der ID 139 zwar noch nicht in den Top 10 ist, aber es war abzusehen, dass es spätestens im nächsten Assessment unter den Top 10 landen würde. Nach einer genaueren Betrachtung dieses Risikos wurde innerhalb des Projektteams ent-

Frühzeitige Risikominimierung möglich

schieden, schon jetzt eine Planung gegen dieses Risiko vorzunehmen. Dadurch waren wir in der Lage, dieses Risiko sehr frühzeitig zu minimieren.

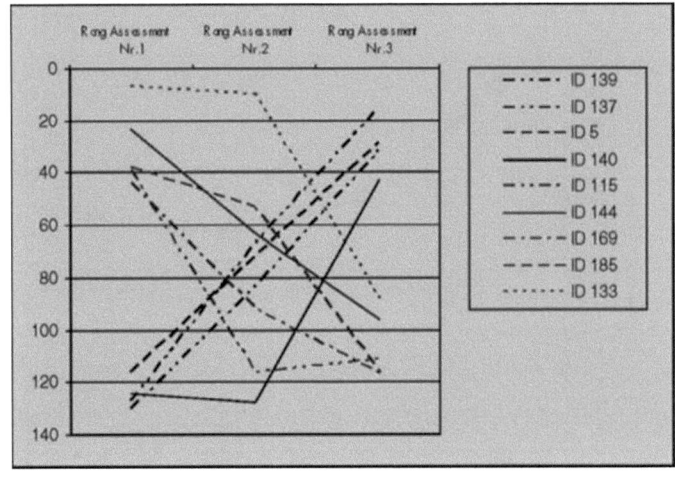

Abbildung 22: Beispiel für eine Risikoentwicklung und -vorhersage

3.5.5.5 Aufwandsbetrachtung

Interessant für jeden Projektleiter und Kunden ist auch eine Darstellung der Top-N-Risiken mit ihrem möglichen finanziellen Schaden gegenüber dem monetär zu betreibenden Aufwand, diese Risiken zu minimieren bzw. zu vermeiden.

Abbildung 23 gibt ein Beispiel für eine Aufwandsbetrachtung.

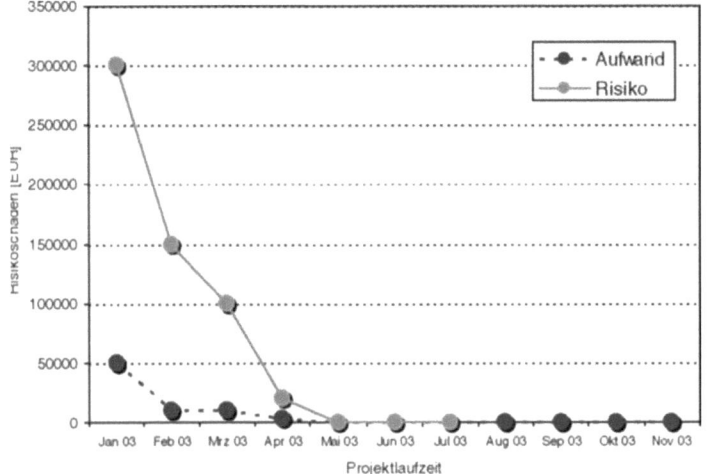

Abbildung 23: Beispiel für eine Aufwandsbetrachtung

3.5.6 Darstellungsformen

Es stellt sich die Frage, wie man nun über Risiken berichtet. Hier haben sich in der Praxis zwei verschiedene Arten der „Risikoberichterstattung" herauskristallisiert.

Für Risikoinformationen, die innerhalb des Projektteams kommuniziert werden, bietet sich die Darstellung als Webseiten an. Dadurch ist jeder Mitarbeiter in der Lage, den aktuellen Status von Risiken jederzeit auf einfache Weise abrufen zu können.

Für Kunden oder internes Top-Management hat sich die Dokumentform als sehr nützlich erwiesen. Hier sollte man aber darauf achten, dass schon auf dem Titelblatt eine Kurzzusammenfassung des Status existiert, so dass sich so mancher Manager gar nicht erst durch den Gesamtbericht „quälen" muss. Ein Beispiel für eine derartige Titelseite ist dem Anhang zu entnehmen.

Zwei Arten der Risikoberichterstattung

3.5.7 Ausblick

Wenn nun Risikoreports definiert werden, so existieren zwei wichtige Schritte:

Zwei wichtige Schritte

- Erstellen der Standardrisikoreports, die in jedem Projekt verwendet werden sollen,
- Instruieren der Empfänger der Reports, wie bestimmte Grafiken oder Tabellen zu interpretieren sind.

Reports sind wichtig. Aber, gerade bei den Reports zum Risikomanagement muss man sehr vorsichtig sein, was die Interpretationsmöglichkeiten bezüglich der hier dargestellten Grafiken und Berichte anbelangt.

Interpretationsmöglichkeiten

Existieren zum Beispiel sehr viele Risiken, dann wird natürlich die Summe der Risikokennzahlen sehr hoch sein. Ist die Anzahl der Risiken im nächsten Assessment geringer, kann auch die Summe der Risikokennzahlen sinken, das heisst aber noch lange nicht, dass das Risikopotential im Projekt geringer ist, da vielleicht die einzelnen Risiken im Schnitt dennoch höher liegen.

Wichtig ist also hier, dass auch die Empfänger der Reports entsprechend instruiert werden, wie die Grafiken zu interpretieren sind und was sie wirklich bedeuten, sonst läuft man Gefahr, das genaue Gegenteil von dem zu bewirken, was man eigentlich möchte.

3.6 Fazit

Professionelle Werkzeuge erforderlich

Abschließend muss gesagt werden, dass für die einmalige Bewertung von Risiken bei einer kleinen Zahl von Teammitgliedern Excel evtl. noch ein akzeptables Werkzeug darstellt. Bei einer größeren Anzahl von Teammitgliedern, spätestens aber wenn Risikomanagement als kontinuierlicher Prozess in einem Projekt etabliert werden soll, gibt es kaum noch eine Möglichkeit, besonders auch die Risikobewertung bei den erheblichen anfallenden Datenmengen ohne eine geeignete Softwarelösung durchzuführen.

4 Die Risikomatrix

Gerhard Versteegen

4.1 Einführung in die Thematik

Die Risikomatrix baut auf der Risikoliste und der Risikoanalyse auf. Alle in der Risikoliste aufgeführten bzw. identifizierten Risiken werden in die Risikomatrix integriert. Diese werden anschließend bewertet und gegenübergestellt.

Basis ist die Risikoliste und die Risikoanalyse

Die Risikomatrix dient als Übersicht – sie muss ständig gepflegt und auf den neuesten Stand gebracht werden. Eine Risikomatrix setzt sich aus den beiden folgenden Elementen zusammen:

- Risikoklassen
- Risikowahrscheinlichkeitsklassen

Zwei Elemente

Die Erstellung dieser beiden Klassen ist von elementarer Bedeutung für das Risikomanagement, da sie die Grundlage dafür bilden, welche Maßnahmen im Risikomanagement künftig eingeleitet werden, um das Eintreten von Risiken zu vermeiden bzw. die Auswirkungen mit entsprechenden Maßnahmen rechtzeitig in den Griff zu bckommen.

In diesem Kapitel betrachten wir zunächst die einzelnen Risikoklassen für die drei Bereiche der externen und internen Projektabwicklung sowie der Produktentwicklung und anschließend die Risikowahrscheinlichkeitsklassen. Danach wird darauf eingegangen, wie eine Risikomatrix erstellt, analysiert und gemonitort wird. Zum Schluss werden die Zuständigkeiten – sowohl unternehmensintern als auch extern – behandelt.

Eine Risikomatrix kann auch in zahlreichen weiteren Unternehmensbereichen zum Einsatz kommen, sie hat den Vorteil, dass auf einen Blick der „Zustand" des Projektes ersichtlich wird. In einem kleinen Exkurs gehen wir auf die weiteren Einsatzmöglichkeiten der Risikomatrix am Ende dieses Kapitels ein.

4.2 Risikoklassen

4.2.1 Allgemeines zu den Inhalten

Je nachdem, um was für ein Projekt es sich handelt, sind verschiedene Typen von Risikoklassen zu unterscheiden. In diesem Abschnitt wollen wir auf die folgenden Risikoklassen eingehen:

Verschiedene Risikoklassen

- Allgemeine Risikoklassen
- Spezifische Risikoklassen bei internen Projekten
- Spezifische Risikoklassen bei der Produktentwicklung

Allgemeine Risikoklassen sind innerhalb des Risikomanagements wie folgt definiert:

Definition: allgemeine Risikoklassen

`Allgemeine Risikoklassen machen eine Angabe über die Schwere eines Risikos, sie sagen jedoch nichts über das Risiko selber aus. Risikoklassen beschreiben die Auswirkungen des Eintretens eines Risikos.`

4.2.2 Allgemeine Risikoklassen

In der Informationstechnologie lassen sich üblicherweise die folgenden fünf allgemeinen Risikoklassen bilden, wobei die Schwere des Risikos in der Auflistung abnimmt:

Typische Risikoklassen

- Risikoklasse A: Sofortiger Abbruch des gerade laufenden Projektes.
- Risikoklasse B: Deutliche Überschreitung des geplanten Projektbudgets (in der Regel über 50%)

- Risikoklasse C: Signifikante Überschreitung des geplanten Projektbudgets (in der Regel zwischen 30% und 50%)
- Risikoklasse D: Erheblicher Mehraufwand innerhalb einer Iteration des Projektes[61]
- Risikoklasse E: Geringfügiger Mehraufwand innerhalb einer Iteration des Projektes

Je nach der vorliegenden Projektgröße bzw. nach der Projektart können diese Beschreibungen variieren. So kann der Abbruch eines Projektes mit einer Laufzeit von 2 Mannjahren noch keine signifikanten Auswirkungen auf die Existenz eines Unternehmens haben. Anders sieht dies schon bei einem Projekt mit 50 Mannjahren Laufzeit und mehr aus. Im weiteren Verlauf dieses Kapitels kommen wir nochmals auf die so genannten Bedeutungsebenen des Projektes für das Unternehmen zurück.

Für allgemeine Risikoklassen gilt, dass sie immer im Zusammenhang zwischen Projekt und Unternehmenserfolg zu sehen sind. Ein Projekt, dessen Ergebnis nahezu keine Auswirkung auf den Unternehmenserfolg hat, muss auch nicht mit Hilfe einer Risikomatrix gemonitort werden, da die Aufwendungen zur Erstellung und Pflege einer Risikomatrix nicht zu unterschätzen sind.

Beschreibungen können variieren

4.2.3 Spezifische Risikoklassen bei internen Projekten

Die oben aufgeführten Risikoklassen sind in erster Linie bei externen Software-Entwicklungsprojekten anwendbar, wo der monetäre Erfolg von Bedeutung ist. Bei der Abwicklung von internen Projekten steht jedoch eher das fachliche als das wirtschaftliche Ergebnis im Vordergrund. Daher sind hier spezifische Risikoklassen zu bilden. Je nach Bedeutung für den wirtschaftlichen Fortbestand des Unternehmens können hier bis zu 20 verschiedene Risikoklassen gebildet werden, typische Beispiele sind:

Interne Projekte erfordern andere Klassen

- Risikoklasse A: Während der Entwicklung des internen Projektes bringt ein externer Anbieter eine vergleichbare Software als Standardprodukt auf den Markt.[62]

---

[61] sofern eine objektorientierte Entwicklung innerhalb des Projektes vorgesehen ist.

- Risikoklasse B: Die Technologie oder die Plattform, auf der das Projekt abgewickelt wird, wird firmenintern abgelöst.
- Risikoklasse C: Einige Entwickler, die bisher mit der Projektentwicklung beschäftigt waren, werden von dem internen Projekt abgezogen zu einem externen Projekt.
- Risikoklasse D: Die Entwicklungszeit wird signifikant überschritten.
- Risikoklasse E: Die Entwicklungszeit wird leicht überschritten.
- usw.

unternehmensspezifisch und projektspezifisch

Die Risikoklassen sind hier sowohl unternehmensspezifisch als auch projektspezifisch aufzustellen. Sie lassen sich nicht generalisieren und müssen bei jedem weiteren internen Projekt neu definiert werden.

Im Gegensatz zu den Risikoklassen bei externen Projekten, wo die Einordnung der Klasse anhand monetärer Auswirkungen festgelegt wird, müssen bei internen Projekten die einzelnen, während der Phase der Risikoidentifizierung festgestellten Risiken als Risikoklasse aufgenommen werden. Dabei werden natürlich nur die Risiken aufgenommen, deren Eintreten signifikante Auswirkungen auf das interne Projekt hätten. Gleiches gilt auch für die im Folgenden beschriebenen Risikoklassen bei der Produktentwicklung. Daher werden spezifische Risikoklassen wie folgt definiert:

Definition: spezifische Risikoklassen

`Spezifische Risikoklassen ordnen Risiken anhand der Schwere ihrer Auswirkungen ein. Sie geben ebenfalls Auskunft über das Risiko selber.`

4.2.4
Risikoklassen bei der Produktentwicklung

Bei der Produktentwicklung existieren wiederum andere Risikoklassen, wie die folgende Aufzählung verdeutlicht:

---

[62] Oder das Unternehmen wird darauf aufmerksam, dass es schon länger ein solches Produkt auf dem Markt gibt, man jedoch zu Projektbeginn von der Existenz dieses Produktes nichts wusste.

- Risikoklasse A: Ein Wettbewerber kommt mit einem Konkurrenzprodukt erheblich früher und mit erheblich mehr Funktionalitäten auf den Markt.
- Risikoklasse B: Mehrere Wettbewerber senken signifikant die Preise für ihre Konkurrenzprodukte.
- Risikoklasse C: Ein bisheriger Schlüsselkunde will das Produkt ablösen und entscheidet sich für den Einsatz eines Konkurrenzproduktes.
- Risikoklasse D: Ein wesentlicher Bestandteil des Produktes (zum Beispiel die interne Datenbank) ist veraltet und wird auf Kundenseite nicht mehr eingesetzt.
- Risikoklasse E: Einige Funktionalitäten des Produktes müssen völlig überarbeitet werden, was bei der Releaseplanung noch nicht abzusehen war (zum Beispiel aufgrund von Gesetzesänderungen)
- Risikoklasse F: Ergänzende Produkte, zu denen bisher Schnittstellen gepflegt wurden, werden von Wettbewerbern gekauft.
- usw.

Risikoklassen bei der Produktentwicklung

Auch bei der Produktentwicklung existieren individuelle unternehmensspezifische Risikoklassen. Diese haben die Eigenart, dass sie sich schon während der Produktweiterentwicklung verändern können. Daher sind sie bei jeder Planung eines Major Releases neu zu definieren.

Individuelle unternehmensspezifische Risikoklassen

4.2.5 Zusammenfassung

Allgemeine Risikoklassen beschreiben die Schwere eines Risikos – also welche Auswirkungen das Eintreten eines Risikos haben kann – , ohne auf das Risiko selber einzugehen. Spezifische Risikoklassen hingegen beschreiben zusätzlich das Risiko. Daher müssen spezifische Risikoklassen bei jedem internen Projekt bzw. jedem Major Release innerhalb der Produktentwicklung neu definiert werden.

Auswirkungen sind entscheidend

4.3
Risikowahrscheinlichkeitsklassen

4.3.1
Ermittlung der Risikowahrscheinlichkeitsklassen

Das zweite zentrale Element beim Aufbau einer Risikomatrix sind die Risikowahrscheinlichkeitsklassen. Diese beschreiben eine Wahrscheinlichkeit hinsichtlich des Eintretens eines Risikos. Im Gegensatz zu den Risikoklassen gelten die Risikowahrscheinlichkeitsklassen sowohl für interne als auch externe Projekte als auch für die Produktentwicklung. Es existiert also keine Differenzierung zwischen allgemeinen Risikowahrscheinlichkeitsklassen und spezifischen Risikowahrscheinlichkeitsklassen.

Die folgenden Risikowahrscheinlichkeitsklassen haben sich in der Praxis als anwendbar herausgestellt:

Typische Risikowahrscheinlichkeitsklassen

- Risikowahrscheinlichkeitsklasse 1: Das Eintreten des Risikos ist durchaus wahrscheinlich.
- Risikowahrscheinlichkeitsklasse 2: Das Eintreten des Risikos ist möglich.
- Risikowahrscheinlichkeitsklasse 3: Das Eintreten des Risikos ist nur unter bestimmten Bedingungen möglich.
- Risikowahrscheinlichkeitsklasse 4: Das Eintreten des Risikos ist eher unwahrscheinlich.
- Risikowahrscheinlichkeitsklasse 5: Das Eintreten des Risikos ist nahezu ausgeschlossen.

Durchaus mehr Klassen möglich

Diese fünf Risikowahrscheinlichkeitsklassen reichen für das Risikomanagement eines „normalen" Software-Entwicklungsprojektes aus. Soll hingegen beispielsweise die Steuerung für ein Kernkraftwerk entwickelt werden, so sind hier sicherlich erheblich mehr Wahrscheinlichkeitsklassen zu bilden. Die Anzahl der Risikowahrscheinlichkeitsklassen ist in direktem Zusammenhang mit der Kritikalität eines Projektes oder mit der Auswirkung eines möglichen Scheiterns des Projektes auf den Unternehmenserfolg zu sehen.

Besonders zwischen den ersten drei Risikowahrscheinlichkeitsklassen ist es sinnvoll, eine weitere Differenzierung hinsichtlich des Auftretens des Risikos vorzunehmen, die eine zweite Dimension der

Wahrscheinlichkeitsklassen darstellen würde. Denkbar wären die folgenden Varianten:

- Risikowahrscheinlichkeitsklasse A: Das Risiko kann jederzeit eintreten.
- Risikowahrscheinlichkeitsklasse B: Das Risiko kann nur zu einem bestimmten Zeitpunkt eintreten.
- Risikowahrscheinlichkeitsklasse C: Das Risiko kann nur dann eintreten, wenn ein anderes Risiko ebenfalls eingetreten ist.

Darstellung der zweiten Dimension

Besonders die letzte Variante stellt für das Risikomanagement eine wichtige Information dar, da man das Risiko erst dann weiter zu betrachten braucht, wenn das andere Risiko eingetreten ist. Auf diese Abhängigkeit von Risiken wurde bereits im Kapitel zuvor eingegangen, sie wird also bereits während der Risikoidentifizierung ermittelt. Man gewinnt also wertvolle Zeit innerhalb der Maßnahmenplanung, in der eine Vielzahl weiterer notwendiger Informationen dem Risikomanagement zur Verfügung stehen.

Wichtige Information

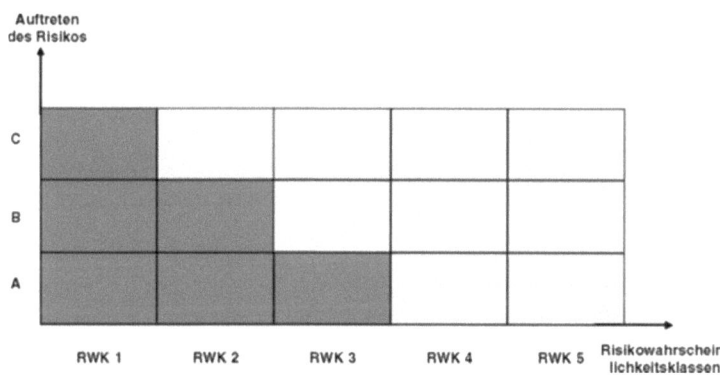

Abbildung 24: Die zweite Dimension der Risikowahrscheinlichkeitsklassen

Abbildung 24 visualisiert die zwei Dimensionen von Risikowahrscheinlichkeitsklassen. Die eingefärbten Quadranten zeigen zugleich die Bereiche auf, die für ein Projekt kritisch sind. Im weiteren Verlauf dieses Kapitels wollen wir jedoch auf diese zweite Dimension verzichten, da die anschließende Darstellung der Risikomatrix sonst zu unübersichtlich wird.

4.3.2 Einordnung von Risiken innerhalb der Risikowahrscheinlichkeitsklassen

Rückschlüsse über den zu tätigenden Aufwand

Es wird deutlich, dass je höher die Risikowahrscheinlichkeitsklasse ist, desto weniger Aufwand bei der im Kapitel zuvor beschriebenen Risikoanalyse und Bewertung investiert werden muss. So können alle Risiken, die unter die Risikowahrscheinlichkeitsklasse 4 und 5 fallen, vernachlässigt werden, die Risiken der Risikowahrscheinlichkeitsklasse 3 müssen derart behandelt werden, dass die Bedingungen, unter denen dieses Risiko eintreten könnte, festgehalten werden, alle übrigen Risiken müssen hingegen genau analysiert und bewertet werden. Abbildung 25 fasst die notwendigen Aufwendungen für die Analyse und Bewertung der Risiken innerhalb der jeweiligen Risikowahrscheinlichkeitsklassen zusammen.

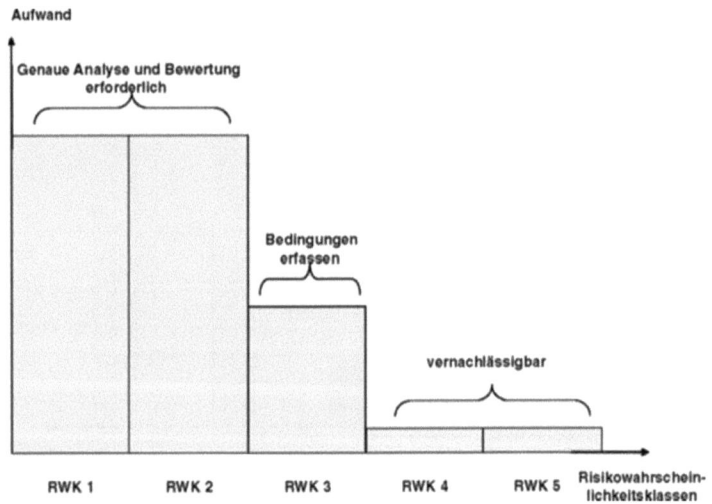

Abbildung 25: Notwendige Aufwendungen für die Analyse und Bewertungen der Risiken innerhalb der Risikowahrscheinlichkeitsklassen

4.3.3 Zusammenfassung

Erweiterung bei kritischen Projekten

Die fünf hier vorgestellten Risikowahrscheinlichkeitsklassen besitzen sowohl für externe als auch interne Projekte als auch für die Produktentwicklung Allgemeingültigkeit. Bei sehr kritischen Projekten können sie gegebenenfalls erweitert werden. Die Wahrscheinlichkeitsklassen geben darüber Auskunft, welche Aufwendungen für die Analyse und Bewertungen der in ihr enthaltenen Risiken

Die Risikomatrix

getätigt werden müssen. Im Folgenden soll ein kleines Beispiel gegeben werden, wie eine Risikomatrix als Kombination der Risikoklassen und der Risikowahrscheinlichkeitsklassen aussieht und wie man sie erstellt.

4.4 Beispiel für eine Risikomatrix

4.4.1 Erste Schritte

Im Folgenden soll ein Beispiel für eine Risikomatrix gegeben werden, das den Aufbau und natürlich die damit verbundenen Schwierigkeiten verdeutlichen soll. Um den Rahmen dieses Buches nicht zu sprengen, wurde ein kleines Softwareprojekt ausgewählt. Da die jeweiligen Risikoklassen für interne Projekte und für die Produktentwicklung zu individuell sind, wurde hier die externe Projektabwicklung ausgewählt. Abbildung 26 zeigt zunächst ein Template für eine Risikomatrix.

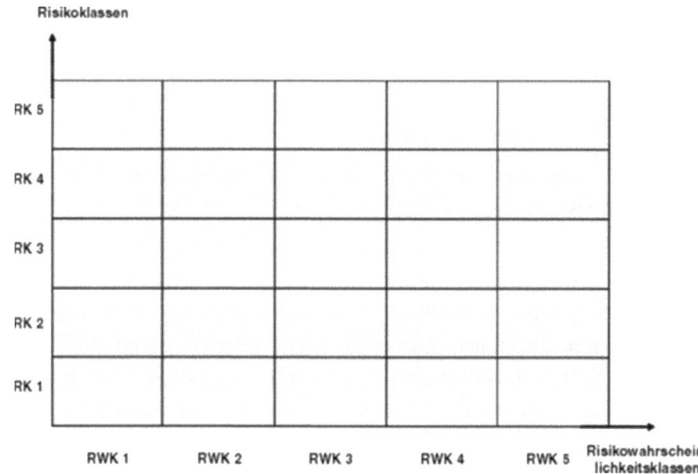

Abbildung 26: Beispiel für ein Template einer Risikomatrix

Da wir uns für ein kleineres Software-Entwicklungsprojekt entschieden haben, ist das in Abbildung 26 dargestellte Template der Risikomatrix sehr übersichtlich. Bei größeren oder kritischeren Projekten wächst das Template entsprechend.

4.4.2 Bedeutungsebenen eines Projektes

Im nächsten Schritt wird dann festgelegt, welche Bedeutung das Projekt im Allgemeinen für den Unternehmenserfolg hat. Man spricht in diesem Zusammenhang auch von Bedeutungsebenen eines Projektes, die wie folgt definiert sind:

Definition: Bedeutungsebene

`Die Bedeutungsebene eines Projektes gibt darüber Auskunft, in welchem direkten Zusammenhang der Erfolg oder der Misserfolg des Projektes für den Unternehmenserfolg steht.`

Zu unterscheiden sind dabei mindestens die folgenden sechs Bedeutungsebenen:

Sechs verschiedene Bedeutungs- ebenen

- Das abzuwickelnde Projekt ist für den Unternehmenserfolg unbedeutend, typisches Projekt der Sorte „one of many".[63]
- Das abzuwickelnde Projekt hat für den Unternehmenserfolg kaum eine Bedeutung.
- Das abzuwickelnde Projekt hat mittlere Auswirkungen für den Unternehmenserfolg.
- Das abzuwickelnde Projekt ist bedeutend für den Unternehmenserfolg.
- Ein Scheitern des Projektes hätte signifikante Auswirkungen auf den Unternehmensfortbestand.
- Ein Scheitern des Projektes würde die Insolvenz des Unternehmens bewirken.

Auswirkungen auf das Template

Je nachdem welche Bedeutungsebene selektiert wurde, verändert sich das Template der Risikomatrix. Es werden nun die kritischen Bereiche der Risikomatrix eingefärbt. Kritische Bereiche sind diejenigen, wo die Wahrscheinlichkeit des Eintretens des Risikos groß ist und die Auswirkungen gravierend sind. Risiken, die innerhalb dieses

---

[63] Der Leser mag sich jetzt die Frage stellen, warum ein Projekt überhaupt abgewickelt wird, wenn es denn keine Bedeutung für den Unternehmenserfolg hat. Hier sei angemerkt, dass lediglich das Projekt als solches keine Bedeutung hat, betrachtet man jedoch die Summe aller dieser Projekte, so haben sie einen Einfluss auf den Unternehmenserfolg.

kritischen Bereiches liegen, sind gesondert zu behandeln, mehr dazu im weiteren Verlauf dieses Kapitels.

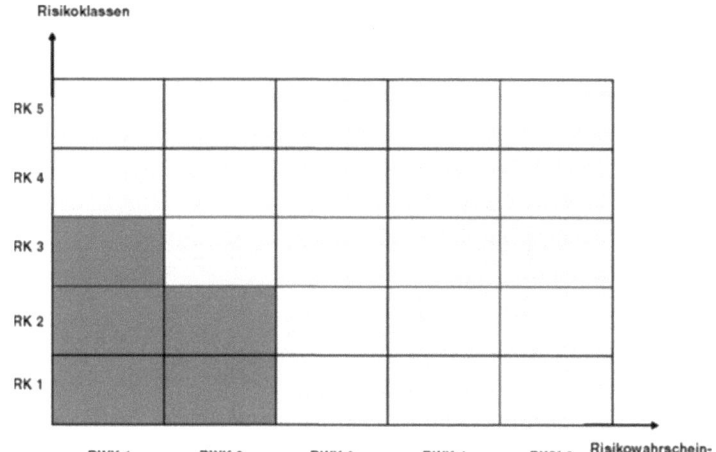

Abbildung 27: Integration der Bedeutungsebenen in das Template der Risikomatrix

Wie aus Abbildung 27 hervorgeht, werden umso mehr Quadranten eingefärbt, je bedeutender das Projekt für den Unternehmenserfolg ist. Da wir in diesem Beispiel von einem kleineren Software-Entwicklungsprojekt ausgehen, sind nur wenige Quadranten eingefärbt.

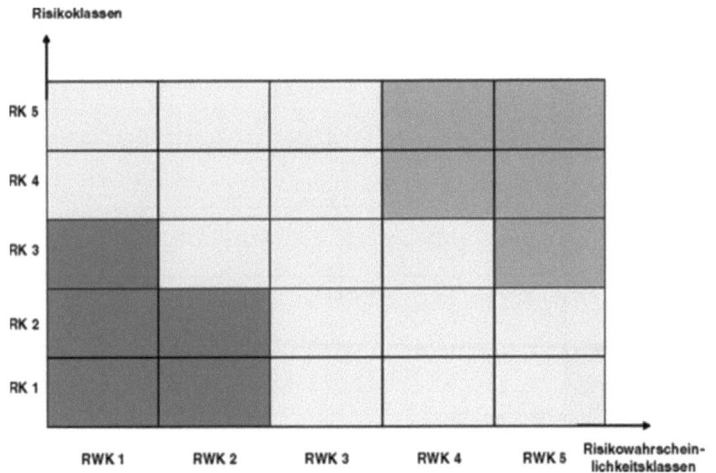

Abbildung 28: Integration der unkritischen Bereiche

Im nächsten Schritt werden die unkritischen Bereiche des Projektes innerhalb der Risikomatrix gekennzeichnet. Abbildung 28 visualisiert, dass diese immer genau spiegelverkehrt zu den kritischen Bereichen liegen. Risiken, die innerhalb der unkritischen Bereiche angesiedelt werden, können zunächst vernachlässigt werden, da weder die Wahrscheinlichkeit, dass sie eintreten, besonders gross ist, noch die Auswirkungen ihres Eintretens gravierend sind.

Wie jetzt die einzelnen Risiken in die Risikomatrix übertragen und dort gepflegt werden, soll Gegenstand des nächsten Abschnitts sein.

4.4.3
Integration identifizierter Risiken

Im nächsten Schritt werden die einzelnen Risiken, die in der Risikoliste festgehalten sind, in die Risikomatrix übertragen. In unserem Beispiel des kleineren Software-Entwicklungsprojektes wäre ein typisches Risiko das Überschreiten des Projektplanes. In der Risikoliste ist dieses wie folgt festgehalten:

Auszug aus der Risikoliste

```
Risiko: Überschreiten des Projektplanes
Risikoidentnummer: R23
Identifiziert am: 22.05.2003
Identifiziert von: Projektleiter
Maßnahme: Einbindung zusätzlicher Ressourcen
Möglicher Eintritt des Risikos: letztes Projektdrittel
```

Diese Attribute werden nun für die Risikomatrix wie folgt ergänzt:

`Risikoklasse: C`[64]
`Risikowahrscheinlichkeitsklasse: 3`[65]

Somit sind im nächsten Schritt die einzelnen Bedingungen, sofern sie zu diesem Zeitpunkt bereits absehbar sind, aufzulisten. Beispiele wären:

- Fehler im Anforderungsmanagement
- Abzug von Ressourcen zu anderen kritischen Projekten
- Vom Auftraggeber vorgegebener Technologiewechsel
- usw.

Auflistung der Bedingungen

Dabei ist darauf zu achten, dass nicht alle nur denkbaren Bedingungen aufgeführt werden, sondern ausschließlich realistische Bedingungen. So ist zum Beispiel der oben aufgeführte Technologiewechsel nur dann mit aufzunehmen, wenn bereits beim Auftraggeber entsprechende Tendenzen festzustellen gewesen sind (zum Beispiel in einem anderen Projekt).

Im letzten Schritt wird das Risiko mit einem Trend versehen. Das bedeutet, dass überlegt wird, in welche Richtung es sich bewegen könnte, und zwar sowohl hinsichtlich der Risikoklasse als auch der Risikowahrscheinlichkeitsklasse. Ausschlaggebend für diese Trendermittlung sind die jeweiligen Bedingungen, unter denen das Risiko eintreten kann.

Integration eines Trends

Für das hier ausgearbeitete Risiko gilt, dass es bezüglich der Auswirkungen stagniert und bezüglich der Wahrscheinlichkeitsklasse im künftigen Projektverlauf abnimmt. Abbildung 29 zeigt die Integration des Risikos in die Risikomatrix:

---

[64] Durch die Einbindung der zusätzlichen Ressourcen findet eine signifikante Überschreitung des Projektbudgets statt.
[65] Unter bestimmten Bedingungen kann das Risiko eintreten.

Abbildung 29:
Integration eines
Risikos in die
Risikomatrix

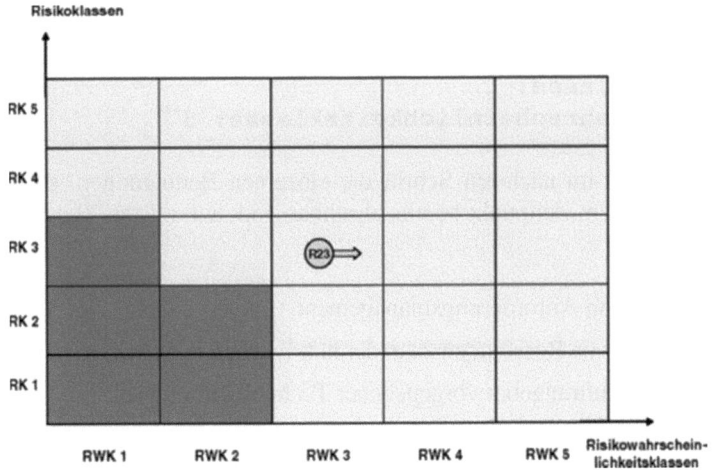

Aus Abbildung 29 sind die folgenden Eigenschaften des Risikos festzustellen:

Eigenschaften des Risikos

- Das Risiko liegt außerhalb des kritischen Bereiches.
- Der Trend bewegt sich weiter weg vom kritischen Bereich.
- Die Bedingungen, unter denen das Risiko eintreten kann, wurden festgehalten.
- Der erforderliche Katalog an Maßnahmen, die zur Schadensminderung einzuleiten sind, existiert.

Damit handelt es sich letztendlich um ein unkritisches Risiko. Zu bemerken sei noch, dass der jeweilige Trend kontinuierlich einem Monitoring unterliegen muss. Auch hier ist auf die zuvor festgehaltenen Bedingungen zu achten.

Anders sieht es aus, wenn in der Risikomatrix ein kritisches Risiko auftaucht, wie in Abbildung 30 dargestellt.

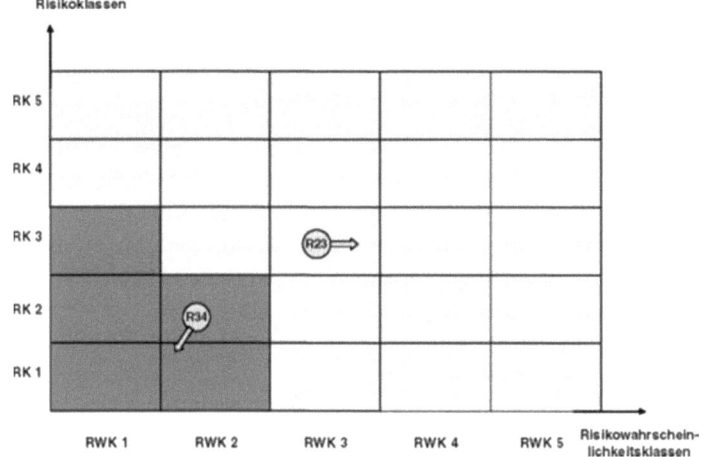

Abbildung 30: Kritisches Risiko innerhalb der Risikomatrix

Das Risiko R34 muss wie folgt analysiert werden:

- Die Wahrscheinlichkeit, dass das Risiko eintritt, ist möglich.
- Die Auswirkungen würde eine erhebliche Überschreitung des Projektbudgets bewirken (das Projekt wäre also defizitär).
- Der Maßnahmenkatalog muss genau geplant und die Maßnahmen müssen abgesichert werden (zum Beispiel Investitionsantrag für zusätzliche Projektmitarbeiter oder für ein bestimmtes Werkzeug).
- Eine Übertragung des Risikos sollte überdacht werden. Mehr zu der Strategie der Risikoübertragung ist dem nächsten Kapitel zu entnehmen.

Analyse eines einzelnen Risikos

Auf diese Weise sind sämtliche Risiken der Risikoliste in die Risikomatrix zu übertragen. Je nach Projektgröße kann man sich darauf beschränken, zunächst nur die Risiken, die in der Risikorangliste (siehe Kapitel 3) aufgeführt sind, in der Risikomatrix aufzunehmen, da diese sonst zu unübersichtlich wird.

4.4.4
Analyse einer Risikomatrix

Wo liegen die meisten Risiken?

Eine fertiggestellte Risikomatrix – also eine Risikomatrix, in der alle Risiken einschließlich ihrer Trends integriert wurden – kann wie folgt analysiert werden: Befinden sich die meisten (>95%) der Risiken innerhalb des unkritischen Bereiches (siehe Abbildung 31), so ist von einem positiven Projektabschluss auszugehen. Sind hingegen mehr als 10% der Risiken innerhalb des kritischen Bereiches, muss das Projekt sehr sorgfältig gemonitort werden.

Liegen hingegen mehr als 30% der Risiken im kritischen Bereich, sollte über einschneidende Maßnahmen (bis hin zum Projektabbruch) nachgedacht werden, da hier die Aussicht, dass das Projekt erfolgreich beendet werden wird, gegen Null geht.

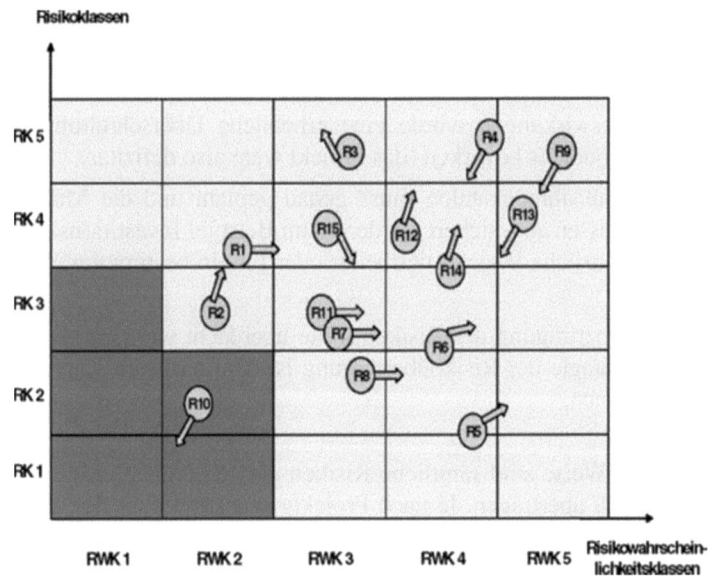

Abbildung 31: Risikomatrix eines gesunden Projektes

146 ■ Die Risikomatrix

4.4.5
Monitoring einer Risikomatrix

4.4.5.1
Einführung

Es wurde bereits mehrfach darauf hingewiesen, dass eine Risikomatrix ständig gemonitort werden muss, da sie sonst an Aktualität verliert. Eine Risikomatrix stellt immer nur einen sogenannten Snapshot auf das Projekt dar und ist praktisch schon am nächsten Tag veraltet.

Wie oft eine Risikomatrix gemonitort – also überarbeitet – wird, hängt einerseits von dem Zeitpunkt, an dem man sich gerade innerhalb des Projektlifecycles befindet, und andererseits von der im Kapitel zuvor beschriebenen Analyse der Risikomatrix ab. Es existieren einige allgemeine Faustregeln, die im Folgenden betrachtet werden sollen.

Aktualität

4.4.5.2
Faustregeln zum Monitoring

Generell sind die folgenden zwei Phasen der Überarbeitung bzw. des Monitorings einer Risikoliste zu beachten:

- Von dem Zeitpunkt an, wo man sich Gedanken macht, ein Angebot zu erstellen, bis zum Abschluß der Anforderungsanalyse. In dieser Phase werden hauptsächlich Risiken in die Risikomatrix hinzugefügt.
- Ab der Anforderungsanalyse bis hin zum Deployment. Während dieser Phase werden nur noch wenige Risiken hinzugefügt, hier treten die Risiken ein und die erforderlichen Maßnahmen werden eingeleitet.

Zwei Phasen der Überarbeitung

Unterschieden werden diese zwei Phasen also durch die Art der Eintragungen, die in der Risikomatrix vorgenommen werden. Des Weiteren gelten die folgenden Faustregeln zum Monitoring einer Risikomatrix:

- Von der Angebotserstellung bis zum Abschluss der Anforderungsanalyse ist die Risikomatrix wöchentlich zu überarbeiten (natürlich nicht in so genannten Totzeiten, wo keine Veränderungen stattfinden. Diese Totzeiten werden in erster Linie durch Pausen in Vertragsverhandlungen hervorgerufen).

Vorgehensweise beim Monitoring

- Ab der Designphase bis zum Deployment ist die Risikomatrix monatlich zu überarbeiten.
- Liegen mehr als 10% der Risiken im kritischen Bereich der Risikomatrix, so verkürzt sich die obige Zeit von der Designphase bis zum Deployment von monatlich auf alle zwei Wochen.
- Liegen während der ersten Phase mehr als 30% der Risiken im kritischen Bereich, ist die Risikomatrix bis zum Ende des Anforderungsmanagements täglich zu überarbeiten, ab dann wöchentlich.
- Sobald ein Risiko eingetreten ist, muss die Risikomatrix sofort überarbeitet werden.

Wie eine Risikomatrix überarbeitet wird, ist Gegenstand der nächsten beiden Abschnitte, die die beiden obigen Phasen unterscheiden.

4.4.5.3 Vorgehensweise bei der Überarbeitung einer Risikomatrix in der ersten Phase

Reihenfolge beachten

Die Überarbeitung einer Risikomatrix findet während der ersten Phase in den folgenden Schritten statt, die in der angegebenen Reihenfolge durchzuführen sind:

- Jedes neu identifizierte Risiko wird in der oben aufgeführten Weise in die Risikomatrix eingetragen.

Differenzierungen anhand der Abhängigkeiten

- Sobald alle Risiken eingetragen sind, werden auf Basis der zuvor erstellten Risikoabhängigkeitsliste (siehe Kapitel 2) die folgenden Differenzierungen vorgenommen:
- Alle Risiken, die nur dann eintreten können, wenn zuvor ein anderes Risiko eingetreten ist, werden in einer bestimmten Farbe dargestellt. Damit weiß der Projektleiter (oder Risikomanager) sofort, dass er sich um diese Risiken zunächst nicht kümmern muss.[66]
- Alle Risiken, die auf jeden Fall eintreten, wenn zuvor ein bestimmtes Risiko eingetreten ist, werden in einer weiteren Farbe (im Idealfall rot) gekennzeichnet. Hier weiß dann der Projektleiter, dass er dieses Risiko zugleich mit dem eingetretenen Risiko

---

[66] Da dieses Buch in Graustufen gedruckt wird/wurde, kann eine grafische Darstellung der Risikomatrix hier leider nicht weiter vorgenommen werden.

betrachten muss.[67] Des Weiteren kann, wenn das erste Risiko nicht mehr eintreten kann, auch das damit verknüpfte Risiko aus der Risikomatrix entfernt werden.

- Alle Risiken, die von anderen Risiken bedingt verursacht werden, werden wiederum in einer anderen Farbe dargestellt. Auch hier kann zusätzlich mit gerichteten Kanten gearbeitet werden (in diesem Fall mit gestrichelten Kanten, wie in Abbildung 33 dargestellt).

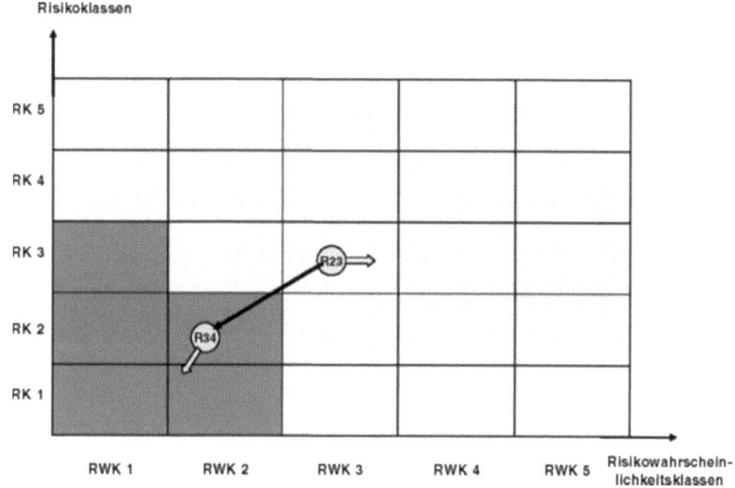

Abbildung 32: Darstellung von Abhängigkeiten zwischen Risiken in der Risikomatrix

- Nachdem auf diese Weise alle Risiken einschließlich aller Abhängigkeiten in die Risikomatrix eingetragen sind, werden die jeweiligen Zuständigkeiten festgelegt – also wer ist für welches Risiko verntwortlich, genauer gesagt: Wer behält welches Risiko so lange im Auge, bis es nicht mehr eintreten kann.

- Sobald ein Risiko nicht mehr eintreten kann, wird dieses aus der Risikomatrix entfernt. Hiervon sind in erster Linie die kaufmännischen Risiken betroffen, die bereits während den Vertragsverhandlungen eliminiert werden können. Je nach Bedeutung und Kritikalität des Projektes kann es Sinn machen, die unterschiedlichen Versionen der Risikomatrix einem Konfigurationsmanage-

Risiken, die nicht mehr eintreten können, entfernen

---

[67] Je nach Anzahl der identifizierten Risiken kann auch durch Integration einer gerichteten Kante eine Beziehung zwischen diesen Risikoarten dargestellt werden, siehe Abbildung 32.

ment zu unterwerfen. In diesem Fall würde das Entfernen eines Risikos aus der Risikomatrix eine Baseline[68] darstellen.

- Tritt bereits in dieser ersten Phase ein Risiko ein (auch hier handelt es sich dann im Regelfall um ein kaufmännisches Risiko), ist so zu verfahren, wie im nächsten Abschnitt dargestellt.

Abbildung 33: Darstellung von bedingten Risikoabhängigkeiten in der Risikomatrix

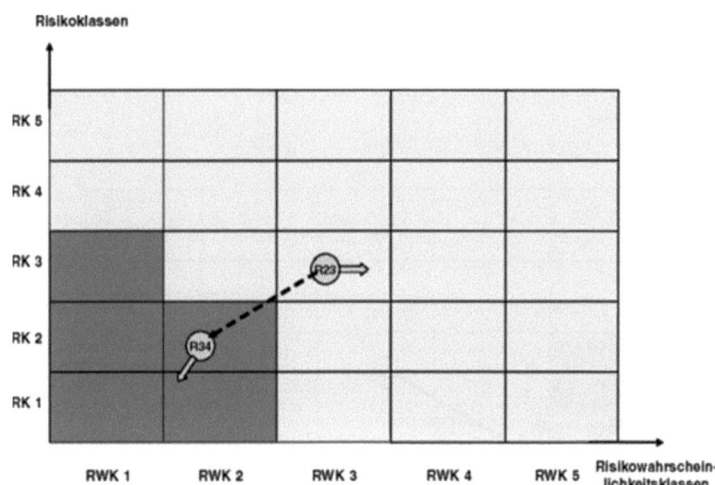

Die Erfahrung hat gezeigt, dass in dieser ersten Phase nur wenige Risiken bereits eintreten, allerdings immer mehr neue Risiken identifiziert werden. Ein entscheidender Punkt ist dabei der Wechsel von der Angebotserstellungsphase zur Anforderungsanalyse, da hier neue Risikotypen (technische Risiken) identifiziert werden.

4.4.5.4 Vorgehensweise bei der Überarbeitung einer Risikomatrix in der zweiten Phase

Wesentlicher Gegenstand der Überarbeitung der zweiten Phase ist die Betrachtung der bereits eingetretenen Risiken. Hierbei wird dann wie folgt vorgegangen:

---

[68] Eingefrorener Zustand der Risikomatrix

- Die Überarbeitung beginnt zunächst mit der Ermittlung der bereits eingetretenen Risiken – diese werden aus der Risikomatrix entfernt (einschließlich der direkt mit ihnen verknüpften Risiken[69]).

  Betrachtung der bereits eingetretenen Risiken

- Im nächsten Schritt müssen die nun greifenden Maßnahmen, die neu in das Projekt integriert werden, hinsichtlich potentieller Risiken analysiert werden. Alle jetzt identifizierten Risiken müssen dann neu in die Risikomatrix integriert werden.[70] Auch hierbei ist wieder auf wechselseitige Abhängigkeiten zu achten und entsprechend der für die ersten Phase beschriebenen Vorgehensweise zu verfahren.

- Nach jedem eingetretenen Risiko ist von der Risikomatrix eine Baseline zu bilden. Dabei ist zu dokumentieren,

- warum das Risiko eingetreten ist und ob diese Bedingung angegeben war,

  Bildung einer Baseline

- welche Auswirkungen das Risiko hatte (besonders im Vergleich zu den prognostizierten Auswirkungen),

- welche Maßnahmen ergriffen wurden und welche davon im Vorfeld vorgesehen waren,

- welche neuen Risiken die ergriffenen Maßnahmen beinhalten.

4.4.5.5 Hilfsmittel zur Erstellung, Überarbeitung und zum Monitoring der Risikomatrix

Die bisher dargestellte Vorgehensweise zum Monitoring einer Risikomatrix geht von kleineren externen Projekten aus. Eine solche Risikomatrix lässt sich noch wie folgt führen:

- In einer Excelliste oder einem WinWord-Dokument mit entsprechenden Hyperlinks
- Auf einem Flipchart oder Whiteboard

Möglichkeiten des Führens einer Risikomatrix

---

[69] Hingegen dürfen die bedingten Risiken nicht entfernt werden – hier dürfen nur die nicht gestrichelten Kanten (sofern vorhanden) aus der Risikomatrix gelöscht werden.

[70] Hier beginnt eigentlich der Prozess des Risikomanagements (speziell der Risikoidentifizierung) von vorne.

	Allerdings werden mit zunehmender Kritikalität und Projektgröße diese Hilfsmittel überfordert sein. Bei Projekten mit verteilter Entwicklung sind diese Hilfsmittel ebenfalls nicht mehr einsetzbar, daher sind hier webbasierte Lösungen zu bevorzugen. Eine entsprechende Standardsoftware ist unseres Wissens auf dem Markt derzeit nicht verfügbar, daher sind hier in erster Linie Eigenentwicklungen üblich. Sofern man hierzu nicht bereit ist, kann die Risikomatrix auf Basis der in Kapitel 3 erwähnten Risikorangliste erstellt werden, um die Übersicht zu behalten. Es sei jedoch erwähnt, dass in diesem Fall keine vollständige Abdeckung aller Risiken erzielt wird, besonders die unterschiedlichen Abhängigkeiten können dann nicht mehr zu 100% gepflegt werden.
Hilfsmittel sind schnell überfordert	

Es können auch – je nach Projektgröße – mehrere Risikomatrizen erstellt werden. Hier bietet sich die folgende Vorgehensweise an:

Erstellen mehrerer Risikomatrizen

- Zunächst werden verschiedene Risikomatrizen für die unterschiedlichen Risikotypen erstellt, also für:
- Kaufmännische Risiken
- Technische Risiken
- Ressourcenrisiken
- Terminliche Risiken
- Politische Risiken
- Im Anschluss wird eine Risikomatrix erstellt, die nur die direkten Abhängigkeiten darstellt (Risikotyp übergreifend).
- Dann wird eine Risikomatrix erstellt, die die bedingten Abhängkeiten darstellt (ebenfalls übergreifend).

Weblösung wird notwendig

Es liegt auf der Hand, dass hier nicht mehr mit den oben angegebenen Werkzeugen gearbeitet werden kann, da einige Risikotypen mehrfach (bei der Darstellung der Abhängigkeiten) gehalten werden müssen. Hier besteht die Gefahr, ziemlich schnell den Überblick zu verlieren, so dass eine professionelle, datenbankgestützte Weblösung erstellt werden muss.

4.4.6 Zusammenfassung

Die Erstellung einer Risikomatrix bedarf großer Sorgfalt, dies beginnt bereits bei der Definition der Risikoklassen und Risikowahrscheinlichkeitsklassen und endet bei der Integration von Bedingungen, unter denen das Risiko eintreten kann, Trends, wie sich das Risiko im Projektverlauf entwickeln könnte, bis hin zur Integration der existierenden Abhängigkeiten.

In den nächsten beiden Abschnitten wollen wir darstellen, wer für die Erstellung der Risikomatrix in welchem Umfang verantwortlich ist – und zwar sowohl von Auftragnehmerseite als auch von Auftraggeberseite.

Bedingungen, Trends und Abhängigkeiten

4.5 Interne Zuständigkeiten bei der Erstellung der Risikomatrix

4.5.1 Einführung

Dem bisherigen Verlauf dieses Kapitels war zu entnehmen, dass die Erstellung einer Risikomatrix von großer Bedeutung ist. Sie dient als generelle Orintierungshilfe für das Risikomanagement und Projektmanagement. Daher muss auch darauf geachtet werden, dass die Risikomatrix gewissenhaft erstellt und kontinuierlich gepflegt wird. Des Weiteren dienen die verschiedenen Risikomatrizen aller aktuellen Projekte der Unternehmensführung zur zeitgenauen Einschätzung, wie die Gesamtsituation des Unternehmens sich hinsichtlich der diversen Risiken darstellt.[71]

In diesem Abschnitt wollen wir aufzeigen, wer unternehmensintern für die Erstellung und Pflege der Risikomatrix verantwortlich ist. Aufzuführen sind hier zunächst zwei Rollen:

- Der Projektmanager
- Der Risikomanager

Generelle Orintierungshilfe für das Risikomanagement und Projektmanagement

Zwei zuständige Rollen

---

[71] Dies gilt besonders für Unternehmen, deren Kerngeschäft in der Abwicklung externer Softwareprojekte besteht.

Im Folgenden sollen die Verantwortlichkeiten dieser beiden neuen Rollen untersucht werden.

4.5.2 Die Rolle des Projektmanagers

4.5.2.1 Einführung

Verantwortlich für den Gesamterfolg des Projektes

Der Projektmanager ist in erster Linie verantwortlich für den Gesamterfolg des Projektes – und damit natürlich auch in gewissem Sinne für die Erstellung der Risikomatrix, zumindest sofern kein dedizierter Risikomanager in dem Projekt etabliert wurde.

Die wesentliche Aufgabe des Projektmanagers liegt in dem regelmäßigen Monitoring der Risikomatrix und dem Ableiten der einzuschlagenden Risikomanagementstrategien (in Abstimmung mit dem Risikomanager), die im nächsten Kapitel näher beschrieben sind.

Vier-Augen-Prinzip

Im Folgenden soll davon ausgegangen werden, dass ein Risikomanager existiert, um das Zusammenspiel dieser beiden Rollen darstellen zu können. Generell gilt hier ein Vier-Augen-Prinzip, das bedeutet, dass eine Risikomatrix niemals von einer Person alleine erstellt werden sollte, um eine gewisse „Projektblindheit" zu vermeiden.

4.5.2.2 Das Zusammenspiel zwischen Projektleiter und Risikomanager

Bei der Erstellung der Risikomatrix ist also Teamarbeit angesagt, die sich wie folgt darstellt:

Teamplay zwischen Projektleiter und Risikomanager

- Im ersten Schritt legen der Projektleiter und der Risikomanager jeder für sich den kritischen und den unkritischen Bereich (Bedeutungsebenen) der Risikomatrix fest. Bei Unstimmigkeiten entscheidet der Projektleiter, da diese beiden Bereiche das gesamte Projekt beeinflussen und somit seinen Verantwortungsbereich betreffen.
- Im nächsten Schritt (Risikoidentifizierung) werden die Risiken aus der Risikoliste analysiert und in die Risikomatrix übertragen. Dabei wird wie folgt vorgegangen:

- Unabhängig voneinander wird die Risikoklasse und die Risikowahrscheinlichkeitsklasse des Risikos von den beiden Rollen festgelegt.

- Bei einer Differenz von mehr als einer Klasse wird diejenige Person hinzugezogen, die das Risiko identifiziert hat, sofern sie nicht identisch mit einer der beiden Rollen ist. In diesem letzten Fall sollte ein Coach zur letztendlichen Festlegung der beiden Klassen hinzugezogen werden. Sollte hier immer noch keine Einigung erzielt worden sein, sollte einer der in Kapitel 4.6 aufgeführten Personen in die Entscheidung involviert werden.

- Bei einer Differenz von nur einer Klasse wird die Klasse festgelegt, die vom Risikomanager ausgewählt wurde, da dieser letztendlich für die Risikomatrix verantwortlich zeichnet. Einzige Ausnahme ist, wenn die Wahrscheinlichkeit des Eintretens des Risikos sehr groß ist, auch dann sollten zusätzliche Meinungen eingeholt werden.

- Im nächsten Schritt (je nach Kritikalität[72] des Projektes) wird die zweite Dimension der Risikomatrix (also die Abhängigkeiten des Eintretens der Risiken) gemeinsam festgelegt. Diejenigen Risiken, die andere Risiken auslösen, müssen speziell gekennzeichnet werden (siehe Abschnitt zuvor) und in die Verantwortung einer bestimmten Person (meist der Risikomanager selber) zur Überwachung gelegt werden.

Analyse und Integration

Ansonsten wird bei der Erstellung der Risikomatrix so vorgegangen, wie bereits im Laufe dieses Kapitels dargestellt. Generell gilt bei dieser Vorgehensweise die Regel, dass jedes Risiko, bei dem zwischen Projekt- und Risikomanager keine eindeutige Einigung erzielt werden konnte, zu markieren und im weiteren Projektverlauf erneut zu begutachten ist.

Strittige Risiken erneut betrachten

Für den Fall, dass sich ein Unternehmen zum ersten Mal mit der Erstellung einer Risikomatrix beschäftigt, sollte in Erwägung gezogen werden, hierfür externe Unterstützung in Anspruch zu nehmen; dies kann durch einen Coach vorgenommen werden, aber auch durch ein Outsourcing an ein Unternehmen, das sich auf Risikomanagement spezialisiert hat. Mehr zum Thema Outsourcing von Risikomanagement ist Kapitel 7 zu entnehmen.

Externe Hilfe in Betracht ziehen

---

[72] Unter Kritikalität versteht man die Auswirkungen, die eine Software-Anwendung hat, wenn sie fehlerhaft arbeitet. So ist zum Beispiel die Kritikalität eines WinWord-Makros vernachlässigbar, hingegen die Kritikalität eines Autopiloten oder Bremsassistenten extrem hoch.

4.5.3
Die Rolle des Risikomanagers

Zeitpunkt ist entscheidend

Ab einer gewissen Projektgröße oder Kritikalität des Projektes wird bereits zu Projektbeginn eine dedizierte Person als Risikomanager abgestellt. Dieser ist dafür zuständig, den erforderlichen Input für die Risikomatrix zu ermitteln und anschließend die Risikomatrix aufzubauen. Entscheidend ist dabei, ab welchem Zeitpunkt der Risikomanager zum Einsatz kommt. In den folgenden Unterabschnitten wollen wir darstellen, zu welchen Zeitpunkten des Projektlifecycles der Risikomanager zum Einsatz kommt und welchen Input er jeweils für das Projekt (bzw. das Risikomanagement innerhalb des Projektes) liefert.

Betrachten wir nochmals die in Kapitel 2 aufgeführten unterschiedlichen Phasen der Risikoidentifizierung:

- Die erste Phase war der Zeitpunkt, wo ein Unternehmen sich überlegt, ob ein Angebot überhaupt erstellt werden soll. Hier ist sicherlich noch kein dedizierter Risikomanager erforderlich, da die kaufmännischen Risiken, die hier überprüft werden, in erster Linie von einem erfahrenen Vertriebsmitarbeiter erfasst werden können.

Projekttypen, die noch keinen Risikomanager benötigen

- Die zweite Phase betrifft die Angebotserstellung. Hier macht der Einsatz eines Risikomanagers bereits Sinn, sofern es sich nicht um einen der folgenden Projekttypen handelt:
- Erstellung eines Standardangebotes – die angebotene Dienstleistung entspricht dem üblichen Aufgabenfeld des Auftragnehmers und Risiken sind nahezu keine vorhanden.
- Erweiterung eines bestehenden Auftrags bei einem Bestandskunden, der nur geringe Risiken enthält.
- Verkauf von Lizenzen im üblichen Umfeld, wie es der Produktanbieter bisher gewohnt ist.
- usw.

Anzahl der Variablen entscheidet

Zusammengefasst kann man sagen: Erstellt man ein gewohntes Angebot, so bedarf es in dieser Phase noch keines Risikomanagers, da die Anzahl der unbekannten Variablen innerhalb dieses Angebotes sehr gering ist. Nur wenn das Angebot vom Standardportfolio abweicht, ist in dieser frühen Phase der Einsatz eines Risikomanagers sinnvoll.

- In der dritten Phase ging es um die Vertragsverhandlungen – hier gilt im Prinzip dasselbe wie bei der Angebotserstellung: Handelt es sich um ein „übliches" Projekt, werden erfahrungsgemäß auch die Vertragsverhandlungen keine große Überraschung bieten, sodass auch hier kein Bedarf für einen dedizierten Risikomanager besteht. Nur wenn die Vertragsverhandlungen Besonderheiten vorsehen, ist ein Risikomanager zu involvieren.

    Vertragsverhandlungen

- Die im Projektgeschäft wichtigste Phase ist das Anforderungsmanagement, also die Anforderungsanalyse als erste konkrete Projektphase im Lifecycle einer Software-Entwicklung. Hier ist ab einer gewissen Größe der Risikomanager in jedem Fall zu involvieren. Seine Hauptaufgabe liegt in der Identifizierung sämtlicher Risiken, dabei arbeitet er nicht alleine, sondern im ständigen Austusch mit allen Projektbeteiligten. Der Risikomanager sammelt hier den wesentlichen Input für die Risikomatrix.

    Anforderungsmanagement

- Die nächste Phase im Projektlifecycle ist die Design- und Entwicklungsphase[73]. Auch hier ist der Risikomanager eng involviert. Allerdings ändert sich hinsichtlich der Risikomatrix sein Zuständigkeitsbereich grundlegend – hier steht nicht mehr die Identifizierung von Risiken im Vordergrund, vielmehr geht es hier um die sofortige Reaktion, wenn ein Risiko eintritt. Mehr dazu ist dem nächsten Abschnitt zu entnehmen.

    Design- und Entwicklungsphase

- In der letzten Phase des Projektlifecycles – dem Deployment – ist der Risikomanager nur zu Anfang involviert, sind die notwendigen Grundvoraussetzungen sichergestellt, wird er sich mehr oder weniger aus dem Projekt zurückziehen.

    Deployment

---

[73] Wie bereits zuvor erwähnt, wird in diesem Buch nicht zwischen der Design- und der Entwicklungsphase unterschieden, da hier die Risiken sich gleichermaßen verteilen und beide Phasen als ein „Ganzes" gesehen werden.

4.5.4
Weitere Zuständigkeiten des Risikomanagers

Beratung des Projektmanagers bei der Festlegung der einzuschlagenden Risikomanagementstrategie

Der Risikomanager hat natürlich neben der Erstellung und Pflege der Risikomatrix noch eine Reihe weiterer Zuständigkeiten und Aufgaben innerhalb eines Projektes. Zu den wichtigsten Aufgaben gehört dabei die Beratung des Projektmanagers bei der Festlegung der einzuschlagenden Risikomanagementstrategie, auf die im nächsten Kapitel näher eingegangen wird.

Eine weitere sehr wichtige Aufgabe des Risikomanagers ist die Integration der übrigen Projektbeteiligten in das Risikomanagement. Diese wird in erster Linie durch den Risikomanager und nicht den Projektleiter vorgenommen. Die folgenden Aspekte sind dafür ausschlaggebend:

Know-how

- Know-how: Selbst der erfahrenste Risikomanager kann sich nicht in jedem technischen Detail auskennen – er ist also auf den erforderlichen Input aus dem Projektteam angewiesen. Nur so kann er zum Beispiel realistisch beurteilen, welche Risiken sich hinter einem anstehenden Datenbankwechsel von Informix zu Oracle verbergen.

Interne Kenntnisse

- Interne Kenntnisse: Zum Teil sind die Projektmitarbeiter seit Jahren beim Kunden vor Ort im Einsatz und erfahren dadurch eine Vielzahl von wichtigen Hintergründen. Diese sind für den Risikomanager von entscheidender Bedeutung. Eine der wesentlichen Herausforderungen für den Risikomanager ist es dabei, zwischen Gerüchten (die natürlich allgegenwärtig sind) und „echten" Projektgefahren zu differenzieren und diese entsprechend in der Risikomatrix zu integrieren.

4.5.5
Zusammenfassung

Kritikalität eines Projektes ist ausschlaggebend

Die Zuteilung von Zuständigkeiten innerhalb des Risikomanagements hängt in der ersten Linie von der Kritikalität eines Projektes ab. Je früher ein qualifizierter Risikomanager in ein Projekt eingebunden wird, umso geringer ist die Gefahr, dass das Projekt defizitär wird. Von Bedeutung ist das enge Zusammenspiel zwischen Projektleiter und Risikomanager – aber auch die kontnuierliche Integration des gesamten Projektteams in das Risikomanagement ist von Bedeutung.

Neben den hier beschriebenen Rollen (Risikomanager, Projektleiter und Projektteam) macht es Sinn, weitere Rollen in die Erstellung der Risikomatrix zu involvieren. Darüber gibt der nächste Abschnitt Auskunft.

4.6 Weitere Zuständigkeiten bei der Erstellung einer Risikomatrix

4.6.1 Unternehmensübergreifende Aspekte bei der Erstellung der Risikomatrix

Die Erstellung einer Risikomatrix gehört zu den wesentlichen Aktivitäten innerhalb des Risikomanagements; immer wichtiger wird es auch, sich nicht nur auf die eigenen Erfahrungen zu verlassen, sondern zusätzlich „externe Quellen" zu nutzen. Hier bieten sich an:

- der Auftraggeber
- die Unterauftragnehmer
- die Produkthersteller (besser gesagt, die Consultants der Produkthersteller), deren Produkte innerhalb des Projektes zum Einsatz kommen sollen.
- Risikoprotokolle[74] anderer, bereits abgeschlossener Projekte, die mit dem aktuellen Projekt vergleichbar sind.
- Externe Berater, die sich auf das Thema Risikomanagement spezialisiert haben.
- usw.

Nutzung externer Quellen

Im Gegensatz zu dem Spruch „Viele Köche verderben den Brei" gilt hier eher die Aussage: „Je mehr Anregungen, umso weniger Probleme im späteren Projektverlauf". In diesem Buch wurden bereits unterschiedliche Typen von „Risikofindern" vorgestellt (siehe Kapitel 3), es besteht somit sicherlich auch die Gefahr, sich zu verzetteln. Doch letztendlich gilt: Lieber ein mögliches Risiko zu viel in der Risikomatrix aufgenommen, als ein entscheidendes Risiko zu vergessen.

Je mehr Input, desto besser

---

[74] Und vor allem der Personen, die diese Protokolle erstellt haben.

Denn ein Risiko, das nicht eingetreten ist, lässt sich ohne weiteres wieder aus der Risikomatrix herausnehmen; ist hingegen ein Risiko, das nicht in der Matrix stand, eingetreten, nützt auch die Matrix nichts mehr, da keine zu ergreifenden Maßnahmen enthalten sind.

4.6.2
Integration des Kundens bei der Erstellung der Risikomatrix

Den Kunden integrieren

Neben den eigenen Projekterfahrungen sind die bisherigen Projekterfahrungen des Kundens ebenfalls von großer Bedeutung bei der Erstellung der Risikomatrix. Viele Unternehmen bzw. deren Projektleiter „trauen" sich nicht, den Kunden bei der Erstellung der Risikomatrix um Mitarbeit zu bitten. Doch letztendlich ist dies ein gewaltiger Fehler, denn die Wahrscheinlichkeit des Eintretens von Risiken kann manchmal der Kunde wesentlich besser beurteilen als der Auftragnehmer.

Natürlich wird der Kunde dabei nicht in alle Details der Erstellung der Risikomatrix integriert, wichtig ist sein Input für die Bestimmung der Risikowahrscheinlichkeiten, deren Ursachen hauptsächlich auch im Kundenumfeld anzusiedeln sind.

Ressourcenrisiken werden oft geheim gehalten

Gewisse Risiken wird der Auftragnehmer auch versuchen vor dem Kunden nicht offen darzulegen – das gilt besonders für diejenigen Risiken, die die Ausbildung bzw. den Wissensstand der eigenen Ressourcen betreffen. Auch die Verfügbarkeit von Ressourcen ist ein heikles Thema, das nicht freiwillig dem Kunden kommuniziert wird. Auf der anderen Seite ist zu bedenken, dass kein Kunde davon ausgeht, dass ein Auftragnehmer immer seine besten Leute in ausreichender Anzahl zur Abwicklung des Projektes bereithält.

Die Vorteile der Einbindung des Kundens bei der Erstellung der Risikomatrix sind:

Vorteile der Einbindung des Kunden

- Beide Seiten (also sowohl Auftraggeber als auch Auftragnehmer) sind sich der Projektrisiken bewusst und können schon im Vorfeld die dann einzuleitenden Maßnahmen diskutieren und eventuell sogar gemeinsam beschließen.
- Ein Risikotransfer wird durch eine gemeinsame Erstellung der Risikomatrix wesentlich leichter durchführbar sein, weil jeder weiß, worauf er sich einlässt.

- Auf Auftraggeberseite wird eine notwendige Sensibilität bereits im Vorfeld entwickelt, sobald ein Risiko eingetreten ist. Der Auftraggeber wird dann für die resultierenden Projektprobleme zumindest eine Erklärung haben.[75]

Sensibilität entwickelt sich

4.6.3 Integration weiterer Stakeholder in die Erstellung der Risikomatrix

Nicht nur der Kunde spielt eine wichtige Rolle bei der Erstellung der Risikomatrix – auch weitere Stakeholder[76] sollten nicht vernachlässigt werden. Die folgende Definition [Vers2000] beschreibt einen Stakeholder:

Ein Stakeholder wird durch eine beliebige Person eines Unternehmens repräsentiert, die ein berechtigtes Interesse am Ergebnis eines Projektes hat.

Definition: Stakeholder

In dem Zusammenhang dieses Buches sei diese Definition in sofern erweitert, dass ein Stakeholder nicht ausschließlich durch eine Person des Unternehemens, sondern durch eine Person oder Partei repräsentiert wird, die mit dem Unternehmen und dem abzuwickelnden Projekt in einem Zusammenhang steht.

Durch diese Erweiterung sind die folgenden Parteien in die Erstellung der Risikomatrix integrierbar:

- Zulieferer: Diese sind nicht zu verwechseln mit den weiter unten aufgeführten Unterauftragnehmern. Bei Zulieferern handelt es sich um Unternehmen, von deren Zulieferung (zum Beispiel im Hardwarebereich) das Tagesgeschäft des Auftragnehmers in ge wisser Weise abhängt.

Zulieferer

- Partner: Immer mehr Unternehmen legen Wert auf ein starkes Partnernetz, um gegenseitige Synergien nutzen zu können. Hier können wertvolle Impulse gesammelt werden.

Partner

---

[75] Oft ist es so, dass der Auftraggeber gar nicht weiß, warum ein Projekt ins Stocken gerät bzw. warum Probleme existieren. In diesem Fall kann er auch kein Verständnis entwickeln.

[76] Der Begriff Stakeholder ist dem Rational Unified Process entnommen.

Unterauftragnehmer
- Unterauftragnehmer: Je nach Bedeutung des Projektanteils, der an den Unterauftragnehmer outgesourct werden soll, ist es Pflicht, diesen bei der Erstellung der Risikomatrix zu integrieren.

4.7 Exkurs: Weitere Einsatzbereiche einer Risikomatrix

4.7.1 Generelles

Generelles Hilfsmittel zur Entscheidungsfindung

Bereits zu Beginn dieses Buches wurde erwähnt, dass Risikomanagement eine Diziplin ist, die in einer Vielzahl von Bereichen zum Einsatz kommt. Dementsprechend vielseitig sind auch die Möglichkeiten des Einsatzes einer Risikomatrix. In diesem Exkurs wollen wir darstellen, dass die Risikomatrix in nahezu allen weiteren Bereichen zum Einsatz kommen kann, wo Entscheidungsfindungen zu treffen sind.

In diesem Abschnitt wollen wir die folgenden Einsatzmöglichkeiten einer Risikomatrix darstellen:

Einsatzmöglichkeiten
- Einsatz der Risikomatrix bei der Auswahl von Unterauftragnehmern
- Einsatz der Risikomatrix bei der Besetzung von Schlüsselpositionen innerhalb eines Projektes
- Einsatz der Risikomatrix in weiteren Bereichen, wie zum Beispiel bei der Auswahl von Software-Entwicklungswerkzeugen, die gewisse Bereiche des Projektes automatisieren sollen.

4.7.2 Einsatz der Risikomatrix bei Auswahl von Unterauftragnehmern

Die Auswahl von Unterauftragnehmern für die Abwicklung eines Projektes kann ebenfalls mit Hilfe der Risikomatrix vorgenommen werden. Im Verlaufe dieses Buches wurde schon öfters darauf hingewiesen, welche Bedeutung Unterauftragnehmer für den Erfolg eines Projektes haben können. Demzufolge existieren hier die folgenden Risikoklassen:

- Risikoklasse A: Ein Versagen des Unterauftragnehmers würde den Projektabbruch bewirken.
- Risikoklasse B: Ein Versagen des Unterauftragnehmers würde erhebliche Aufwendungen beim Auftragnehmer verursachen, die das Projekt deutlich in die Verlustzone versetzen würden.
- Risikoklasse C: Ein Versagen des Unterauftragnehmers würde größere Aufwendungen beim Auftragnehmer verursachen, die eine Projektverzögerung zur Folge hätten.
- Risikoklasse D: Ein Versagen des Unterauftraggebers würde mittlere Aufwendungen beim Auftragnehmer verursachen, die keinen weiteren Spielraum für zusätzlich eintretende Risiken lassen würden.
- Risikoklasse E: Ein Versagen des Unterauftragnehmers würde lediglich dem Projektklima schaden, hätte aber keine kaufmännischen Auswirkungen für den Auftragnehmer, da das Risiko des Scheiterns des Unterauftragnehmers auf den Kunden übertragen wurde.

Risikoklassen für die Auswahl

Auf dieser Basis können dann die einzelnen zur Auswahl stehenden Unterauftragnehmer wie in Abbildung 34 dargestellt in die Risikomatrix integriert werden.

Es sei darauf hingewiesen, dass eine solche Risikomatrix auch ein geeignetes Mittel ist, um einem Auftraggeber, der den Einsatz eines bestimmten Unterauftragnehmers „vorschreibt", zu verdeutlichen, dass ein vom Auftragnehmer bevorzugter Unterauftragnehmer das Projektrisiko deutlich senken würde.

Abbildung 34: Integration der Unterauftragnehmer in die Risikomatrix

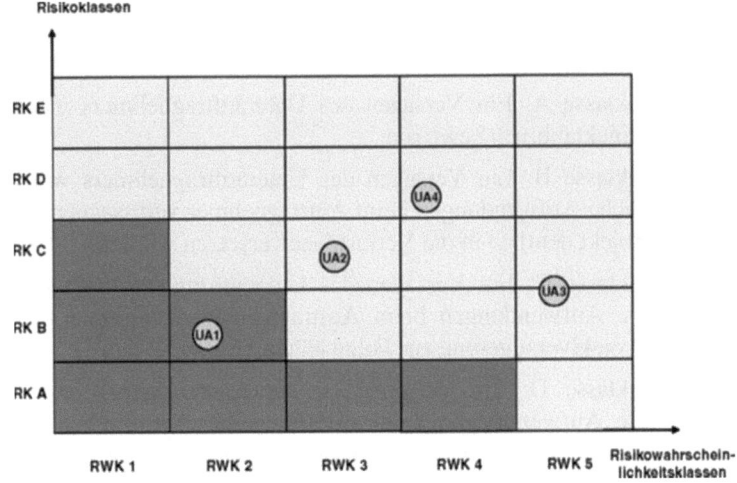

4.7.3
Einsatz der Risikomatrix bei der Besetzung von Schlüsselpositionen im Projekt

Jedes Projekt steht und fällt mit den jeweiligen Schlüsselpositionen und deren Besetzung innerhalb des Projektes. Daher ist die Risikomatrix hier ein geeignetes Instrument, die optimale Besetzung dieser Schlüsselpositionen zu finden.

Zum Beispiel für die Besetzung eines Anforderungsmanagers lassen sich die folgenden Risikoklassen bilden:

Risikoklassen zur Besetzung eines Anforderungsmanagers

- Risikoklasse A: Der Anforderungsmanager nimmt zum ersten Mal innerhalb eines Projektes diese Funktion wahr[77].
- Risikoklasse B: Der Anforderungsmanager hat erste Erfahrungen in kleineren Projekten gesammelt.
- Risikoklasse C: Der Anforderungsmanager verfügt über ausreichende Erfahrungen in kleineren bis mittleren Projekten, wo es allerdings noch nie den berühmt-berüchtigten „großen Knall" gegeben hat.

---

[77] In diesem Zusammenhang spricht man im Bereich des Anforderungsmanagements auch von einem „Novizen".

- Risikoklasse D: Der Anforderungsmanager hat schon „so manche Schlacht geschlagen", allerdings nicht in kritischen Großprojekten, die für den Unternehmenserfolg maßgeblich waren.
- Risikoklasse E: Der Anforderungsmanager hat hinlänglich Erfahrungen in sämtlichen Projekttypen gesammelt.

Risikoklasse E in dieser Auflistung stellt eigentlich kein Risiko mehr dar, diese Klasse wurde hier nur aufgeführt, um den „Erfahrungsaufbau" eines Anforderungsmanagers darzustellen. Im Prinzip können auf eine vergleichbare Weise alle Schlüsselpositionen eines Projektes – einschließlich der Besetzung des Risikomanagers – vorgenommen werden.

4.7.4
Sonstige Einsatzbereiche der Risikomatrix

Die Risikomatrix kann noch in vielen anderen Bereichen zum Einsatz kommen, wie zum Beispiel:

- Bei der Auswahl von Entwicklungswerkzeugen, die wesentliche Teile der Software-Entwicklung automatisieren sollen. Da es sich hier um eine größere Investition handelt, die auch mit den entsprechenden Risiken verbunden ist, sollte hier die Risikomatrix genutzt werden.

    Auswahl von Entwicklungswerkzeugen

- Beim Einsatz von Freiberuflern innerhalb eines Projektes, in dem Ressourcenrisiken auftauchen. Hier eignet sich die Risikomatrix jedoch nur, wenn die zu „untersuchenden" Freiberufler dem Unternehmen bekannt sind.

    Einsatz von Freiberuflern

- Beim Einsatz der zu verwendenden Technologien (sofern diese nicht vom Auftraggeber vorgeschrieben sind), wie zum Beispiel der Datenbank, der Programmiersprache, dem Applicationserver usw.

    Einsatz von Technologien

- usw.

Je nach Bedeutung, die die vorzunehmende Auswahl für das Projekt hat, sollte über den Einsatz einer Risikomatrix nachgedacht werden.

5 Risikomanagementstrategien

Gerhard Versteegen

5.1 Einführung in die Thematik

Dieses Kapitel geht darauf ein, welche unterschiedlichen Strategien zur Verfügung stehen, um mit Risiken in Software-Entwicklungsprojekten umzugehen. Es wird aufgezeigt, dass diese Strategien nicht für sich alleine zu sehen sind, sondern untereinander Abhängigkeiten aufweisen.

Strategien hängen voneinander ab

Die in diesem Kapitel besprochenen Risikomanagementstrategien beziehen sich dabei auf den gesamten Lifecycle eines Software-Entwicklungsprojektes – also angefangen von den ersten Schritten im Anforderungsmanagement bis hin zum Deployment. Zum Teil greifen die Strategien auch schon im Vorfeld des Projektes, zum Beispiel bei der Angebotserstellung und/oder der Vertragsgestaltung, sofern es sich um externe Projekte handelt.

Im Einzelnen wird auf die folgenden Strategien des Risikomanagements eingegangen:

- Risikovermeidung
- Risikoakzeptierung
- Risikominimierung
- Risikotransfer

Die unterschiedlichen Strategien

Allen diesen Strategien gemeinsam ist, dass bereits durch den Namen zum Ausdruck gebracht wird, welche Vorgehensweise innerhalb dieser Startegie zum Einsatz gebracht wird. Ebenfalls gemeinsam ist, dass diese Strategien innerhalb eines Gesamtprojektes auf die jeweiligen Risiken verteilt werden. Jedes bei der Risikoidentifizierung ermittelte Risiko wird also mit einer bestimmten

Strategie behandelt. Abbildung 35 zeigt auf, wie sich die einzelnen Strategien auf ein Projekt verteilen. Dabei gilt, dass ein Risiko mit immer nur einer Strategie bearbeitet wird, jedoch eine Strategie auf mehrere Risiken angewendet werden kann, also eine 1:n-Beziehung.

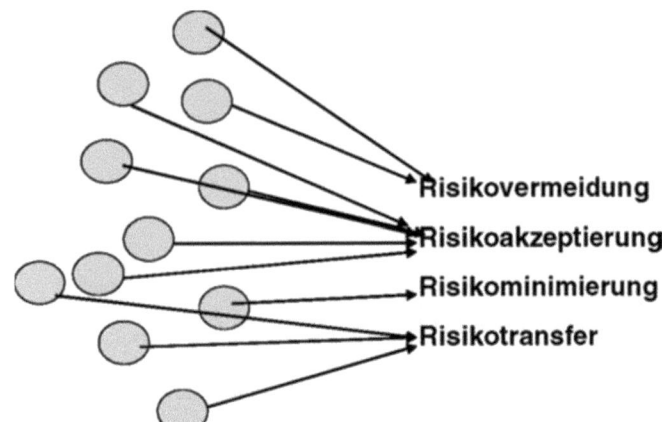

Abbildung 35: Verteilung der Risikostrategien auf die einzelnen Risiken eines Projektes

Jeder Strategie des Risikomanagements muss auch ein gewisses Budget eingeräumt werden. In der bisherigen Projektplanung wurde meist wie folgt vorgegangen: Es wurde ein prozentualer Anteil des Gesamtbudgets als Puffer reserviert. Diese Vorgehensweise ist natürlich sehr unprofessionell aus Gesichtspunkten des Risikomanagements, denn man kann sich absolut sicher sein, dass dieser Puffer entweder zu klein oder zu groß ist – aber niemals dem entspricht, was letztendlich benötigt wird.

Festlegung eines Risikobudgets

Daher sollte hierbei kein prozentualer Anteil angesetzt werden, sondern erst nach Abschluss der Risikoanalyse ein konkreter errechneter Betrag ermittelt werden. Anhand der Risikowahrscheinlichkeiten kann dann ein realistischer Betrag für das Risikobudget festgelegt werden.

5.2 Risikovermeidung

5.2.1 Einführung

Die Strategie der Risikovermeidung sieht vor, dass das Eintreten von Risiken vermieden werden soll. Der Leser wird sich jetzt zu Recht fragen: „Warum brauche ich überhaupt Risikomanagement, wenn man Risiken vermeiden kann?" Die Antwort ist einfach – Risiken lassen sich nicht vermeiden, man kann lediglich versuchen so vorausschauend zu arbeiten, dass einerseits die Wahrscheinlichkeit des Eintretens des Risikos gegen Null geht und andererseits bereits nahezu alle Maßnahmen, die bei einem eventuellen Eintreten des Risikos zu ergreifen sind, bis ins Detail geplant sind.

Wichtig dabei ist, dass man sich auch über die Auswirkungen im Klaren ist, die das Eintreten des Risikos hervorrufen könnte.[78] Andernfalls lassen sich die oben aufgeführten Maßnahmen nicht planen. In diesem Abschnitt wollen wir die folgenden Punkte genauer untersuchen:

Die Auswirkungen müssen bekannt sein

- Die Vorgehensweise bei der Risikovermeidung
- Ergänzung der Strategie der Risikovermeidung durch den Risikoschutz
- Generelle Probleme, die beim Einsatz dieser Strategie existieren
- Typische Einsatzfelder der Strategie der Risikovermeidung
- Projektausstieg als letzte Konsequenz der Risikovermeidung

Inhalte der Risikovermeidung

Generell gilt (und das nicht nur für die Strategie der Risikovermeidung) die folgende Regel:

Risiken, die nicht identifiziert und analysiert wurden, können nicht gesteuert werden.

Regel zur Risikovermeidung

Für die Risikovermeidung bedeutet dies, dass ein Risiko, das nicht im Vorfeld erkannt wurde, somit auch nicht vermieden werden kann.

---

[78] Wir schreiben hier bewusst *könnte*, da man nie zu 100 Prozent vorhersagen kann, was wirklich passiert, wenn das Risiko eintritt.

5.2.2
Vorgehensweise bei der Strategie der Risikovermeidung

Hat sich ein Unternehmen entschlossen, ein Projekt nach dem Prinzip der Risikovermeidung abzuwickeln, so sind die folgenden Schritte durchzuführen:

- Erster Schritt ist die in Kapitel 2 beschriebene Risikoidentifizierung. Alle identifizierten Risiken sind in die Risikoliste aufzunehmen.
- Sobald die Auswirkungen des Risikos ermittelt wurden (und eine entsprechende Priorisierung der Risiken vorgenommen wurde), ist zu entscheiden, ob das Risiko ein Kandidat ist, um mittels der Strategie der Risikovermeidung behandelt zu werden. Dabei gilt, dass ausschließlich Risiken, deren Auswirkungen gravierend sind, hier in Betracht kommen.

Erstellung eines Maßnahmenkatalogs

- Es ist ein Maßnahmenkatalog zu erstellen, wie das Risiko vermieden werden soll. Die jeweiligen Maßnahmen sind mit den entsprechenden Kosten zu versehen. Dabei sollten auch alternative Maßnahmen aufgezeigt werden, um eine entsprechende Auswahlmöglichkeit zu haben (entscheidend werden in den meisten Fällen die Kosten).

Kosten mit aufführen

Der Maßnahmenkatalog mit den entsprechenden Kosten ist dann die wesentliche Entscheidungsgrundlage, welches Risiko nach der Strategie der Risikovermeidung behandelt werden soll. Oft ist es dabei notwendig, dass man sich zusätzliche Informationen besorgt, auch als Risikoforschung bezeichnet[79]. Generell muss beachtet werden, dass die Risiken über den gesamten Projektverlauf gemonitort werden, daher können die folgenden Situationen eintreten:

Eventuell Strategiewechsel

- Wird während des Monitorings der Risiken festgestellt, dass die Auswirkungen sich signifikant ändern (in positiver Hinsicht), ist die Entscheidung zu überdenken und gegebenenfalls die Strategie der Risikoakzeptierung einzuschlagen.
- Wird während des Monitorings der Risiken festgestellt, dass das Risiko nicht mehr eintreten kann, wird die Strategie abgebrochen. Das bedeutet, dass nun andere Risiken, deren Eintreten be-

---

[79] Das gilt besonders dann, wenn die Auswirkungen des Risikos nicht klar sind.

drohlicher wird, nun mit Hilfe dieser Strategie behandelt werden können, da nun die erforderlichen personellen und monetären Resourcen vorhanden sind.

- Wird während des Monitorings festgestellt, dass das Risiko letztendlich eingetreten ist, so müssen sofort die festgelegten Maßnahmen eingeleitet werden, bevor eine Krise entsteht (siehe auch Abbildung 8). Ab diesem Zeitpunkt muss das Monitoring verstärkt werden, um die Wirksamkeit der eingeleiteten Maßnahmen zu beobachten.

Worst Case

Die Strategie der Risikovermeidung kann auch Auswirkungen auf die internen Geschäftsprozesse haben, eventuell muss der Software-Entwicklungsprozess, den das Unternehmen bisher im Einsatz hatte, an die neuen Bedürfnisse angepasst werden. Mehr zum Thema Software-Entwicklungsprozesse und die darin enthaltenen Maßnahmen zur Risikovermeidung ist dem nächsten Kapitel zu entnehmen.

Auswirkungen auf interne Geschäftsprozesse

5.2.3
Risikoschutz als Ergänzung

Die Strategie der Risikovermeidung kann um eine zusätzliche Strategie ergänzt werden: den Risikoschutz. Das bedeutet, dass man gewisse Risiken insofern vermeidet, dass man sich gegen sie schützt. Typische Beispiele für einen Risikoschutz sind:

- Die Einrichtung eines Firewalls
- Die Beschaffung spezieller Software (zum Beispiel Testwerkzeuge)
- Verstärkter Einsatz von Standardsoftware
- Die Integration eines verstärkten Qualitätsmanagements
- Die Spiegelung des gesamten Projektes auf einem Server in einem anderen Land.
- usw.

Typische Beispiele für einen Risikoschutz

Diese Auflistung verdeutlicht, dass alle Maßnahmen für den Risikoschutz mit Investitionen verbunden sind, daher ist hier eine Rückkopplung zu den Auswirkungen notwendig, um feststellen zu können, ob diese Investitionen gerechtfertigt sind. Es sei noch erwähnt, dass der Risikoschutz in erster Linie zur Vermeidung von technischen Risiken geeignet ist.

Maßnahmen sind mit Investitionen verbunden

5.2.4
Generelle Probleme bei der Strategie der Risikovermeidung

Die Strategie der Risikovermeidung birgt eine Vielzahl von Problemen und Gefahren in sich, die im Folgenden näher betrachtet werden sollen:

- Nicht alle Risiken eines Projektes werden von Anfang an identifiziert, somit kann ein Eintreten dieser Risiken auch nicht vermieden werden.
- Die Vermeidung von Ressourcenrisiken ist nahezu unmöglich und lässt sich nur über einen extrem hohen Kostenaufwand realisieren.
- Die Strategie der Risikovermeidung orientiert sich anhand von möglichen Auswirkungen, trotz Risikoforschung lassen diese sich jedoch nur sehr schwer beziffern.

Politische Risiken sind nahezu nicht vermeidbar

- Politische Risiken lassen sich nur sehr schwer vermeiden – hier gibt es zumindest keinen Risikoschutz, der häufig bei technischen Risiken weiterhilft.
- Risiken wie „Rückgang der Motivation der Projektmitarbeiter" lassen sich hinsichtlich ihrer Auswirkungen nicht einschätzen.
- usw.

Grenznutzen der Maßnahmen beachten

Generell sind bei der Strategie der Risikovermeidung auch immer die Risikokosten im Auge zu behalten. Der Grenznutzen der Maßnahmen, die hinsichtlich der Risikovermeidung eingeleitet werden, nimmt mit zunehmendem Grad der Sicherheit ab, da aus betriebswirtschaftlicher Sicht bestimmte Investitionen keinen Sinn machen. Ziel muß es sein, ein Optimum der Risikokosten zu erreichen, d.h. nicht in einen Zielkonflikt zwischen Risikokosten und Sicherheitsgrad zu geraten.

5.2.5
Typische Einsatzfelder der Strategie der Risikovermeidung

Wie bereits im Laufe dieses Abschnitts aufgezeigt wurde, verursacht die Strategie der Risikovermeidung erhebliche Aufwendungen und Kosten. Daher kommt, wie bereits erwähnt, diese Strategie nur hinsichtlich solcher Risiken zum Einsatz, wo gravierende Auswirkungen des Risikos zu befürchten sind.

Nur in gravierenden Situationen einsetzbar

Ferner kann die Strategie der Risikovermeidung nur dann erfolgreich greifen, wenn die Auswirkungen auch klar definiert sind, da man sonst keine Maßnahmen planen kann, die vermeiden, dass das Risiko zur Krise oder gar zu einem Notfall eskaliert. Anbei sollen ein paar Beispiele aufgelistet werden, welche Risiken typischerweise durch diese Strategie behandelt werden können:

- Technologierisiken – durch gezielte Methoden- und Werkzeugtrainings kann eine Vielzahl von Technologierisiken vermieden werden.

Technologierisiken

- Sicherheitsrisiken – durch Einrichtung entsprechender Sicherheitskonzepte können diese vermieden werden.

Sicherheitsrisiken

- Vertragsrisiken – durch Hinzuziehen eines rechtlichen Beistand können diese vermieden werden.[80]

Vertragsrisiken

5.2.6
Die letzte Konsequenz

Die letzte Konsequenz der Strategie der Risikovermeidung besteht darin, dass sich ein Unternehmen aus dem Projekt vollständig zurückzieht. Dies ist in der Softwarebranche nicht gerade üblich, aber in anderen Branchen durchaus an der Tagesordnung, besonders betroffen ist davon zur Zeit der amerikanische Markt wegen der hohen Haftungsrisiken und der schier unglaublichen „Klagewut", die in diesem Land schon seit längerem praktiziert wird.

Projektrückzug

Generell sind bei einem Vorhaben, sich aus einem Projekt zurückzuziehen, die folgenden Aspekte zu beachten:

---

[80] Ganz vermieden werden können sie nicht, aber sie können auf ein absoluts Minimum reduziert werden.

Zu beachtende Aspekte

- Genaue Kostenaufstellung:
- Wie viel wurde bereits in dieses Projekt investiert?
- Welche Vertragsstrafen sind zu erwarten? (sofern im Vorfeld vereinbart[81])?
- Schadensanalyse:
- Wie hoch ist der Imageschaden, wenn man sich aus dem Projekt zurückzieht?
- Wie viel Umsatz wurde bisher mit dem Kunden erzielt (und vor allem, wie viel ist in der Pipeline) – kann man sich den Rückzug überhaupt leisten oder muss nach dem Dominoeffekt dann mit dem Abbruch weiterer Projekte gerechnet werden?

5.2.7 Zusammenfassung

Aufwändigste und kostspieligste Strategie des Risikomanagements

Die Strategie der Risikovermeidung gehört zu den aufwändigsten und kostspieligsten Strategien des Risikomanagements. Sie kommt meist nur dann zum Einsatz, wenn die Auswirkungen des Risikos gravierend sind. Hinzu kommt, dass eine Vielzahl von Unsicherheiten den Erfolg dieser Strategie in Frage stellen. Generell kann diese Strategie um einen sogenannten Risikoschutz erweitert werden. In letzter Konsequenz kann die Strategie der Risikovermeidung auch den Ausstieg aus dem Projekt bedeuten.

---

[81] Vertragsstrafen gehören zum Risikomanagement des Auftraggebers, genauer gesagt, sie sind ein Bestandteil der Strategie der Risikovermeidung! Sie können natürlich auch vom Auftragnehmer bezüglich seiner Unterauftragsnehmer genutzt werden.

5.3 Risikoakzeptierung

5.3.1 Einführung

Die Strategie der Risikoakzeptierung gehört so ziemlich zu den defensivsten Strategien innerhalb des Risikomanagements. Im Prinzip bedeutet Risikoakzeptierung, dass man das Eintreten des Risikos in Kauf nimmt und nur bedingt vorbeugende Maßnahmen einleitet. Zu unterscheiden sind jedoch zwei verschiedene Ansätze der Risikoakzeptierung:

Defensivste Strategie

- Risikoakzeptierung mit Notfallplanung
- Risikoakzeptierung ohne Notfallplanung

Zwei unterschiedliche Ansätze

Unter Notfallplanung ist in diesem Fall zu verstehen, dass ein Maßnahmenkatalog erstellt wird, was zu tun ist, wenn ein Risiko eingetreten ist. Nun mag man glauben, dass eine Strategie der Risikoakzeptierung ohne Notfallplanung Harakiri gleich kommt, dem ist jedoch nicht so. Es gibt eine Reihe von Projekten (vor allem Kleinprojekte), wo der Aufwand für die erforderliche Notfallplanung nicht gerechtfertigt ist. Des Weiteren existieren Projekte, die in einem derart ungesicherten Umfeld abgewickelt werden, dass eine Notfallplanung gar nicht realisierbar ist. Besonders bei Projekten, wo eine Vielzahl neuer Technologien und vielleicht auch noch neue Unterauftragnehmer zum Einsatz kommen, ist dies der Fall.

In diesem Kapitel wollen wir zunächst aufzeigen, welche Möglichkeiten existieren, mit Hilfe dieser Strategie Risiken zu behandeln. Im Anschluss wird gezeigt, welche Problemfelder diese Strategie in sich birgt.

5.3.2 Möglichkeiten der Risikoakzeptierung

Es besteht eine Vielzahl von Möglichkeiten, Risiken zu akzeptieren, nachdem sie identifiziert wurden. Entscheidend ist dabei meistens die Auswirkung des Risikos; die folgenden Schritte werden bei einer Strategie der Risikoakzeptierung durchgeführt:

Schritte bei der Risikoakzeptierung

- Das Risiko wurde identifiziert und mit den entsprechenden Attributen in die Risikoliste eingetragen.
- Die Auswirkung des Risikos wurde ermittelt und für nicht gravierend definiert.[82]
- Es wird (eventuell, siehe oben) ein grober Maßnahmenkatalog erstellt, was zu tun ist, wenn das Risiko eintritt.

Auswirkungen sind entscheidend

Wie aus dieser Auflistung hervorgeht, sind die Auswirkungen des zu akzeptierenden Risikos entscheidend. Somit ist offensichtlich, dass ein vollständiges Projekt niemals völlig nach der Strategie der Risikoakzeptierung abgewickelt wird (es sei denn, es handelt sich um ein Kleinprojekt).

5.3.3 Problemfelder der Strategie der Risikoakzeptierung

Nur für sehr erfahrene Risikomanager

Bereits im vorherigen Abschnitt wurden einige Problemfelder dieser Strategie angedeutet – wesentlicher Punkt ist, dass die Strategie der Risikoakzeptierung nur für sehr erfahrene Risikomanager oder Projektleiter geeignet ist. Der Knackpunkt liegt in der Bewertung der Auswirkungen, wenn das Risiko eintreten sollte. Werden diese falsch eingeschätzt, wird aus dem Risiko sehr schnell eine Krise oder direkt ein Problemfall.

Auf der anderen Seite kann durch den Einsatz dieser Strategie natürlich viel Zeit und Geld gespart werden – aber nur dann, wenn die Risiken nicht eintreten oder die Auswirkungen wirklich so „harmlos" sind, wie zuvor angenommen. Der Einsatz dieser Strategie hängt somit auch von der Kritikalität des Projektes ab.

---

[82] Die Auswirkungen von Risiken werden häufig nach Kosten berechnet.

5.3.4 Zusammenfassung

Die Strategie der Risikoakzeptierung hat immer etwas mit dem Ansatz „Mut zur Lücke" zu tun, die Praxis zeigt jedoch, dass die meisten innerhalb eines Projektes identifizierten Risiken aus Kostengründen mit Hilfe dieser Strategie behandelt werden.

Mut zur Lücke

5.4 Risikominimierung

5.4.1 Einführung

Die Strategie der Risikominimierung sieht vor, die Auswirkungen der zuvor identifizierten Risiken nach der Analyse zu minimieren. Dazu werden entsprechende Maßnahmen im Vorfeld definiert und bei Eintreten des Risikos eingeleitet. Es soll an dieser Stelle darauf hingewiesen werden, dass die Strategie der Risikominimierung in der Literatur widersprüchlich definiert wird. Zu finden sind die beiden folgenden Ansätze:

- Risikominimierung beinhaltet Aktivitäten, die dazu dienen, die Eintrittswahrscheinlichkeit des Risikos zu minimieren.
- Risikominimierung beinhaltet Aktivitäten, die dazu dienen, die Auswirkungen eines eingetretenen Risikos zu minimieren. Hier wird manchmal auch von Schadensbegrenzung gesprochen.

Zwei unterschiedliche Ansätze

In diesem Buch halten wir uns an den zweiten Ansatz, da unserer Meinung nach der erste Ansatz nahezu identisch ist mit der Risikoakzeptierung – man akzeptiert, dass das Risiko eintreten kann, versucht lediglich die Wahrscheinlichkeit des Eintretens zu reduzieren. Im Gegensatz dazu beinhaltet der zweite Ansatz weiter reichende Aktivitäten.

Im Vergleich zu den beiden zuvor besprochenen Strategien ist die Strategie der Risikominimierung zwischen der Risikovermeidung und der Risikoakzeptierung als goldener Mittelweg zu sehen. Sie ist auf der einen Seite nicht so kostspielig und auf der anderen Seite nicht so riskant.

Goldener Mittelweg

5.4.2
Möglichkeiten der Risikominimierung

Die Möglichkeiten der Risikominimierung sind jedoch nicht immer gegeben, da sie die folgenden Voraussetzungen bedingen:

Voraussetzungen

- Es können nur Risiken mit dieser Strategie angegangen werden, deren Auswirkungen bekannt und absehbar sind. Ansonsten können die Auswirkungen auch nicht minimiert werden.

- Terminliche Risiken können mit dieser Strategie nur dann minimiert werden, wenn die konkrete Karenzzeit bekannt ist. Die Überschreitung zu minimieren bringt zwar sicherlich bei Eintreten des Risikos Vorteile, aber nur dann, wenn der Zeitraum der Überschreitung vom Kunden bis zu einem gewissen Zeitpunkt akzeptiert wird, ohne dass drastische Vertragsstrafen drohen. In letzterem Fall ist es nämlich ziemlich egal, ob die Überziehung minimiert werden kann, wenn ohnehin eine Vertragsstrafe gezahlt werden muss.

Vertragliche Absicherungen von Bedeutung

- Da die meisten Maßnahmen innerhalb der Strategie der Risikominimierung auf vertraglichen Absicherungen beruhen (siehe unten), ist man darauf angewiesen, kooperative Vertragspartner zu haben. Das betrifft sowohl die Kunden, als auch die Zuliefererseite.

Beispiele

Wie bereits angedeutet, ist eine der wesentlichen Maßnahmen, um die Strategie der Risikominimierung zu realisieren, die Integration von Vertragsklauseln. Wichtigster Punkt ist die Karenzzeit, mit der Termine überschritten werden dürfen, ohne dass die Vertragsstrafen in vollem Umfang greifen. Zur Minimierung von technischen Risiken wäre zum Beispiel eine Klausel denkbar, dass bei einem Technologiewechsel, der auf Kundenwunsch veranlasst wird, der Kunde die entsprechenden Technologien (und vor allem die dadurch bedingten Werkzeuge) bereitstellen muss.

Auf die Erfahrung kommt es an

Auch bei der Strategie der Risikominimierung ist die Erfahrung des Risikomanagers von großer Bedeutung, schließlich muss er ersteinmal wissen, welche Klauseln er aufzunehmen hat. Dieses Wissen erhält er am besten durch schmerzhafte Erfahrungen, die er durch das Unterlassen der Aufnahme dieser Klauseln gesammelt hat (siehe auch Kapitel 8).

5.4.3 Zusammenfassung

Die Strategie der Risikominimierung gehört zu den Strategien innerhalb des Risikomanagements, die relativ wenig Aufwand hervorrufen und trotzdem nicht die Gefahren der Strategie der Risikoakzeptierung nach sich ziehen. Sie bedingt jedoch einige Voraussetzungen, die nicht in jedem Projekt anzutreffen sind.

In der Literatur werden oft zwei verschiedene Ausprägungen unterschieden, auf der einen Seite Risikominimierung hinsichtlich der Wahrscheinlichkeit des Eintretens von Risiken und auf der anderen Seite Risikominimierung hinsichtlich der Auswirkungen, wenn das Risiko eingetreten ist.

Zwei verschiedene Ausprägungen

5.5 Risikotransfer

5.5.1 Einführung

Die Strategie des Risikotransfers sieht vor, dass so viele Risiken wie möglich auf eine aus Auftragnehmersicht andere Partei übertragen werden. Damit können die Risikomanagementkosten erheblich gesenkt werden, dem stehen jedoch eine Reihe an Aufwendungen bei den zugehörigen Vertragsverhandlungen sowie potentielle Streitigkeiten bei der Nachweispflicht entgegen.

Deutliche Kostensenkung möglich

5.5.2 Möglichkeiten der Risikoübertragung

5.5.2.1 Einführung

Die Strategie der Risikoübertragung ist sicherlich die schwierigste Strategie, die ein Unternehmen einschlagen kann. Ziel dieser Strategie ist es, Risiken nicht nur zu vermeiden, sondern die Konsequenzen bzw. Auswirkungen, die aus dem Eintreten des Risikos resultieren, auf eine dritte Partei abzuwälzen.

Generell existieren die folgenden drei Möglichkeiten der Risikoübertragung:

Drei Möglichkeiten der Risikoübertragung

- Übertragung der Risiken auf den Auftraggeber
- Übertragung der Risiken auf Unterauftragnehmer
- Übertragung der Risiken auf Versicherungsunternehmen

Im Folgenden sollen diese drei Möglichkeiten näher untersucht werden.

5.5.2.2
Übertragung der Risiken auf den Auftraggeber

In den wenigsten Fällen erfolgreich

Die Übertragung von Projektrisiken auf den Auftraggeber ist natürlich für jeden Auftragnehmer wünschenswert – nur leider in den wenigsten Fällen erfolgreich[83], weil auch der Auftraggeber ein Risikomanagement längst etabliert hat und selber versucht, alle Risiken auf den Auftragnehmer zu übertragen. In der Regel wird hier lediglich ein Kompromiss gefunden, keine vollständige Übertragung von Risiken.

Es existieren jedoch eine Reihe von Risiken, die je nach Projekttyp auf den Auffraggeber übertragen werden müssen bzw. sollten. Im Folgenden sind einige Beispiele aufgelistet:

Typische Beispiele für eine Übertragung von Risiken an den Auftraggeber

- Verlangt der Auftraggeber den Einsatz eines bestimmten Produktes für die Abwicklung des Projektes, so sind die daraus resultierenden Risiken auf den Auftraggeber zu übertragen.[84]
- Verlangt der Auftraggeber die Beauftragung eines bestimmten Unterauftragnehmers, so sind die Risiken entweder auf den Auftraggeber selber oder zumindest auf den Unterauftragnehmer zu übertragen.
- Sollen zum Beispiel innerhalb eines Software-Entwicklungsprojektes Komponenten, die der Auftraggeber selber erstellt hat,

---

[83] Eine erfolgreiche Risikoübertragung auf den Kunden hat die Tabakindustrie vollzogen: Auf jeder Packung Zigaretten steht der Hinweis, wie gefährlich doch das Rauchen ist! Damit sind also die Risiken des Rauchens auf den Kunden übertragen!

[84] Es sei denn, denn Auftragnehmer hat dieses Produkt ebenfalls im Einsatz oder es handelt sich um ein Standardprodukt.

in die Software integriert werden, so sind die daraus resultierenden Risiken ebenfalls auf den Auftraggeber zu übertragen.
- Sollen Mitarbeiter des Auftraggebers in die Projektabwicklung integriert werden, ist ebenfalls ein Risikotransfer vorzunehmen.[85]
- usw.

Es erübrigt sich zu erwähnen, dass die Übertragung dieser Risiken vor Projektbeginn vertraglich abgesichert werden muss – in einem laufenden Projekt wird man dazu kaum die Möglichkeit haben.

Vertragliche Absicherung ist Pflicht

5.5.2.3
Übertragung der Risiken auf Unterauftragnehmer

Die Übertragung von Risiken auf Unterauftragnehmer ist nur bedingt tauglich, da der Kunde mit der Beauftragung eines Generalunternehmers automatisch auch die Risiken auf diesen überträgt. Kaum ein Kunde akzeptiert den Transfer von Risiken auf weitere Unterauftragnehmer, ohne dass der Generalunternehmer zumindest an der Verantwortung beteiligt wird.

Natürlich gibt es hier Ausnahmen und es gilt der Spruch: Alles ist verhandelbar. Typische Beispiele für die mögliche oder nicht mögliche Übertragung von Risiken auf Unterauftragnehmer sind:

- Wenn es sich bei dem Unterauftragnehmer um den Hersteller eines Softwareproduktes oder um einen Hardwarelieferanten handelt, ist ein Risikotransfer durchführbar.
- Wenn es sich um ein spezialisiertes Softwarehaus handelt, das einen bestimmten Teilbereich aus dem Projekt abwickeln soll, ist ein Risikotransfer unrealistisch.
- Je eher ein vom Unterauftragnehmer bearbeitetes Arbeitspaket von den übrigen Projektinhalten abgrenzbar ist, desto größer wird die Möglichkeit, hier einen Risikotransfer durchführen zu können. Typische Beispiele wären speziell zu entwickelnde Treiber, die Programmierung einer Embedded-Komponente, die von dem Projekt angesteuert werden soll, usw.

Einige Beispiele

Die Abgrenzbarkeit ist wichtig

---

[85] Spätestens hier wird es knifflig – wo hört der Risikotransfer auf? Sind zum Beispiel die Mitarbeiter des Auftraggebers in einer frühen Phase des Projektlifecycles integriert, so sind die Folgefehler und die damit verbundenen Kosten eigentlich ebenfalls in den Verantwortungsbereich des Auftraggebers zu legen, hier wird die Nachweispflicht sehr kompliziert.

- Sollte die Handbucherstellung an einen Unterauftragnehmer vergeben werden, ist ein Risikotransfer ohne weiteres durchführbar. Dabei wird sich jedoch der Unterauftragnehmer hinsichtlich der rechtzeitigen Bereitstellung der entsprechenden Inhalte ebenfalls absichern.
- usw.

Entscheidend ist das Verhandlungsgeschick

Diese Liste variiert von Projekt zu Projekt und lässt sich beliebig erweitern. Entscheidend ist das Verhandlungsgeschick der Projektverantwortlichen auf beiden Seiten. Generell gilt beim Risikotransfer an Unterauftragnehmer die folgende Regel:

Regel zum Risikotransfer

Auch wenn ein Risiko auf einen Unterauftragnehmer übertragen wurde, so entbindet das den Auftragnehmer nicht von seiner Pflicht, dieses Risiko weiterhin einem gewissenhaften Monitoring zu unterziehen.

5.5.2.4
Übertragung von Risiken auf Versicherungsträger

Mit Geld geht alles

Die sicherlich einfachste – aber auch sehr kostspielige – Variante der Strategie des Risikostransfers ist in der Übertragung von Risiken auf Versicherungsträger zu sehen. Heutzutage kann man sich schließlich gegen alles versichern – alles nur eine Frage des Geldes. Abbildung 36 zeigt ein Beispiel eines Versicherungsanbieters, der sich auf die IT-Branche spezialisiert hat.

Generell ist zu beachten, dass die meisten Versicherungen sich bisher auf die Produkthaftung beschränken, die Versicherung von Projekten ist meist nicht im Portfolio enthalten.

5.5.3
Problemfelder bei der Strategie des Risikotransfers

Die Strategie des Risikotransfers ist sicherlich die komplizierteste Strategie, die im Risikomanagement eingeschlagen werden kann. Zu unterscheiden sind zwei Situationen:

- Der Zeitpunkt, wo der Risikotransfer an wen auch immer übertragen wird.
- Der Zeitpunkt, wo das Risiko eingetreten ist und derjenige, auf den das Risiko übertragen wurde, in die Verantwortung genommen wird.

Zwei Situationen

Es ist offensichtlich, dass sobald der Risikotransfer zum Tragen kommt, Probleme auftauchen werden. Nun zeigt sich, wie sicher die Vertragsklauseln sind und wie gewissenhaft das Monitoring und die Dokumentation geführt wurden.

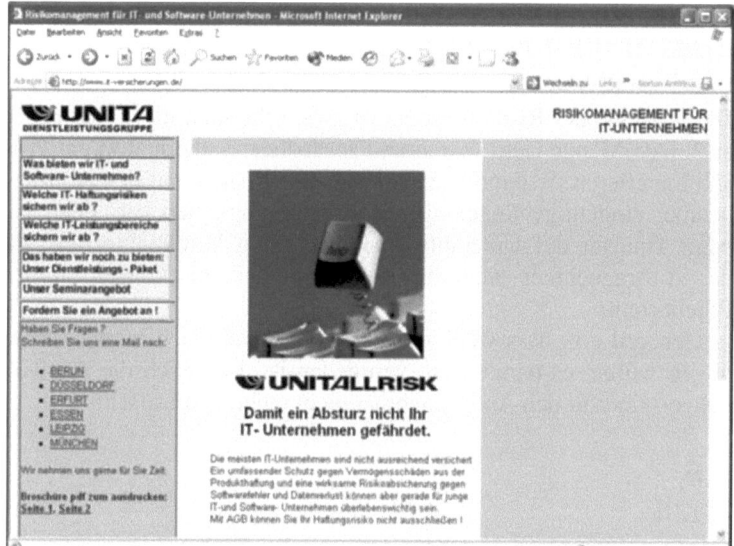

Abbildung 36: Beispiel eines Versicherungsanbieters, der sich auf die IT-Branche spezialisiert hat.

5.5.4
Interner Risikotransfer

Es gibt noch eine weitere Form des Risikotransfers, den wir bisher noch nicht dargestellt haben, der aber in diesem Buch zur Sprache kommen soll, da viele Unternehmen diesen ebenfalls zum Einsatz bringen: Den internen Risikotransfer. Hierbei handelt es sich um die Übertragung der Risiken (oder zumindest eines Teils der Risiken) auf die eigenen Mitarbeiter bzw. die Projektmitarbeiter.

Im Wesentlichen handelt es sich dabei um die terminlichen Risiken. Hier wird zu Projektbeginn mit den Mitarbeitern ein Projektplan aufgesetzt, in dem die jeweiligen Zuständigkeiten und Aufgaben verteilt werden. Der „Trick" besteht nun darin, dass die Mitar-

Übertragung der Risiken auf die eigenen Mitarbeiter

beiter einen variablen Gehaltsanteil haben, der sich am zeitgenauen Erreichen der Projektmeilensteine berechnet. Treten die terminlichen Risiken ein, so kostet dies das Unternehmen zwar zusätzliche Entwicklungskosten, auf der anderen Seite wird jedoch am variablen Anteil gespart.

Spiel mit dem Feuer

Dieser Ansatz steht stark in der Diskussion – es ist hier sehr genau zu differenzieren, wie lange diese Art der Bemessung des variablen Anteils noch zur Motivation der Mitarbeiter beiträgt und ab wann hier ein offensichtlicher Risikotransfer auf dem Rücken der Mitarbeiter ausgetragen wird. Der Grat ist hier sehr schmal.

5.5.5 Zusammenfassung

Der Auftragnehmer bleibt teilweise in der Pflicht

Die Strategie des Risikotransfers ist zwar sehr aufwändig, kann aber auch jede Menge Geld sparen und zusätzliche Sicherheit in ein Projekt integrieren. Während der Transfer von Risiken auf den Auftragnehmer eindeutige Regelungen und Zuständigkeiten hat, sieht das beim Transfer auf Unterauftragnehmer schon komlizierter aus, da der Auftragnehmer weiterhin gegenüber seinem Kunden in der Pflicht steht.

Generell gilt, dass wenn ein Risiko (auf wen auch immer) übertragen wurde, es damit nicht vermieden ist. Lediglich die Auswirkungen sind für den Auftragnehmer nicht mehr so drastisch!

5.6 Fazit

In diesem Kapitel wurde aufgezeigt, dass es eine Reihe von Strategien gibt, mit Risiken umzugehen. Im Einzelnen wurden die folgenden Strategien besprochen:

Die vier besprochenen Strategien

- Risikovermeidung
- Risikoakzeptierung
- Risikominimierung
- Risikotransfer

Innerhalb eines Projektes kommen immer mehrere Strategien zum Einsatz, die Strategien werden nicht projektbezogen, sondern für jedes identifizierte Risiko einzeln angewendet.

6 Risikomanagement in Prozessmodellen

6.1 Einführung in die Thematik

In der Informationstechnik setzen sich Prozessmodelle immer häufiger durch. Ziel solcher Prozessmodelle ist es, dass durch den Einsatz von einheitlichen Methoden und Techniken eine qualitativ hochwertige Software-Entwicklung gewährleistet werden soll. Risikomanagement ist dabei ein Bestandteil der meisten Prozessmodelle.

Ziele von Prozessmodellen

Hierzulande konnten sich in den letzten Jahren die folgenden drei Prozessmodelle auf dem Markt etablieren:

- Das V-Modell
- Der Rational Unified Process
- Das Microsoft Solution Framework

Drei Prozessmodelle

Ältere Prozessmodelle, wie zum Beispiel das Wasserfallmodell, sind weiterhin im Einsatz (besonders bei kleineren Projekten ist das Wasserfallmodell auch sinnvoll).

Das Spiralmodell ist als Vorgängermodell des Rational Unified Process zu sehen und wird daher hier nicht explizit besprochen, da die meisten Ansätze des Risikomanagements vom Spiralmodell im RUP wiederzufinden sind.

6.2 Risikomanagement im V-Modell

6.2.1 Allgemeines zum V-Modell

Seit 1992 auf dem Markt

Das V-Modell existiert in seiner ersten Version seit 1992 und wird seitdem im öffentlichen Bereich als Standard für die Software-Entwicklung eingesetzt. Die fortgeschriebene Version V-Modell 97 findet neben dem öffentlichen Bereich auch zunehmend Verbreitung im Banken- und Versicherungsumfeld. Im Auftrag des Bundesverteidigungsministeriums (BMVg) hat die Industrieanlagen Betriebsgesellschaft (IABG) in Ottobrunn dieses Vorgehensmodell entwickelt. Seit 1997 wurde es für Bundesbehörden und deren nachgeordnete Bereiche als verpflichtender Standard festgelegt. Das BMI (Innenministerium) hat sich dem im selben Jahr angeschlossen.

Das V-Modell 97 ist eine Anpassung des Standards V-Modell 92. Im Wesentlichen wurden dabei die Erfahrungen, die mit dem Vorgänger gemacht wurden, in das fortgeschriebene V-Modell integriert. Das V-Modell an sich wirkt auf den ersten Blick vom Volumen her erschlagend. Die Originaldokumentation besteht aus drei Bänden:

Drei Bände Originaldokumentation

- Entwicklungsstandard
- Methodenstandard
- Werkzeuganforderungen

Einige hundert Seiten Handbuchsammlung

Diese sogenannte Handbuchsammlung umfasst einige hundert Seiten und ist auf drei Ordner verteilt. Doch der eigentliche Regelungsteil beträgt nur 30 Seiten, der Rest besteht aus Abwicklungstexten, Empfehlungen, Kommentaren uvm. Das Vorurteil, dass das V-Modell im Gegensatz zu anderen Vorgehensweisen bei der Software-Entwicklung bis zu 50% Mehraufwand erfordert, ist falsch. Der Aufwand ist abhängig vom Ergebnis des Projektzuschnittes (Tailoring). Werden hier Fehler gemacht, so steigt natürlich der Aufwand. Hinzu kommt, dass der Aufwand zwar höher ist, als bei der „Chaos"-Programmierung, sich jedoch die Zeiten für die anschließende Wartung oder für das Änderungsmanagement erheblich reduzieren.

6.2.2
Submodelle im V-Modell

Das V-Modell gliedert sich in vier unterschiedliche Bereiche, die eng miteinander verknüpft sind:

- System/Software-Erstellung (SE)
- Projektmanagement (PM)
- Qualitätssicherung (QS)
- Konfigurationsmanagement (KM)

Vier unterschiedliche Bereiche

Diese Bereiche werden auch Submodelle genannt und sind wesentlicher Bestandteil des V-Modells.

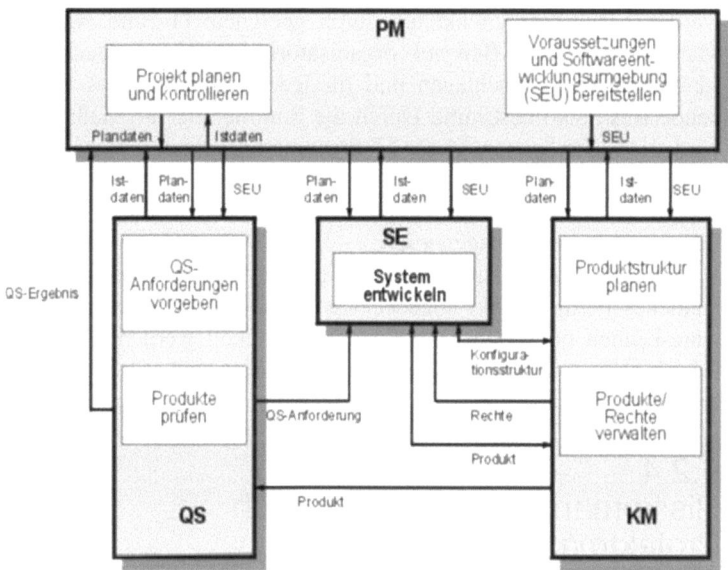

Abbildung 37: Das Zusammenspiel der vier Submodelle im V-Modell

Abbildung 37 zeigt das Zusammenspiel dieser Modelle. So liefern gewisse Aktivitäten des einen Submodells als Ergebnis den Input für ein anderes Submodell. Um die Navigation durch die vier Submodelle zu erleichtern, wurden im V-Modell Tabellen integriert, anhand derer erkennbar wird, welche Aktivität welchen Input von welchem Submodell erhält. Im Folgenden soll nicht weiter auf die einzelnen Submodelle eingegangen werden. Bei näherem Interesse sei auf [Verst99] verwiesen. Gegenstand der weiteren Betrachtung ist das Risikomanagement im V-Modell.

6.2.3
Risikomanagement im Bereich System-Entwicklung

SE 1.6 Bedrohung und Risiko analysieren

Innerhalb des Submodells System-Entwicklung spielt im V-Modell Risikomanagement keine allzu große Rolle, hier existiert lediglich eine Teilaktivität: „SE 1.6 Bedrohung und Risiko analysieren". Im Rahmen dieser Bedrohungs- und Risikoanalyse sind die für das System relevanten Bedrohungen zu ermitteln und die damit verbundenen Risiken unter Berücksichtigung von Eintrittswahrscheinlichkeiten und zu erwartenden Schäden zu bewerten. Die Ergebnisse der Bedrohungs- und Risikoanalyse bilden die Grundlage für die Formulierung der Anforderungen an die IT-Sicherheit innerhalb der Anwenderforderungen.

IT- und Nicht-IT-Maßnahmen werden betrachtet

Um speziell die Anforderungen an die IT-Sicherheit abzudecken, werden Lösungsmöglichkeiten durch geeignete IT- und Nicht-IT-Maßnahmen (zum Beispiel organisatorische oder bautechnische Maßnahmen) vorgeschlagen und für jeden Vorschlag das verbleibende Restrisiko bestimmt. Durch die Summe aller IT-Maßnahmen wird der Sicherheitsanteil des IT-Systems festgelegt. Unter Zugrundelegung der Ergebnisse der Realisierbarkeitsuntersuchung wird die geeignete Lösung einschließlich ihrer Begründung als IT-Sicherheitskonzept ausgewiesen.

IT-Sicherheitsfunktion

Eine IT-Sicherheitsfunktion kann entweder durch ein bereits vorhandenes Fertigprodukt abgedeckt werden, oder sie muss als Software-Einheit oder Hardware-Einheit entwickelt werden. Hier steht jedoch eher der Sicherheitsaspekt im Vordergrund, nicht das Risikomanagement.

6.2.4
Risikomanagement im Bereich Projektmanagement

6.2.4.1
Risikotypen im V-Modell

Das Risikomanagement im V-Modell ist zum großen Teil im Submodell PM für Projektmanagement angesiedelt. Die Aktivität PM 7 beschreibt das Risikomanagement. Innerhalb des V-Modells werden unterschiedliche Risikotypen unterschieden, die im Folgenden kurz beschrieben werden sollen:

- „planungsbedingte" Risiken, die durch die Projektplanung und -steuerung entstehen, so zum Beispiel durch unrealistische Planungen, organisatorische und personelle Engpässe, unzureichenden Informationsfluss, wechselnde Anwenderforderungen, zu große Komplexität.   *Planungsbedingte Risiken*
- „technische" Risiken, die zum Beispiel im Rahmen der Integration verschiedener technischer Produkte entstehen.   *Technische Risiken*
- „qualitätsbezogene" Risiken, die durch das entwicklungstechnische Vorgehen entstehen, so zum Beispiel durch Verstöße gegen das reglementierte Entwicklungsvorgehen in der Entwicklung, in der Qualitätssicherung oder dem Konfigurationsmanagement.   *Qualitätsbezogene Risiken*
- „vertragliche" Risiken, die durch Probleme auf der Auftragnehmerseite verursacht werden.   *Vertragliche Risiken*
- „finanzielle" Risiken aufgrund einer unsicheren Finanzierung sowohl seitens des Auftraggebers als auch des Auftragsnehmers.   *Finanzielle Risiken*
- „projektspezifische" Risiken aufgrund von Besonderheiten des Projektes.   *Projektspezifische Risiken*

Diese V-Modell-spezifischen Risikotypen unterscheiden sich nicht wesentlich von den in diesem Buch definierten Risikotypen[86], sie lassen sich wie folgt zuordnen:

- terminliche Risiken: projektspezifische Risiken und planungsbedingte Risiken   *Zuordnung der Risikotypen*
- technologische Risiken: technische Risiken und qualitätsbezogene Risiken
- kaufmännische Risiken: finanzielle Risiken und vertragliche Risiken
- Ressourcenrisiken: planungsbedingte Risiken

Es fällt jedoch auf, dass das V-Modell politische Risiken nicht berücksichtigt. Unseres Erachtens ein grober Fehler, wenn man überlegt, wie viele Projekte aus politischen Gründen bereits gescheitert sind (siehe auch Kapitel 1).

---

[86] Es finden jedoch einige Überschneidungen statt; so sind planungsbedingte Risiken sowohl terminlichen als auch Ressourcenrisiken zuzurechnen.

6.2.4.2
Das Submodell PM

Die Regelungen, die das V-Modell bezüglich der Abwicklung des Projektmanagements trifft, beziehen sich nicht auf die organisatorische Einbettung des Projektmanagements innerhalb eines Unternehmens, vielmehr werden die durchzuführenden Aktivitäten, die wichtigen Phasen und die zu erstellenden Produkte dargestellt.

Drei wesentlichen Bereiche des Projektmanagements

Generell lassen sich, wie Abbildung 38 zeigt, die einzelnen Aktivitäten des Submodells Projektmanagement drei wesentlichen Bereichen zuordnen:

- dem Projekt als Ganzes,
- einem Planungsabschnitt oder
- einem Arbeitsabschnitt.

Abbildung 38: Das Submodell PM

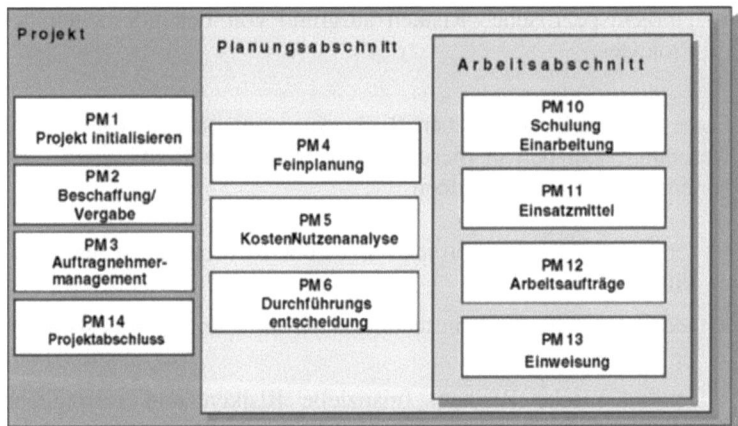

Dabei bedeutet ein Arbeitsabschnitt den kleinsten Bezugspunkt innerhalb des Submodells Projektmanagement. Ein Beispiel wäre die Definition eines Arbeitsauftrages. Ein Planungsabschnitt hingegen umfasst eine Reihe von Arbeitsabschnitten. Es lässt sich festhalten, dass das Projektmanagement in erster Linie in Form von Zyklen durchgeführt wird. Das bedeutet, dass nach einer Projektinitialisierung das Projektmanagement sich an die Gegebenheiten im Projekt – insbesondere falls es sich um ein Projekt handelt, das inkrementell und iterativ abgewickelt wird – anpassen muss.

Die meisten Hauptaktivitäten in diesem Submodell zeichnen sich dadurch aus, dass sie kontinuierlich durchgeführt werden und somit keine Teilaktivitäten haben. Gewisse andere Aktivitäten werden periodisch durchgeführt, wie in Abbildung 39 dargestellt.

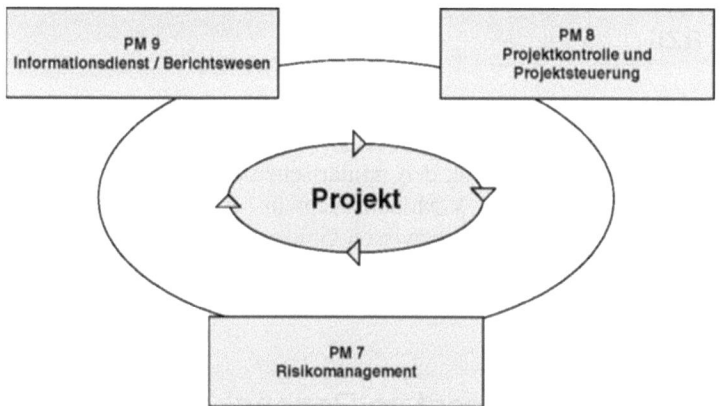

Abbildung 39: Periodische Durchführung von Aktivitäten im Projektmanagement des V-Modells

6.2.4.3
Die Aktivität PM 7 Risikomanagement

Ziel der Aktivität PM 7 ist das rechtzeitige Erkennen möglicher Risiken im Projekt, die präventive Einleitung geeigneter Maßnahmen und die Überwachung der Wirksamkeit der eingeleiteten Maßnahmen.

Rechtzeitiges Erkennen möglicher Risiken

Risikomanagement im V-Modell wird präventiv und periodisch in regelmäßigen, möglichst kurzen Zeitabständen durchgeführt und erfolgt in den folgenden Schritten in dokumentierter Form:

- Maßnahmen, die zur Behebung von früher erkannten Risiken eingeleitet wurden, werden regelmäßig hinsichtlich ihres Erfolgs bewertet und gegebenenfalls korrigiert.
- Mögliche neue Risiken werden identifiziert, ihre Eintrittswahrscheinlichkeiten abgeschätzt und die voraussichtlichen Schäden werden – soweit möglich – quantitativ aufgezeigt.
- Gegebenenfalls wird eine Priorisierung der Abwehrmaßnahmen der erkannten Risiken vorgenommen.
- Die Festlegung und Einleitung von Maßnahmen zur Minderung bzw. Vermeidung erkannter Risiken wird durchgeführt.

Schritte im Risikomanagement

Die vorgeschlagenen Maßnahmen werden der Aktivität PM 8 „Projektkontrolle und -steuerung" über so genannte Berichtsdokumente mitgeteilt, die ihrerseits gegebenenfalls eine Fortschreibung des Projektplans (in Aktivität PM 4 „Feinplanung") bewirken.

6.2.5 Fazit

Militärischer Ursprung wird offensichtlich

Risikomanagement ist im V-Modell relativ ausgeprägt dargestellt. Allerdings weniger im Submodell SE, sondern vielmehr im Submodell PM. Hier merkt man den militärischen Ursprung des Modells. Der große Vorteil des V-Modells liegt in seiner kostenlosen Verfügbarkeit. Bis zu einem gewissen Grad ist das V-Modell auch erweiterbar, jedoch sind die Tayloringvorgaben zu beachten[87].

6.3 Risikomanagement im Rational Unified Process

6.3.1 Allgemeines zum Rational Unified Process

Der Ursprung liegt im Spiralmodell

Der Rational Unified Process (RUP) ist ebenso wie das V-Modell ein Vorgehensmodell zur Software-Entwicklung. Eine ausführliche Beschreibung ist [Kru1998], [Kru1999] und [Vers2000] zu entnehmen. Seine Ursprünge hat der RUP im so genannten Spiralmodell nach Barry Boehm [Boeh1988].

Im Gegensatz zum V-Modell ist der Rational Unified Process jedoch nicht produktneutral, das heißt, ein Unternehmen, das keine Produkte von Rational Software einsetzt, kann mit dem Rational Unified Process nichts anfangen. Abbildung 40 zeigt den strukturellen Aufbau des Rational Unified Process. Er teilt sich auf in die folgenden Disziplinen:

Disziplinen im RUP

- Geschäftsprozessmodellierung
- Anforderungsmanagement
- Analyse und Design
- Implementierung
- Test

---

[87] Zumindest in öffentlichen und militärischen Projekten.

- Deployment
- Konfigurations- und Änderungsmanagement
- Projektmanagement
- Umgebungsmanagement

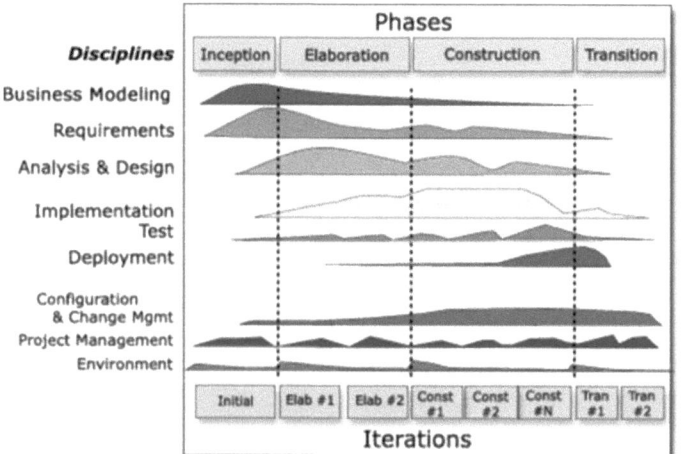

Abbildung 40: Der Rational Unified Process

Wie auch schon in dem im vorherigen Kapitel beschriebenen V-Modell 97 konzentriert sich auch im Rational Unified Process das Risikomanagement auf die Projektmanagementdisziplin, die somit Gegenstand der weiteren Betrachtungen ist.

6.3.2
Die Projektmanagementdisziplin

6.3.2.1
Einführung

Bis zum Jahre 2001 sprach man beim RUP noch von Workflows, mittlerweile hat eine Umbennenung in „Disziplinen" stattgefunden. Eine der wesentlichen Disziplinen beinhaltet das Projektmanagement. Wie aus Abbildung 40 deutlich wird, erstreckt sich diese Disziplin über den gesamten Projektlifecycle. Abbildung 41 gibt eine Übersicht über die Projektmanagementdisziplin.

Der gesamte Projektlifecycle

Abbildung 41:
Die Projektmanagementdisziplin im Rational Unified Process

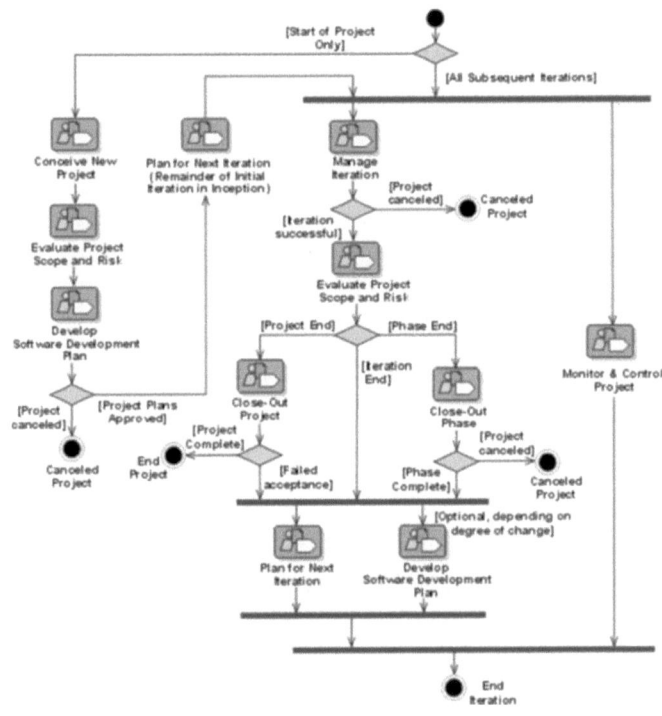

6.3.2.2 Risikomanagementansätze nach Barry Boehm

Innerhalb der Projektmanagementdisziplin ist auch das Risikomanagement angesiedelt, das auf den Ausführungen von Barry Boehm aus dem Jahre 1991 [Boeh1991] basiert. Zentraler Bestandteil dieser Ansätze von Boehm sind:

Strategien nach Boehm
- Risikoakzeptierung
- Risikoübertragung
- Risikovermeidung

Alle drei Strategien wurden bereits zu Beginn des Buches erläutert, daher soll hier auch nicht weiter darauf eingegangen werden. Es sei jedoch darauf hingewiesen, dass hier die Strategie der Risikominimierung fehlt!

Zentrales Hilfsmittel innerhalb des RUP ist dabei die Risikoliste, die hier gepflegt wird. Im RUP wird eine Risikoliste wie folgt definiert:

Risikomanagement in Prozessmodellen

```
A sorted list of known, open risks to the
project, sorted in decreasing order of impor-
tance, associated with specific mitigation or
contingency actions.
```
Definition: Risikoliste

Innerhalb des Rational Unified Process werden so genannte Guidelines zum Erstellen einer Risikoliste gegeben. Diese führen die unterschiedlichen Risikotypen auf und geben Hinweise, welche Risiken innerhalb eines Projektes auftreten können. Empfohlen werden im RUP auch die Monte-Carlo-Simulationen nach [Karl1996]. Die Risikoliste im Rational Unified Process wird dabei üblicherweise in Form einer Excel-Liste angelegt.

Monte-Carlo-Simulationen

Der Rational Unified Process unterscheidet die folgenden Risikotypen:

- Ressourcenrisiken
- Projektplanrisiken
- Technische Risiken
- Kaufmännische Risiken

Risikotypen im Rational Unified Process

Wie schon im V-Modell werden auch im Rational Unified Process politische Risiken nicht berücksichtigt.

6.3.2.3
Identifizierung und Zuordnung von Projektrisiken

Die oben angesprochene Risikoliste wird innerhalb der Projektmanagementdisziplin erstellt und kontinuierlich überarbeitet. Von besonderer Bedeutung ist dabei die Aktivität *Evaluate Project Scope and Risk*, dargestellt in Abbildung 42. Hier werden die Projektrisiken identfiziert und zugeordnet. Zuständig für diese Aktivität ist der Projektleiter. Je nach Projektgröße kann dafür aber auch ein separater Risikomanager festgelegt werden.

Die folgenden Teilaufgaben fallen unter die Identifizierung und Zuordnung der Projektrisiken:

Teilaufgaben zur Identifizierung und Zuordnung der Projektrisiken

- Das Identifizieren der potentiellen Projektrisiken; als Technik werden hier in erster Linie Brainstorming-Verfahren vorgeschlagen.

- Die Priorisierung der gefundenen Risiken; Ziel hierbei ist es, ähnliche Risiken zu bündeln und anschließend je nach Einflussgröße auf den Projekterfolg zu priorisieren.
- Die Ausarbeitung von Strategien, wie Risiken zu vermeiden sind. Eventuell wird hier auch eine Reorganisierung des Projektes vorgenommen.
- Die Ausarbeitung von Strategien, wie der Einfluss von Risiken auf den Projekterfolg zu minimieren ist.
- Die Ausarbeitung von Strategien, die als Plan B einzuschlagen sind, wenn das Risiko eingetreten ist.

Nach jeder Iteration alle Risiken erneut betrachten

Des Weiteren sieht der RUP vor, dass während und im Anschluss an jede Iteration alle Risiken erneut betrachtet werden und die Risikoliste überarbeitet wird. Besonders die Eintrittswahrscheinlichkeit von Risiken ändert sich innerhalb des Projektverlaufes kontinuierlich. Ferner können neue Ideen entstehen hinsichtlich der drei oben aufgeführten Strategien.

Ferner sieht das Risikomanagement im Rational Unified Process die Erstellung einer Top-10-Liste vor – also der Risiken, die mit hoher Priorität behandelt werden müssen.

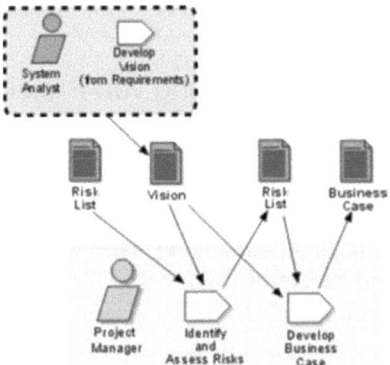

Abbildung 42: Die Teilaktivität zur Ermittlung der Projektrisiken im Rational Unified Process

6.3.2.4 Der Risikomanagement-Plan

Ein weiteres Artefakt für das Risikomanagement innerhalb des Rational Unified Process ist der Risikomanagement-Plan. Dieser hat als Eingangsartefakt die zuvor beschriebene Risikoliste. Das Artefakt entsteht in der in Abbildung 43 dargestellten Aktivität: Entwicklung des Software Development Plan.

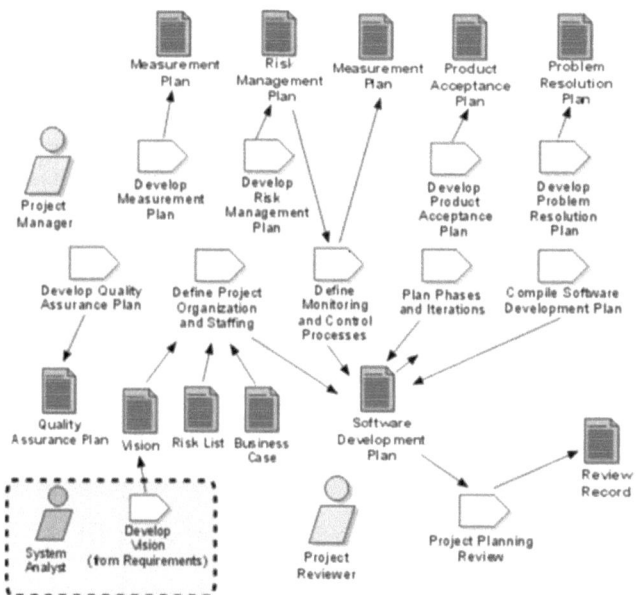

Abbildung 43: Entwicklung des Software Development Plan

6.3.3
Schwächen im Rational Unified Process

Aus den bisherigen Abschnitten geht hervor, dass Risikomanagement nicht gerade ein aktuelles Thema des Rational Unified Process ist. Im Wesentlichen basieren die Inhalte auf den Arbeiten von Barry Boehm aus dem Jahre 1991. Demzufolge fehlen wichtige Strategien, wie zum Beispiel die Strategie der Risikominimierung, oder Hilfsmittel wie die Risikoabhängigkeitsliste.

Risikomanagement ist im RUP kein aktuelles Thema

Eine entsprechende Erweiterung des Rational Unified Process ist in [Vers2000] zu finden. Hier wurde die in Kapitel 4 beschriebene Risikomatrix in den RUP integriert. Leider wurde diese Erweiterung in den nächsten Versionen des Rational Unified Process nicht weiter berücksichtigt.

6.3.4
Fazit

RUP muss bei kritischen Projekten erweitert werden

Risikomanagement im Rational Unified Process ist nur gering ausgeprägt. Unternehmen, die den Rational Unified Process für kritische Projekte einsetzen, müssen diesen um die entsprechenden Instrumente, die im vorherigen Kapitel vorgestellt wurden, erweitern. So hat zum Beispiel ProSieben die vorgeschlagenen Erweiterungen des Risikomanagements um die Risikomatrix in ihren Software-Entwicklungsprozess integriert [Sinn2001], um Risiken besser kontrollieren zu können.

RUP ist erweiterbar

Da der Rational Unified Process in jeglicher Sicht erweiterbar ist, ist eine derartige Integration von Risikomanagementaspekten „einfach" vorzunehmen. Allerdings darf nicht vernachlässigt werden, dass der RUP jedes Jahr mindestens einmal überarbeitet wird, somit sind dann derartige Erweiterungen ebenfalls jedes Jahr erneut in den Prozess zu integrieren.

6.4
Risikomanagement im MSF Version III

6.4.1
Allgemeines zum Microsoft Solutions Framework

Prozessmodell für Infrastrukturprojekte

Mit dem Microsoft Solutions Framework (MSF) steht ein Prozessmodell für Infrastrukturprojekte wie auch für die Softwareentwicklung zur Verfügung. Obwohl von Microsoft kommend, konnte das Microsoft Solutions Framework bisher nicht den Bekanntheitsgrad des V-Modells oder Rational Unified Process erreichen. Daher soll das MSF an dieser Stelle etwas ausführlicher beschrieben werden, als dies bei den anderen Vorgehensmodellen der Fall war.

Die IT-Branche ist besonders in den Bereichen Client/Server- und webbasierte Systeme weitgehend von Quereinsteigern geprägt. Eine ingenieur-gemäße Vorgehensweise bei der Entwicklung von IT-Systemen ist entsprechend in weiten Teilen der Branche nicht bekannt, zumindest aber nicht umgesetzt. Was nicht zuletzt auch daran liegen mag, dass sich auch die Informatiker selbst nicht als Ingenieursdisziplin betrachten und eine solche auch wissenschaftlich nicht herausgebildet haben. (Das Hasso-Plattner-Institut HPI in

Potsdam mag hier als die Ausnahme gelten, die die Regel bestätigt.) Im Ergebnis ist bei der Erstellung vieler IT-Systeme nicht nur das Scheitern vorprogrammiert, sondern auch der Erfolg, so er sich dennoch einstellt, nicht reproduzierbar.

Die Standish-Group, welche jährlich die sogenannte Chaos-University veranstaltet, veröffentlicht die neuesten Untersuchungsergebnisse. Diese belegen, hier in der historischen Reihung besonders eindrucksvoll, dass die IT-Branche besonders das Problem gefährdeter Projekte nicht in den Griff bekommt. (Als gefährdet gelten dabei Projekte, bei denen Budget- und/oder Zeitpläne um mindestens 10% überzogen wurden und/oder in denen Teile der Funktionen/Features nicht realisiert wurden).

Ergebnisse der Standish-Group

Als Top-5-Ursachen für das Scheitern und/oder die Gefährdung von IT-Projekten nennt die Standish Group:

- mangelnde Benutzerakzeptanz durch fehlende Einbeziehung der Benutzer in allen Projektphasen,
- mangelnde Managementunterstützung für das Projekt,
- unerfahrene Projektmanager,
- fehlende betriebswirtschaftliche Begründung des Projektes,
- unzuverlässige Aufwandsabschätzungen.

Top-5-Ursachen

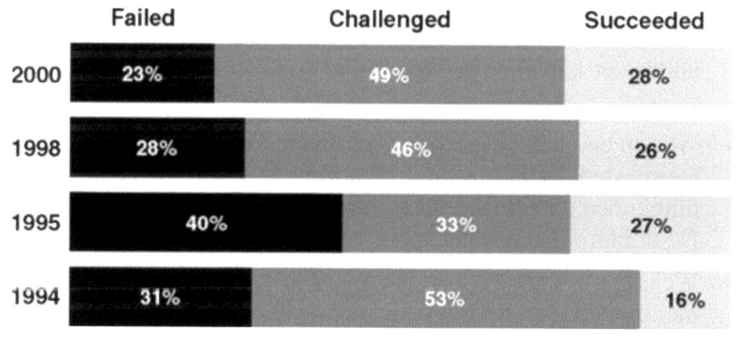

Abbildung 44: Durchschnittliche IT-Projekterfolge seit 1994[88]

All diesen Problemen rücken die so genannten Vorgehens- oder besser Prozessmodelle auf den Leib. Die in Deutschland bekanntesten dieser Modelle sind sicherlich die so genannten schwergewichtigen Prozessmodelle (welche in Anlehnung an ingenieurmäßig organisierte Prozesse entstanden) V-Modell und der Rational Uni-

---

[88] Dieses Chart stellt das Ergebnis von 30.000 Software Entwicklungs Projekten in großen, mittleren und kleinen U.S.-Firmen dar, die von der Standish Group seit 1994 beurteilt wurden.

fied-Process (RUP) sowie inzwischen immer häufiger anzutreffend mit XP (eXtreme Programming) ein leichtgewichtiges Prozessmodell. Was also bewegte Microsoft bereits vor mehr als 5 Jahren, mit dem Microsoft Solutions Framework selbst ein Modell vorzustellen und es vor kurzem zu der vollständig überarbeiteten Version 3.0 weiterzuentwickeln?

6.4.2
Kritik an bisherigen Prozessmodellen

Die bekannten Vorgehensmodelle geraten trotz der tatsächlich bestehenden Probleme in der IT-Branche (siehe oben) dort, wo sie in Reinkultur eingeführt werden sollen, schnell in die Kritik. Dabei sind die folgenden Kritikpunkte durchaus ernst zu nehmen.

Passt das Vorgehensmodell zur Unternehmenskultur?
- Passen die im Modell genannten Vorgehensweisen zur Unternehmenskultur? Wenn nein: Ist eine Änderung der Unternehmenskultur ohne große Verluste (Personal, Zeit etc.) überhaupt möglich?
- Kann ein Vorgehensmodell überhaupt Top-Down und in Reinkultur eingeführt werden oder muss es aus dem Unternehmen heraus wachsen?

Zu hoher Aufwand?
- Induzieren diese Vorgehensmodelle mit und nach ihrer Einführung nicht einen übermäßigen Verwaltungsaufwand? Ist dieser überhaupt kalkulierbar? Bzw. sind Kunden bereit, dafür zu bezahlen?
- Warum beschäftigen sich die bekannten Modelle nur mit Softwareprojekten, nicht aber mit dem Rollout der fertigen Software, mithin den darauf folgenden Infrastrukturprojekten, bzw. mit Infrastrukturprojekten allgemein?

Welchen Fokus haben Vorgehensmodelle?
- Welche Antworten haben die Vorgehensmodelle auf die Probleme, die sich im Lebenszyklus eines IT-Systems außerhalb von Projekten ergeben, Stichworte:
- Unternehmensplanung,
- Betrieb des Systems,
- strategische Systemarchitektur
- usw.

All diesen Kritikpunkten begegnet Microsoft mit dem MSF:

- Das MSF stellt ein Framework (eine Art Fachwerk) dar, welches Gedächtnisstützen formuliert, deren Ausgestaltung aber der Unternehmenskultur überlässt.
- Das MSF lässt sich mit beliebigen im Unternehmen bereits vorhandenen Organisations- und Ablaufschemata kombinieren. Es kann in das Unternehmen organisch hineinwachsen.

Das MSF ist beliebig kombinierbar

- Das MSF schreibt die Verwaltungsvorgänge nicht explizit vor. So können neben sehr großen Projekten auch kleinste Projekte mit Hilfe des MSF erfolgreich gestaltet werden. (Stichwort Skalierbarkeit).
- Das MSF stellt Infrastrukturprojekte gleichberechtigt neben Software-Entwicklungsprojekte.
- Das MSF beinhaltet neben einem Projekte beschreibenden Modell (welches nur die "Projekt"-Phase des Lebenszyklus beschreibt) weitere Disziplinen und schließt nahtlos an das Microsoft Operations Framework (MOF) an. (Siehe auch Abbildung 45.) Dieses in Anlehnung an und Ausgestaltung von ITIL (Information Technology Infrastructure Library) entwickelte Modell für den Betrieb von IT-Systemen deckt somit zusammen mit dem MSF den gesamten Lebenszyklus eines Softwareproduktes ab.

Infrastrukturprojekte und Software-Entwicklungsprojekte sind gleichberechtigt

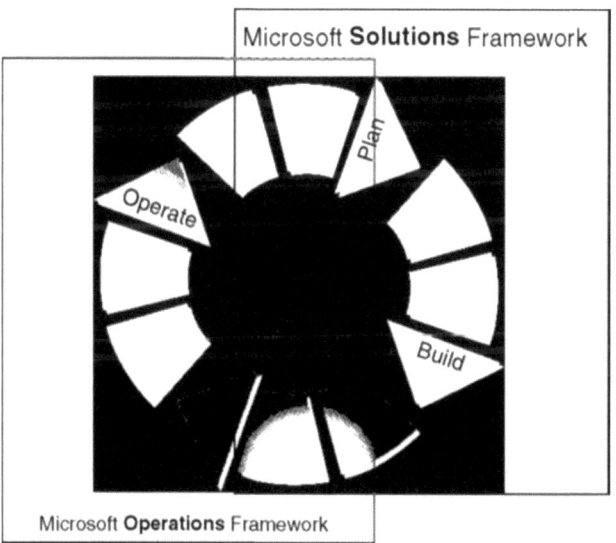

Abbildung 45: Einordnung MSF in die IT-Prozessmodelle bei Microsoft

Bei allen in der Folge erwähnten Details sollte schließlich im Auge behalten werden, dass das MSF lediglich Vorschläge für eine mögliche Realisierung macht, nicht aber die tatsächliche Implementierung von Strukturen oder Vorgängen vorgibt.

6.4.3
Das Teammodell des MSF

Sechs unterschiedliche Rollen

Beim Teammodell des MSF, dargestellt in Abbildung 46, handelt es sich somit nicht um ein Organigramm. Stattdessen werden sechs Rollen definiert, welche den Hauptverantwortungsbereichen innerhalb eines IT-Projektes entsprechen:

- Program Management
- Product Management
- Development
- User Experience
- Test
- Release Management

Abbildung 46:
Das Microsoft-Teammodell

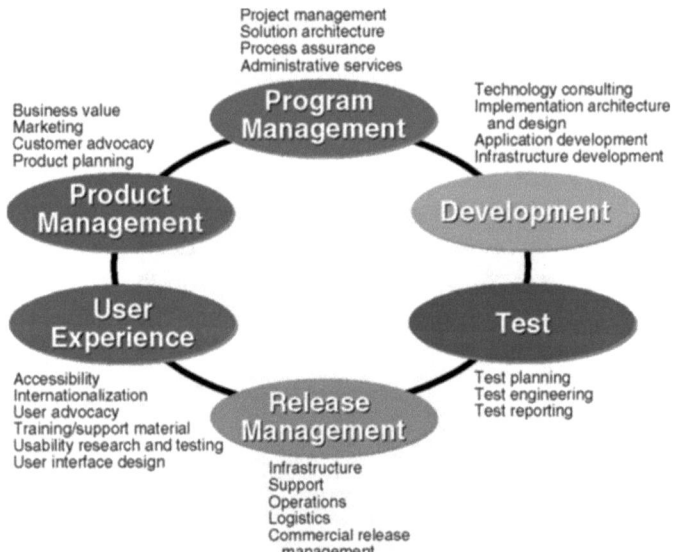

Die Besetzung der Rollen mit Personen sowie die möglichen Kombinationen von Rollen beschreibt das MSF getrennt von der Beschreibung der Teamrollen.

Beim Teammodell des MSF handelt es sich um ein sogenanntes *Team of Peers-Modell*, was mit "Team gleichberechtigter Partner" nur ungenügend übersetzt werden kann. Es handelt sich nicht um ein Organigramm, das heißt, wer wessen Vorgesetzter ist, wird nicht durch das Teammodell festgelegt.

Team gleichberechtigter Partner

Stattdessen legt das Teammodell eine Verteilung der Verantwortlichkeit für die gemeinsame Sache (das Projekt) fest und regelt die Zusammenarbeit und Kommunikation innerhalb eines Teams mit multidisziplinären Rollen.

An dieser Stelle wird übrigens in allen MSF-Veranstaltungen die lauteste Kritik zu hören sein, die sich häufig wie folgt gestaltet:

- Wie kann Verantwortung geteilt werden?
- Wer kriegt denn nun den Kopf gewaschen?
- Wer wird gefeuert, wenn das Projekt nicht den gewünschten Erfolg hat oder gar scheitert?

Häufige Kritik

Die Antwort des MSF ist so verblüffend einfach, wie die zitierten Fragen das bisher falsche Verständnis von Projektmanagement offenbaren. Die Antwort des MSF lautet, niemand wird gefeuert! Wieso auch, wir planen für den Erfolg und nicht für das Scheitern.

Falsches Verständnis von Projektma- nagement

Für uns beinhaltet diese Antwort des MSF übrigens den entscheidenden Kritikpunkt an dem Verwaltungsoverhead, den andere Prozessmodelle produzieren:

```
Die Mehrzahl der Dokumente, zum Beispiel im
V-Modell, dient lediglich der Entschuldigung
des Erstellers für den Fall, dass das Projekt
scheitert. Mit Hilfe dieser Dokumente wird
ausschließlich das persönliche Risikomanage-
ment von Menschen gefördert, die sowieso
nicht bereit sind, Verantwortung für das Ge-
lingen zu übernehmen. Wer keine Verantwortung
für den Erfolg übernimmt, ist automatisch für
den Misserfolg mitverantwortlich.
```

These

Was aber hat das MSF der weitgehenden Resignation von Projektmitarbeitern im Zusammenhang mit „Verantwortung" entgegenzusetzen? Resignation insofern, als Projektmitarbeiter Verantwortung oft so definieren: „Wir dürfen zwar keine wichtige Entscheidung selber treffen, sind aber schuld, wenn etwas schief geht". Eines der wichtigsten Prinzipien des MSF-Teammodells, die "Ermächtigung" des Projektteams, spiegelt eine mögliche Reaktion auf dieses Dilemma wieder. Das heißt, das Projektteam hat die Macht, im Rahmen der Beschränkungen des Projektes:

Beschränkungen des Projektes

- Budget,
- Zeitplan,
- Featureliste

alle wichtigen Entscheidungen selbst zu treffen. Nur so kann Verantwortung ernst genommen werden. Wie könnte ein Projektmitarbeiter Verantwortung übernehmen, wenn wichtige Entscheidungen innerhalb der Projektrahmenbedingungen von außen diktiert würden?

Shared Project Vision

Ein weiteres wichtiges Prinzip ist die sogenannte "Shared Project Vision". Dabei geht es nicht so sehr darum, T-Shirts mit einem Projektslogan zu drucken[89]. Es geht vielmehr darum, dass alle Projektbeteiligten (Team und Kunde) die Ziele und Maßgaben des Projektes in gleicher Weise verstehen. So werden unterschiedliche und sich widersprechende Visionen vermieden. Statt dessen wird ein Konsens darüber hergestellt, was das Projekt erreichen soll, warum es durchgeführt wird und innerhalb welcher Grenzen und Schranken sich das Projektteam frei bewegen kann.

Weitere wichtige Prinzipien

Daneben gibt es weitere wichtige Prinzipien. Das MSF betrachtet zum Beispiel das Ziel eines jeden Projekts als Produkt. So wird das Team auf die Produktion statt auf den Prozess fokussiert und die Identifikation der einzelnen Teammitglieder mit dem Endergebnis verstärkt. Besonders aber wird so der Gedanke eines gemeinsam zu schaffenden Ganzen gegenüber den Teilaufgaben der einzelnen Teammitglieder in den Vordergrund gerückt. Zero-Defect (Fokussierung auf höchste Qualität), Kundenorientierung und Lernbereitschaft jedes Einzelnen sind weitere allgemein anerkannte Prinzipien, die das MSF durch sein Teammodell fördert und verstärkt.

---

[89] obwohl dies hin und wieder auch keine schlechte Idee sein mag, eine Projektvision zu vermitteln oder auch die Motivation der Teammitglieder entsprechend zu erhöhen.

6.4.4 Die Verantwortung der Teammitglieder im Detail

6.4.4.1 Einführung

Im Folgenden sollen die bereits oben aufgeführten sechs Rollen des Teammodells näher betrachtet werden:

- Product Management
- Program Management
- Development
- Test
- User Experience
- Release Management

Sechs Rollen des Teammodells

6.4.4.2 Product Management

Das Product Management beschreibt die Rolle des "Anwaltes" (oder im Deutschen besser Sachwalters) des Kunden im Team. "Der Kunde" ist dabei als der Geldgeber oder "der, der bezahlt" definiert. Im Einzelnen hat das Product Management die folgenden Aufgaben:

- Product Management vertritt die Sache des Kunden dem Team gegenüber, aber auch das Team dem Kunden gegenüber.
- Product Management ist für eine teamübergreifende Projekt-Vision und die Ausrichtung des Projektteams auf das jeweils nächste zu erreichende Teilziel verantwortlich.
- Das Management der Kundenerwartungen ist eine weitere wichtige Aufgabe dieser Rolle.
- Wenn es darum geht, Entscheidungen Feature versus Zeitplan zu treffen, dann ist diese Rolle die treibende Kraft.
- Das Verständnis des Teams vom betriebswirtschaftlichen Ziel und dessen Erreichung mit Hilfe des Projekts wird durch diese Rolle getragen und weiterentwickelt.

Aufgaben des Product Management

6.4.4.3
Program Management

Die Rolle des Program Management des MSF entspricht wohl am ehesten dem, was in klassischen Projekten als "Projektleiter" verstanden wird. Hier liegt:

Verantwortungen im Program Management

- die Verantwortung für Projekt- und Zeitpläne sowie deren Reporting und
- die Belegung von Ressourcen (Einsatzplanung).
- Die Moderation der Teamkommunikation und
- das Vorantreiben kritischer Entscheidungsprozesse sind wichtige Aufgaben dieser Rolle.

Im Gegensatz zur betriebswirtschaftlichen Sicht des Product Managers hat der Program Manager eher eine technische Sicht (Systemarchitekt) auf das Projekt.

6.4.4.4
Development

Die Rolle Development differiert in ihrer Definition leicht zwischen Infrastrukturprojekten einerseits und Software-Entwicklungsprojekten andererseits. Beiden Projektarten gemeinsam ist die Verantwortung der Development-Rolle für:

Verantwortungen im Development

- das Erstellen der Features zur Erfüllung der Erwartungen des Kunden,
- das Systemdesign mit Schwerpunkt auf dem physischen Design (das logische Design liegt eher beim Program Manager) und
- die Abschätzung des Aufwandes (Arbeitszeit und Dauer) für die Realisierung einzelner Features.

Im Infrastrukturprojekt hat Development darüber hinaus in der Hauptsache die Verantwortung für:

Neue Verantwortungen im Infrastrukturprojekt

- die Auswahl der Technologie für das Deployment,
- das Schreiben von Scripts als Unterstützung für Installation und Deployment und
- die Konfiguration und kundenspezifische Anpassung.

Im Software-Entwicklungsprojekt liegt dagegen die Betonung der Verantwortung der Rolle Development zusätzlich auf der Beratung des Teams in technischen Fragen.

6.4.4.5 Test

Die Hauptaufgabe der Test-Rolle ist, zu gewährleisten, dass alle Problemquellen bekannt sind. Dafür:

- entwickelt sie eine Teststrategie und Testpläne,
- entwickelt Testscripts,
- übernimmt die Verantwortung für die Systemintegration (Build),
- stellt den Status des Systems aufgrund der regelmäßig durchgeführten Tests fest
- und nimmt an der Definition der zu erreichenden Qualitätskriterien teil.

Maßnahmen für Problemquellen

6.4.4.6 User Experience

User Experience ist der "Anwalt" (oder besser Sachwalter) des Endusers im Team. Seine Hauptaufgaben sind somit:

- die Sache des Endusers dem Team gegenüber, aber auch die Sache des Teams dem Enduser gegenüber zu vertreten. Darüber hinaus verantwortet der User Ed (wie er oft fast schon zärtlich genannt wird)
- die Definition der Benutzeranforderungen,
- die Erstellung von Support- und Helpdesk-Systemen,
- den Prozess der Verbesserung der Usability des Systems anzutreiben,
- die Teilnahme am Design benutzerrelevanter Features sowie
- die inhaltliche Vorbereitung und Durchführung der Enduser-Training.

Hauptaufgaben der User Experience

Bei der Einführung des MSF entzündet sich oft die Diskussion an dem Punkt, warum diese Aufgabe insbesondere bei der Erstellung von Individualsoftware nicht auch vom Product Manager übernommen werden kann. Es darf aus der Erfahrung, nicht nur der Standish

Group, berichtet werden, dass gerade der Anwalt des Kunden und der Anwalt des Endusers innerhalb eines Projektteams die größten Konflikte auszutragen haben.

Featurestreit

Dem Kunden ist die Realisierung eines Features zum Beispiel oft zu teuer. Die Enduser andererseits glauben, ohne dieses zu teure Feature gar nicht arbeiten zu können. Andererseits aber werden die Enduser einen unter Umständen neu einzuführenden betriebswirtschaftlichen Ablauf (Business Case) noch nicht in all seinen Auswirkungen beurteilen können, wie zum Beispiel die betriebswirtschaftlichen Organisations- und Planungsabteilungen, die diesen definiert haben.

Mangelnde Benutzerakzeptanz ist Hauptgrund

Das allein in diesen beiden, aber auch in weiteren widerstreitenden Interessen dieser beiden Rollen beheimatete Konfliktpotential ist einer der wesentlichen Gründe dafür, dass "mangelnde Benutzerakzeptanz" die Hitliste der Standish Group für das Scheitern von Projekten anführt.

Aus dem Microsoft-Nähkästchen darf vielleicht soviel geplaudert werden, dass das einzige bisher auch bei Microsoft intern als "gescheitert" betrachtete Microsoft-Projekt ("Bob", eine grafische Benutzeroberfläche für Kinder) vor vielen Jahren genau an diesem Punkt (Benutzerakzeptanz) scheiterte.

6.4.4.7 Release Management

Auslieferung und Installation

In der Release-Management-Rolle wird deutlich, warum nach MSF jedes Software-Entwicklungsprojekt auch ein Infrastrukturprojekt beinhaltet. Jede Software muss, nachdem sie entwickelt und stabilisiert wurde, irgendwann mindestens einmal ausgeliefert und installiert werden. Je häufiger, desto besser, möchte man sagen, soweit man Geld mit Software-Lizenzen verdient. Aber Hand aufs Herz, wann beginnt man in einem Projekt wirklich, sich Gedanken um die Auslieferung, die Installation oder gar eine Support-Hotline und ein Helpdesk-System zu machen? Die Aufgaben der Release Management-Rolle sind also:

Aufgaben der Release Management-Rolle

- Vertreten der Sache des Betriebsteams im Projektteam – dies ist die Rolle, die als Anwalt (Sachwalter) des Betriebsteams (Operations) im Projektteam wirkt –, aber auch das Vertreten der Sache des Projektteams dem Betriebsteam gegenüber.
- Die Planung des Rollout (Deployment).
- Die Teilnahme an allen Designaktivitäten mit Fokus auf:
- Wartbarkeit,

- Unterstützbarkeit und
- Auslieferungs-/Installationsfähigkeit des zu erstellenden Systems.[90]
- Die Planung und Organisation der Enduser-Trainings,
- das Training der Betriebsmannschaft sowie der Helpdesk-Mitarbeiter für den Echteinsatz.

6.4.4.8 Ausblick

Während also die Rollen

- User Experience,
- Product Management,
- Release Management und
- Program Management

Nach außen gewandte Rollen

eher nach außen gewandte kommunikative Rollen haben, sind die Rollen

- Development und
- Testing

Nach innen gewandte Rollen

eher interne Rollen, die keinen Kontakt nach außen haben sollten (siehe auch Abbildung 47). Insbesondere bei der Rolle Development ist der Kontakt zum Kunden oder zu den Benutzern nach Meinung des MSF geradezu zu unterbinden. In diesem Falle wird die steuernde Funktion des Projektteams, zum Beispiel bei der Entscheidung, welches Feature wann und mit welcher Priorität realisiert wird, konterkariert. Es kann sogar geschehen, dass durch direkten Kontakt der Entwickler mit den Endbenutzern Features Aufnahme in das Projekt finden, welche weder geplant wurden noch jemals bezahlt werden.[91]

---

[90] Eine allzu häufig auch in "erfolgreichen Projekten" weit unterschätzte Eigenschaft eines IT-Systems.
[91] Es entsteht sogenannter Feature Creep.

Abbildung 47:
Innere/Äußere
Teamrollen und
ihre Kommunikationswege

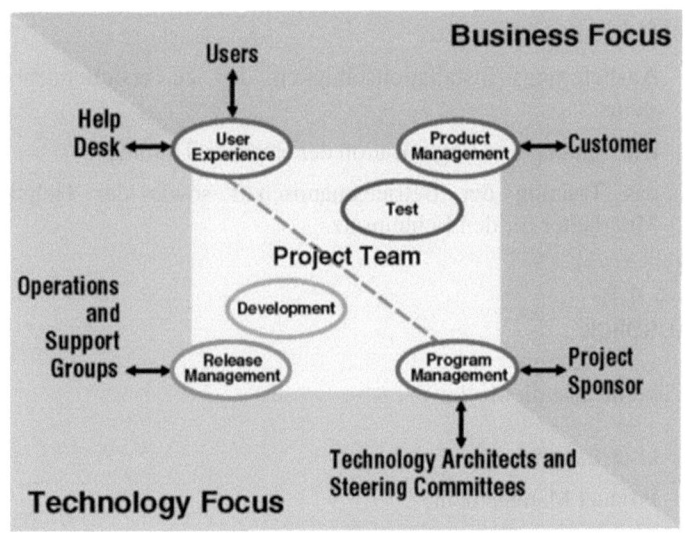

Eine weitere wichtige Stärke des MSF-Teammodells wird sichtbar, wenn den Hauptverantwortlichkeiten der einzelnen Rollen die wichtigsten Ziele eines Projektteams gegenübergestellt werden. So kann zum Beispiel festgestellt werden, dass für jedes der sechs Haupt-Projektziele je ein hauptverantwortlicher Rolleninhaber definiert ist, wie in Tabelle 19 dargestellt. Die Rollen können immer als Erinnerung und Gedächtnisstütze für die sechs Blickwinkel betrachtet werden, aus denen heraus ein erfolgreiches Projekt ständig beobachtet werden muss. Dies gilt besonders dort, wo Rollen-Kombinationen notwendig werden oder sogar auch ganz losgelöst vom MSF gearbeitet werden muss.

Tabelle 19: Zuordnung von Rollen zu Haupt-Projektzielen

Rolle	Haupt-Projektziele
Product Management	Zufriedener Kunden
Program Management	Lieferung innerhalb der Projektgrenzen (Budget, Zeitplan, Featureset)
Development	Lieferung gemäß Produktspezifikation
Testing	Release nach Lösung aller Probleme
User Experience	Gesteigerte Benutzerzufriedenheit und Benutzerperformance (Leistung)
Release Management	Reibungslose Auslieferung und Installation

6.4.5
Skalierung des Teammodells

6.4.5.1
Rollenkombinationen

MSF unterstützt Teams kleiner wie auch großer Projekte. Es wurde bereits in Mini-"Teams" mit nur einem einzigen Teammitglied eingesetzt, und auch in Projektteams mit mehreren hundert Projektmitgliedern kann es erfolgreich eingesetzt werden.

Für kleine Projektteams müssen unter Umständen Rollen kombiniert werden. Dafür schlägt das MSF die in Abbildung 48 dargestellte Matrix vor.

Für kleine und große Projekte

Rollen können kombiniert werden, einige Kombinationen könnten Risiken beinhalten

	Product Management	Program Management	Development	Test	User Experience	Release Management
Product Management		N	N	P	P	U
Program Management	N		N	U	U	P
Development	N	N		N	N	N
Test	P	U	N		P	P
User Experience	P	U	N	P		U
Release Management	U	P	N	P	U	

P Possible   **U** Unlikely   **N** Not Recommended

Abbildung 48: Rollenkombinationen im MSF

Die mit U wie "Unwahrscheinlich" oder N wie "geht NICHT" gekennzeichneten Rollenkombinationen sind dabei vor allem inhaltlich unwahrscheinlich oder unmöglich. Dies gilt besonders, weil die unterschiedlichen Know-how-Schwerpunkte einzelner Personen berücksichtigt werden müssen. So haben zum Beispiel Product Management als Rolle mit betriebswirtschaftlichem Hintergrund und die Program Management Rolle als Rolle mit technischem Hintergrund einfach zu unterschiedliche Skillsets, als dass sie zu kombinieren wären.

unterschiedliche Know-how-Schwerpunkte

Grundlage für das Risikomanagement

Im Wesentlichen gibt diese Matrix aber vor allem eine gute Grundlage für das später noch tiefer zu erörternde Risikomanagement, wie es das MSF zu implementieren empfiehlt. Dabei sind Rollenkombinationen, die mit "P" gekennzeichnet sind, normalerweise eher mit einem geringeren Risiko behaftet als Rollenkombinationen, die mit einem "U" oder einem "N" gekennzeichnet sind. Ausdrücklich gewarnt wird aber aus persönlicher Erfahrung nochmals vor der Kombination der Rollen User Experience und Product Management, soweit es sich um ein Software-Entwicklungsprojekt für Individualsoftware handelt.

Abweichende Ziele

Insbesondere wenn diese Rollen vom Kunden selbst besetzt werden, ist dort oft die Einsicht noch nicht gereift, wie sehr die Ziele von Kunde und Benutzer voneinander abweichen können. Sollte sich die Rollenkombination dennoch nicht vermeiden lassen, ist sie dringend als Risiko zu identifizieren und entsprechend zu bewerten.

Für große Projekte dagegen muss das Teammodell unter Umständen so erweitert werden, dass zusätzliche Teammitglieder integriert werden können. Es bieten sich hier zwei Ansätze an, welche nach Belieben kombiniert werden können und auch müssen.

6.4.5.2 Feature Teams

Gute Alternative

Feature Teams sind die Alternative, die jedem mit Projektmanagement Befassten als erstes einfallen. Das heißt, es werden Teilprojektteams gebildet, deren einzige Aufgabe die Realisierung eines bestimmten Features, oder besser Featuresets, ist. Im MSF bedienen sich die Featureteams dort, wo sie keine eigenen Besetzungen für ihre Rollen haben, der Rollen aus dem Leadteam.

So sind in einem Feature Team zum Beispiel ausschließlich die Rollen Program Management, Development, Testing und User Ed besetzt. Das heißt, die Aufgaben Product Management und Logistics Management für dieses Team werden entsprechend von Mitgliedern des Lead-Teams wahrgenommen. Abbildung 49 verdeutlicht das Zusammenspiel zwischen den unterschiedlichen Teams.

6.4.5.3 Function Teams

Die Function Teams tragen der Arbeitsüberlastung einzelner Teammitglieder in großen Projekten Rechnung. So ist leicht einzusehen, dass in Projekten ab einer gewissen Größenordnung einzelne Rollen nicht mehr nur von einer Person wahrgenommen werden können, sondern stattdessen ein Product Management Team oder auch ein

Development Team gebildet werden. Im Schaubild sieht dies dann wie in Abbildung 49 dargestellt aus.

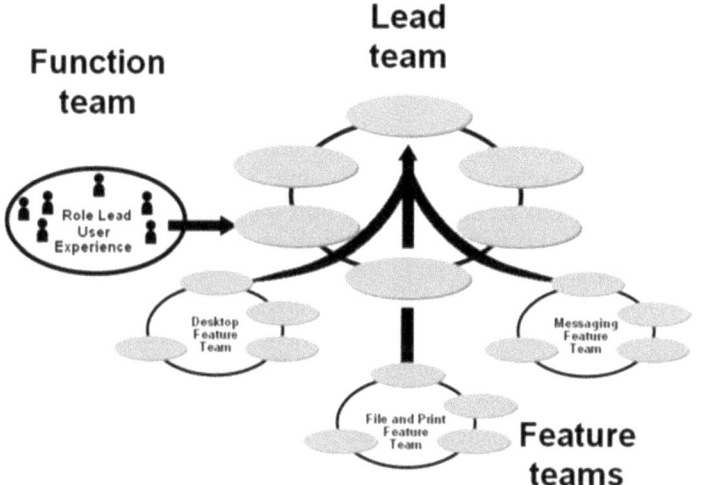

Abbildung 49: Skalierung des Teammodells (Feature Teams)

Es ist ersichtlich, dass die Kombination von Feature Teams mit Function Teams leicht die Integration von zig, wenn nicht gar hunderten von, Teammitgliedern mit Hilfe des MSF-Teammodells erlaubt (siehe auch Abbildung 50).

Abbildung 50: Skalierung des Teammodells (hier Function Product Management Teams)

6.4 Risikomanagement im MSF Version III

6.4.6
Das MSF-Prozessmodell

6.4.6.1
Einleitung

Typische Fallen vermeiden

So wie das MSF-Teammodell hilft, den Fallstricken und Gefahren rein hierarchischer Teammodelle und Kommunikationsstrukturen (Berichtswesen) zu entgehen, so hilft das MSF-Prozessmodell, als Spiralmodell den Fallgruben reiner Wasserfallmodelle alten Stils zu begegnen.

Da aber auch das Teammodell bereits keine Organisationsstruktur für Projektteams vorschreibt, sondern lediglich Vorschläge macht, innerhalb derer unternehmensspezifische Definitionen vorgenommen werden können, wird auch das Prozessmodell den Gedanken der Meilensteine aus der Welt der Wasserfallmodelle übernehmen.

6.4.6.2
Phasen und Meilensteine

Natürlich lässt das MSF es sich nicht nehmen, bei der Definition für einen Meilenstein besonders die Übereinstimmung aller Teammitglieder (Konsens) über die Zielerreichung und nicht so sehr den Zeitablauf im Vordergrund des Interesses zu sehen. Und schließlich kombiniert es die Vorteile eines Meilenstein-getriebenen Prozesses mit der Flexibilität eines iterativen Prozessmodells.

Ein von Meilensteinen getriebener Prozess

Das MSF-Prozessmodell beschreibt also einen von Meilensteinen getriebenen Prozess. Dabei wird zwischen extern sichtbaren und Interim-Meilensteinen unterschieden. Die extern sichtbaren Hauptmeilensteine stehen dabei für einen Synchronisationspunkt, an dem alle Teammitglieder, wie auch der Kunde, Einigkeit darüber erzielen, dass jetzt die nächste Projektphase beginnen wird. Die Meilensteine des MSF sind entsprechende Zeitpunkte der Synchronisation zwischen den Teammitgliedern und keine Fixpunkte, an denen unverrückbare Tatsachen geschaffen werden.

Deliverables

Das MSF definiert für jeden Meilenstein sogenannte Deliverables. Ein Meilenstein wird entsprechend nicht etwa durch reinen Zeitablauf erreicht, sondern eben dadurch, dass alle Deliverables in dem Zustand vorliegen, in dem sie für das Erreichen des Meilensteins definiert wurden.

Abbildung 51: MSF-Prozessmodell (Phasen und Meilensteine)

Das Spiral-Modell (andernorts auch Rapid Application Development Modell (RAD) genannt) beschreibt dabei einen Prozess, bei dem die unterschiedlichen Projektphasen für jedes Release erneut durchlaufen werden.

6.4.6.3 Das Spiralmodell

Die Vorteile der versionierten Releases des Spiralmodells liegen dabei klar auf der Hand:

- Klare motivierende und erreichbare Ziele können gesetzt werden (zum Beispiel entsteht kein Projektmoloch über mehrere Jahre, der weder Urlaub noch Fort- und Weiterbildungsphasen erlaubt).
- Eine schnelle und abschließende Entscheidung über Projektprobleme wird erzwungen. Die Verschiebung eines Features in ein weiteres Release zum Beispiel stellt keine Katastrophe mehr dar, wenn klar ist, wann dieses Release kommen wird und dass der Zeitplan eingehalten wird. Die Priorisierung von Features wird erleichtert.
- Die Unsicherheit, die der Zukunft nun mal per Definition innewohnt, und die damit verbundenen Risiken werden durch kurze Releasezyklen minimiert.
- Eine kontinuierliche inkrementelle Lieferung von Features wird unterstützt. Dadurch steigt das Vertrauen von Kunden und Benutzern in die Fähigkeit des Projektteams, ein Produkt auszuliefern.

Vorteile des Spiralmodells

Minimierung von Unsicherheiten

- Es ist wichtig für Investoren, denen mit dem Geld auch die Geduld auszugehen droht, dass der Zeitpunkt, ab dem mit dem ersten Release bereits Geld verdient werden kann, entscheidend vorverlegt wird.
- Neue Versionen und Features mit niedriger Priorität werden zu einem späteren Zeitpunkt nicht mehr gebaut und ausgeliefert, weil sich herausstellt, dass sie keinen zusätzlichen betriebswirtschaftlichen Nutzen mehr generieren können.

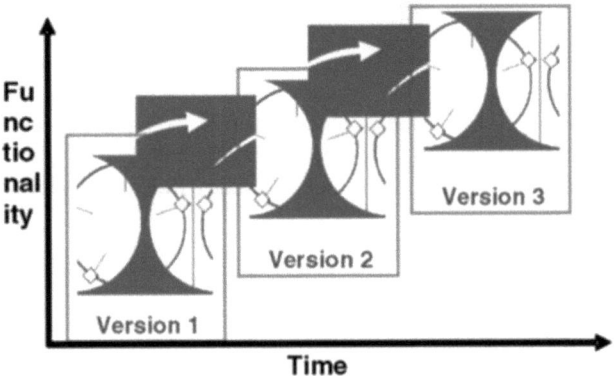

Abbildung 52: Versionierte Releases in einem iterativen Prozess

Das Mapping der Teamrollen als primäre Treiber bezogen auf die einzelnen Meilensteine ist dabei laut MSF wie in Tabelle 20 dargestellt zu verstehen.

Tabelle 20: Zuordnung von Rollen zu Hauptmeilensteinen

Meilenstein	Primär treibende Rolle
Vision/Scope Approved	Product Management
Project Plans Approved	Program Management
Scope Complete	Development und User Experience
Release Readiness Approved	Test und Release Management
Deployment Complete	Release Management

Wobei Tabelle 20 wiederum nicht so zu verstehen ist, dass die genannten Rollen nur in dieser Projektphase aktiv sind, sondern, dass sie zur treibenden Kraft bei der Erreichung des jeweiligen Meilensteins werden.

Später wird noch gezeigt, dass zum Beispiel die Aufgaben der Testing-Rolle, wie auch der Release Management-Rolle, bereits mit der ersten Projektphase – der Envisioning Phase - beginnen. Das heißt nicht, dass diese Rollen in dieser Phase bereits eine 100-prozentige Arbeitsbelastung haben, sondern dass diese Rollen in dieser ersten Projektphase bereits Aufgaben haben, die erledigt werden müssen, um den ersten Hauptmeilenstein überhaupt zu erreichen.

6.4.6.4
Lebende Dokumente: baseline early – freeze late

Wichtige Prinzipien eines erfolgreichen Prozesses sind laut MSF außerdem "lebende Dokumente" und die Festlegung einer Entscheidungsmatrix. Während sich das Prinzip der versionierten Releases bereits aus dem Spiral- (oder Rapid Application Development (RAD)) Modell ergibt, sollen die beiden anderen Prinzipien hier Gegenstand einer weiteren Betrachtung sein.

- Festlegung einer Entscheidungsmatrix

Oft werden zu Beginn eines IT-Projektes große Mengen an Dokumenten mit schillernden Namen wie Pflichten-, Lastenheft, Fach- oder Feinkonzept produziert. Diese stellen dann die Grundlage für Angebote und die Durchführung des Projektes dar und werden oft nach Jahren noch Gegenstand einer gerichtlichen Interpretation, wenn sich die Vertragsparteien nicht über das Projektergebnis einigen können. Solche Projekte würde die Standish Group klar als "gescheitert" einstufen. Wie nun entsteht dieser Teufelskreis und wie kann er durchbrochen werden?

- Pflichten-, Lastenheft, Fach- oder Feinkonzept

Ein erster Fehler der oben genannten klassischen Projektdokumente ist, dass sie unter der sogenannten Analyse-Paralyse ("Lähmung") leiden. Das heißt, um eines dieser klassischen Dokumente in einer Weise zu erstellen, die gewährleistet, dass es während der Gesamtdauer eines Projektes unverändert Bestand hat, müssten die Parteien schier Übermenschliches leisten.

Die Analyse der bestehenden und/oder geplanten Geschäftsprozesse müsste mit absoluter Sicherheit lückenlos sein. Was sie nie ist. Die daraus erstellten Konzepte müssten in 100% der Fälle genau die geplanten Geschäftsprozesse abbilden, wozu die Systemarchitekten diese Geschäftsprozesse zu 100% verstehen und die Analysten die Konzepte der Systemarchitekten zu 100% kontrollieren können müssten. Nichts davon ist in der Praxis der Fall.

- In der Praxis nie der Fall

Schließlich aber, selbst wenn in der Praxis die Analyse einerseits und die Systemarchitektur andererseits ausschließlich von 100% fehlerfrei arbeitenden Superspezialisten 100-prozentig richtig zu Ende gebracht würden, läge dem Projekt der größte Stolperstein noch im Wege. MSF nennt diesen Stolperstein "Scope Slip".

Dieser Begriff nimmt Bezug auf die Tatsache, dass sich während der Laufzeit eines Projektes der Fokus eines Projektes verändern kann. Die Zukunft ist unsicher – sonst wäre sie nicht die Zukunft. Selbst wenn der Kunde seinen Laden so "im Griff" hätte, dass nicht durch einen Wechsel im Management "die Wahrheiten von gestern plötzlich Lügen" sind.

Keiner hat alle Faktoren im Griff

Auch ein solcher Kunde hätte wohl nicht alle von außen auf sein Unternehmen wirkenden Faktoren im Griff. Selbst wenn sich der Markt des Kunden während der Laufzeit des Projektes nicht ändert, so können und werden sich eventuell dennoch zum Beispiel gesetzliche Rahmenbedingungen ändern. Selbst wenn all das nicht eintritt und das Projekt zufällig erfolgreich ist, so ist eben dieser Erfolg, wie schon eingangs erwähnt, nicht planbar und nicht wiederholbar, sondern ein einmaliger Glücksfall. Was also tun?

```
MSF empfiehlt sogenannte lebende Dokumente
nach dem Grundsatz "baseline early - freeze
late".
```

Wie funktionieren lebende Dokumente?

Lebende Dokumente funktionieren wie folgt: Ein erster grob strukturierter und leidlich vollständiger Entwurf aller Analysen und Konzepte steht allen Teammitgliedern so früh wie möglich zur Verfügung. Diese Entwürfe erheben keinerlei Anspruch auf Vollständigkeit. Stattdessen kann jedes Teammitglied bereits zu einem frühen Zeitpunkt Einblick in die Ideen und Überlegungen der Analysten, Planer und Systemarchitekten nehmen.

Während diese Dokumente im Rahmen eines sorgsam gehegten und gepflegten "Change Control"-Prozesses weiterentwickelt werden, erhalten die Teammitglieder beständig Updates der Dokumente, welche die Änderungen gegenüber der Vorversion deutlich hervorheben und wichtige Änderungen sowie die Diskussionsprozesse, die zu diesen Änderungen geführt haben, dokumentieren. Die Dokumente – insbesondere die der Systemarchitekten – sind auch zu Beginn und sogar lange Zeit während der Development Phase noch nicht geschlossen und werden erst kurz vor Fertigstellung des gesamten Featureset eingefroren. Die funktionale Spezifikation wird also erst anlässlich der Erreichung des letzten Interim-Meilensteins der Development Phase eingefroren, also unmittelbar vor dem Hauptmeilenstein "Scope Complete/First Use".

Den Nutzen erkennen

Was sich zunächst anhört wie die Hölle auf Erden für jeden Entwickler und Codierer, ist in Wirklichkeit ihr Paradies und ihre Existenzberechtigung zugleich. Mal ehrlich – wer könnte sich schon vorstellen, gegen eine von Anfang an vollständige und unveränderliche Spezifikation zu codieren? Gäbe es einen langweiligeren Job auf der Welt – außer vielleicht Steine klopfen? Was aussieht wie die

Hölle für Programmierer, fordert und fördert in der Realität ihre Kreativität und ihren ohnehin bereits scharfen Verstand.

- Wie aber mit lebenden Dokumenten leben (besonders überleben)?
- Wie lebt man mit kreativen Entwicklern und ständig wachsenden Featurelisten?
- Wie schafft man es, gleichzeitig Zeitpläne einzuhalten und Budgets nicht zu überziehen?

Offene Fragen

Hier nun gibt MSF als Antwort die bereits zu Beginn des Projektes festgelegte Entscheidungsmatrix, die als von allen Projektbeteiligten abgesegnete Entscheidungsgrundlage dient. Diese Entscheidungsmatrix legt nichts weiter fest, als die Antwort auf die Frage, welche Parameter während des Projektes fix und welche variabel sein sollen, wo gespart werden darf und wo investiert werden muss.

6.4.6.5
Vorgefertigte Entscheidungen nach Entscheidungsschema

Bei der Entscheidungsmatrix handelt es sich nicht um eines jener betriebswirtschaftlichen akademischen Monster, die Analysten noch beim Gedanken an den Umgang mit ihnen während des Studiums Schweißperlen auf die Stirn treten lassen.

Im Gegenteil schlägt die MSF-Entscheidungsmatrix vor, sich ausschließlich um drei Parameter und eine von drei Einstellungsmöglichkeiten für jeden dieser Parameter Gedanken zu machen. Es wird gleich gezeigt werden, dass durch einen weiteren produktiven Vorschlag diese Drei-mal-drei-Matrix[92] (dargestellt in Abbildung 53) noch weiter vereinfacht wird. Sie fördert somit harte und beständige Entscheidungen nach einem vorher festgelegten und von allen Projektbeteiligten einschließlich dem Kunden akzeptierten Entscheidungsschema.

Drei Parameter und drei Einstellungsmöglichkeiten

---

[92] Diese Entscheidungsmatrix beruht auf einer vertraglichen Vereinbarung zwischen Team und Kunde.

Abbildung 53: Schwierige Entscheidungen leicht gemacht – die Entscheidungsmatrix des MSF

	Fixed	Chosen	Adjustable
Resources	✓		
Schedule		✓	
Features			✓

Um es gleich vorweg zu nehmen, die in dieser Matrix gesetzten Häkchen sind nur einer von vielen möglichen Vorschlägen, wie die Pyramide aus Ressourcen, Zeitplan und Featureliste in der Balance gehalten werden kann. Eine Regel für diese Entscheidungsmatrix gilt jedoch:

Regel für die Matrix

In jeder Zeile und in jeder Spalte darf nur ein Häkchen stehen.

Dies vorausgesetzt, kann das Entscheidungsschema für das Projekt und das Release, zu dem die in Abbildung 53 gezeigte Matrix gehört, wie folgt abgeleitet werden:

- Die Ressourcen (wahrscheinlich Personal und/oder Geld) sind fixiert.
- Der Zeitplan soll eingehalten werden, das heißt, dass Termine bei Entscheidungen und Risikobewertung oberste Priorität haben. Daraus folgt:

Auswertung der Matrix

Es muss akzeptiert werden, dass in diesem Projekt und diesem Release das Featureset zur Erreichung der übergeordneten Projektparameter angepasst wird (das heißt Features gestrichen werden).

Wenn es nun also für das Projektteam zum "Schwur" kommt, wenn sich tatsächlich, wie oben beschrieben, ein wichtiges Planungsdokument während der Development Phase ändert, wenn also zum Beispiel neue unbedingt notwendige Features in das Projekt eingeführt werden, wie sehen dann die Entscheidungsalternativen aus? Können zusätzliche Entwickler in das Projekt gesteckt werden? Nein, die Ressourcen sind ja als beschränkt definiert. Kann eine Verzögerung des Zeitplanes hingenommen werden? Nein, die Definition gibt vor, dass in diesem Projekt und für dieses Release der

Zeitplan zu optimieren ist (Auslieferung so schnell wie irgend möglich). Die einzig mögliche Entscheidung in diesem Projekt und diesem Release in der oben genannten Situation kann also sein, dass Features mit einer geringen Priorität gestrichen und/oder auf ein späteres Release verschoben werden müssen.

Da alle Projektbeteiligten sich von Anfang an auf dieses Entscheidungsschema als Grundlage für alle kritischen Projektentscheidungen geeinigt haben, kann es an dieser Entscheidung keinen Zweifel geben und die Frage kann nur lauten, welches sind die Features, die wir streichen und/oder verschieben müssen?

Welche Features sollen gestrichen werden?

Natürlich sind in anderen Projekten und für andere Releases andere Entscheidungsschemata denkbar. In allen Fällen muss aber im Auge behalten werden, dass:

- alle kritischen Entscheidungen unter den so "eingeschworenen" Projektbeteiligten nur und ausschließlich nach dem vorher festgelegten Schema erfolgen, und
- sich nur die variablen Parameter ändern dürfen, während der festgelegte (constrain) festgelegt bleibt.

So ist es im oben genannten Entscheidungsschema zum Beispiel möglich, selbst bei absolut negativem Projektverlauf innerhalb des Budgets und des Zeitplanes, wenn auch mit evtl. im ersten Release eingeschränktem Featureset, zur Auslieferung (Release) des durch das Team gemeinsam getragenen Produktes zu gelangen.

6.4.6.6
Das Applikations-Architekturmodell des MSF

Über das Applikations-Architekturmodell des MSF erlauben wir uns, mit ein paar kurzen Bemerkungen hinwegzugehen. Die von MSF vorgeschlagene Architektur ist eine mehrschichtige Service-basierte Architektur, wie sie in der Vergangenheit von COM/COM+ zur Verfügung gestellt wurde und wie auch die .NET-Initiative von Microsoft sie wieder favorisiert. Da zu diesen Themen bereits ausführliche Darstellungen erschienen sind und weiterhin erscheinen werden, kann sich dieser Artikel weitgehend mit anderen Themen befassen.

Mehrschichtige Service-basierte Architektur

6.4.7
Risikomanagement im MSF

6.4.7.1
Proaktives Risikomanagement nach MSF

Eigener Regelkreis im MSF

Natürlich wäre es naiv zu glauben, dass nur ein Vorgehensmodell wie MSF eingeführt werden muss und schon gehören sämtliche möglichen Projektprobleme ein für allemal der Vergangenheit an. Im Gegenteil definiert das MSF sogar einen eigenen Regelkreis, mit Hilfe dessen mögliche Probleme frühzeitig erkannt, bekämpft und vermieden werden können.

Was aber ist Risikomanagement und wieso proaktiv? Wer kennt das nicht, da sitzen in einem Projektteam einerseits jene Leute zusammen, die von der Sache überzeugt sind, die die Vision verstanden haben und endlich loslegen wollen. Diese Anpacker, wie sie mal genannt werden sollen, wollen endlich loslegen und realisieren.

Gruppenkonflikt

Im gleichen Team sitzen aber auch die Nörgler. Diejenigen, denen keiner was recht machen kann, die bei jedem noch so guten Vorschlag Bedenken haben und "aus dem Bauch heraus" schon wissen, was da wieder alles schief gehen wird. Es stellen sich die folgenden Fragen:

- Wie können diese beiden Gruppen versöhnt werden?
- Wie können beider Interessen gewahrt und beider wertvolle Fähigkeiten für das Projekt genutzt werden?
- Was kann Risikomanagement dazu beitragen?

Risikomanagement nach MSF stellt einen Regelkreis dar. An dessen Anfang steht wie so oft die Definition des Wortes Risiko:

Definition Risiko nach MSF

`Ein Risiko ist ein Problem, das auf seinen Einsatz wartet. Oder auch ein PIL (Problem in Lauerstellung).`

6.4.7.2
Risikoidentifizierung im MSF

Der Einstieg in den Regelkreis des Risikomanagements geschieht über die Identifikation von Risiken. Dazu wird ein kreativer Prozess der Zusammenarbeit im Team innerhalb eines Risk-Assessment etabliert (zum Beispiel Brainstorming, Brainwriting etc.). Die Suche nach "potentiellen Problemen" kann dabei aus zwei Richtungen erfolgen und beide sind gleichberechtigt:

- Potentielle Probleme und ihre wahrscheinlichen Konsequenzen werden aufgezählt.
- Potentielle Konsequenzen und ihre wahrscheinlichsten Ursachen werden aufgezählt.

Zwei „Such"-Richtungen

So entsteht eine Liste von potentiellen Problemen (Risiken), die nicht mehr ausschließlich von Bauchgefühlen beherrscht wird, sondern neben einer Risikoquelle auch die Bedingung (Trigger) nennt, unter der eine bestimmte Konsequenz eintreten und damit zum Problem werden könnte. Risikomanagement im MSF kann somit

- auf klar ausgedrückte potentielle Probleme aufsetzen, die in eindeutiger Weise Risikobedingung und Problemkonsequenz aufzeigen (Risk-Statement) und
- leicht verständlich definierte potentielle Probleme beschreiben und für alle Projektbeteiligten sichtbar machen.

6.4.7.3 Risikoanalyse im MSF

Im nächsten Schritt muss für jedes einzelne Risk-Statement eine Analyse erfolgen, die eine Quantifizierung der Risiken zum Ziel hat. Im Risikomanagement großer Versicherungsgesellschaften gibt es eine Menge zum Teil hochmathematisch begründeter Verfahren, um Risiken zu quantifizieren, das heißt:

Quantifizierung der Risiken

- die Wahrscheinlichkeit zu bestimmen, mit der ein Risiko zum Problem werden wird, und
- die Schadenshöhe zu bestimmen, die aus dem zum Problem gewordenen Risiko folgt.

Es spricht wenig dafür, im Projektmanagement ähnlich genaue und umfangreiche Untersuchungen zur Quantifizierung von Risiken durchzuführen. Auch hier ist wieder die Fokussierung auf das eigentliche Ziel wichtig. Das eigentliche Ziel aber ist, die wichtigsten Risiken in Form einer Top-10- oder Top-100-Liste zu identifizieren und sich in der Folge hauptsächlich mit diesen Risiken auseinander zu setzen. Für die Zwecke des Risikomanagement nach MSF hat sich die in Abbildung 54 dargestellte Methode als erfolgreich herausgestellt.

Wer bewertet?

6 Bewertungen entsprechend den 6 Teamrollen

Grundsätzlich werden für jedes Risiko 6 Bewertungen entsprechend den 6 Teamrollen abgegeben. Sollten Function Teams gebildet worden sein, muss jedes Function Team für sich genau eine Bewertung je Risiko ggf. durch Diskussion ermitteln.

Welche Werte werden ermittelt?

Die Wahrscheinlichkeit des Eintretens des Triggerereignisses, welches aus dem Risiko ein Problem macht, wird mit einem Prozentwert zwischen 0 und 99 geschätzt. Bewährt haben sich hier Stufen von 5-10%, so dass eine Wahrscheinlichkeit zum Beispiel mit 0,2 (=20%) angegeben werden kann.

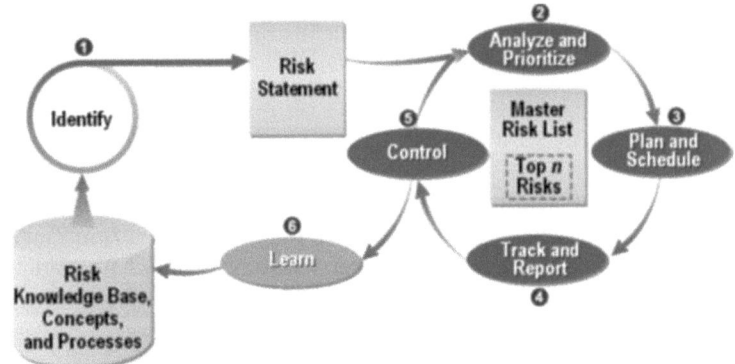

Abbildung 54: Der Risikomanagement-Regelkreis des MSF

Schadenshöhe wird in einer Maßzahl angegeben

Die Schadenshöhe wird nicht in Geldbeträgen notiert, wenn auch diese Geldbeträge ein wichtiger Hinweis auf die möglichen Schadensfolgen sein können und, soweit ohne weitere Recherchen bekannt, entsprechend notiert werden sollten. Die Bewertung der Schadenshöhe erfolgt entsprechend "nur" relativ mit einer Maßzahl auf einer willkürlich gewählten Skala. Bewährt hat sich hier eine Skala von 0-5. Diese gibt sowohl die Möglichkeit, einen möglichen Schaden mit 0 (wie kein Schaden) oder auch mit 5 (Projekt gestoppt, gefährdet etc.), sowie mit ganzzahligen Zwischenstufen zu bewerten.

Der Wert 0 bei Wahrscheinlichkeit und Schadenshöhe ist oft umstritten, hat jedoch den Vorteil, dass es einzelnen Teamrollen möglich ist, ein Risiko, das sie für unwichtig halten, stärker abzuwerten, als dies mit einem Wert größer Null möglich wäre.

Nachdem die Wahrscheinlichkeit mit der relativen Schadenshöhe multipliziert wurde, entsteht für jedes Risiko genau eine relative Maßzahl je Teamrolle.

6.4.7.4 Die Top-Ten-Liste

Die Bewertungen der Teamrollen je Risiko können nach einfachen mathematischen Verfahren zusammengefasst werden. Zunächst reicht es für die meisten Anwendungsfälle aus, je Risiko einen Durchschnittswert der Bewertungen der einzelnen Teamrollen zu bilden. Bewährt hat sich hier das arithmetische Mittel.

Das arithmetische Mittel hat den Vorteil, dass die Bewertungen der einzelnen Teamrollen gleich gewichtet werden. Damit wird das Risiko aus allen sechs Blickwinkeln mit derselben Ernsthaftigkeit und Professionalität bewertet.

Das arithmetische Mittel

In manchen Fällen wurde auch schon zusätzlich zum arithmetischen Mittel die Standardabweichung der von den sechs Teamrollen abgegebenen Bewertungen ermittelt. Diese hat den Vorteil, dass sie eine Aussage darüber gibt, bei welchen Risiken die Bewertungen der Teammitglieder noch am weitesten auseinander liegen. Eine hohe Standardabweichung lässt darauf schließen, dass ein Risk-Statement missverständlich formuliert ist, und nicht alle Teammitglieder wirklich von denselben Voraussetzungen ausgehen. Bei solchen Risiken könnte noch Diskussionsbedarf im Team bestehen. Eine entsprechend notwendige Diskussion darf jedoch nicht zu dem Ergebnis führen, dass Teammitglieder unter Druck gesetzt werden, ihre Bewertung zu ändern.

Am Ende der Risikoanalyse steht nun also eine Rangliste von Risiken, welche das Risiko mit der höchsten relativen Maßzahl an erster Stelle und alle weiteren in der Reihenfolge ihrer Maßzahl dahinter auflistet. Diese hilft sehr, weil es in den meisten Projekten weder sinnvoll noch wünschenswert ist, den Planungsaufwand für sämtliche Risiken zu treiben. Stattdessen wird nun nur für die "Charts" geplant, das heißt, für jene Risiken, die sich innerhalb unserer Rangliste auf den ersten – zum Beispiel – 10 Plätzen (Top 10) bewegen.

Rangliste von Risiken

6.4.7.5
Risikoplanung im MSF

Bei der Planung sind im MSF verschiedene Strategien möglich. Dies sind im Einzelnen

Risikostrategien im MSF

- Risikovermeidung
- Schadensminderung
- Risikodelegation
- Krisenmanagement.

Kurzbeschreibung der Strategien nach MSF

Bei dieser Auflistung gilt, dass eine Risikovermeidungsstrategie bei vergleichbarem Aufwand immer den anderen Möglichkeiten vorzuziehen ist.

Eine Schadensminderungsstrategie kann zum Beispiel im Abschluss einer Versicherung gegen das entsprechende Schadensereignis bestehen. Von Risikodelegation spricht MSF zum Beispiel, wenn das entsprechende Risiko auf einen Subcontractor verlagert wird. Eine der beliebtesten Arten der Risikodelegationsstrategie auf Seiten des Kunden besteht entsprechend in der Vergabe von Festpreisprojekten. Krisenmanagement kann ebenfalls eine erfolgreiche Risikomanagementstrategie sein, wenn es für den Krisenfall einfache und günstige Ausweichmöglichkeiten gibt. Auf Krisenmanagement sollte immer dann bevorzugt zurückgegriffen werden, wenn zur Risikovermeidung einfach nichts getan werden kann, das heißt, man mit dem Risiko leben muss. Darüber hinaus muss für alle Top-Risiken neben einer möglichen Risikovermeidungsstrategie auch ein Krisenmanagementplan existieren (contingency plan).

Mehrwert wird in der Planungsphase sichtbar

Der entscheidende Mehrwert des Risikomanagements wird spätestens in der Planungsphase sichtbar. Für alle wichtigen Risiken bestehen jetzt nämlich Pläne, die den Schaden möglichst gering halten. Das heißt, selbst bei Eintritt des Trigger-Ereignisses muss das Team nicht mehr lange überlegen und diskutieren, wie reagiert werden soll. Stattdessen kann in einer solchen für das Projekt kritischen Situation sofort gehandelt werden (contingency).

6.4.7.6
Risikoverfolgung im MSF

In der nun folgenden Projektphase wird das Risikomanagement allein darauf reduziert, zu beobachten, ob eines der Risiken, welche sich im Fokus der Rangliste befinden, eintritt und deshalb entsprechend der Krisenreaktionsplan ausgelöst werden muss.

6.4.7.7
Risikosteuerung im MSF

In der Phase unmittelbar vor der nächsten Bewertung der Risiken findet nun ein erneutes Risk-Assessment statt. Dabei werden Statusreports für die bestehenden Risiken der Rangliste erstellt, neue Risiken identifiziert und überwundene Risiken aussortiert.

Natürlich muss unmittelbar im Anschluss an die Risikosteuerungsphase der Regelkreis erneut durchlaufen werden, das heißt, eine erneute Analyse/Bewertung der Risiken stattfinden und für neu hinzugekommene Risiken eine Risikomanagementstrategie geplant werden.

Der Regelkreis wird so je Projekt mindestens zu den nach außen sichtbaren Meilensteinen je einmal, also bis zum Ende des Projektes insgesamt vier Mal, durchlaufen. Bei besonders risikoreichen Vorhaben ist es ratsam, die Anzahl der Durchläufe signifikant zu erhöhen (zum Beispiel auch zu jedem Interim-Meilenstein).

Erneutes Risk-Assessment

6.4.7.8
Auswertung von Risiken im MSF

Es spricht an dieser Stelle natürlich nicht viel dafür, überwundene Risiken einfach zu vergessen und in der Schublade oder dem Papierkorb verschwinden zu lassen. Stattdessen sollte eine Art Wissensdatenbank bestehen, die es ermöglicht, ganz besonders auch die überwundenen Risiken, mit allen dazu vorhandenen Informationen, zu speichern. Schließlich beinhalten gerade diese Risikodaten wertvolle Informationen über erfolgreiche Managementstrategien und gelungene Risikovermeidung. Das heißt, dieses Wissen kann in weiteren Projekten von großem Nutzen sein. Dies triggert den Lernprozess des Teams. Dessen Ergebnis erlaubt in späteren Releasezyklen die folgenden Möglichkeiten:

Einrichtung einer Wissensdatenbank

- Risiken schneller zu identifizieren und zu bewerten,
- Gegenmaßnahmen „quasi von der Stange" zu generieren und umzusetzen,
- sich wiederholende Risiken wie auch Risiken, die bereits überwundenen ähnlich sind, schneller und effektiver zu managen.

Möglichkeiten in späteren Releasezyklen

6.4.8
Weitere Module

Großer Vorteil des MSF

Ein wichtiger Vorteil des MSF gegenüber anderen Projektmanagementmethoden wurde bereits eingangs erwähnt. Das MSF beschränkt sich nicht auf die Applikationsentwicklung alleine, sondern beinhaltet auch ein Modell für Infrastrukturprojekte.

Darüber hinaus konzentriert sich das MSF nicht allein auf das Projektmanagement mit Hilfe von MSF. Entsprechend gibt es integriert im MSF ein Modul MOF (Microsoft Operations Framework), das sich nahe an ITIL anlehnt und einen Geschäftsprozess für die auf das Projekt folgende Phase des Betriebs eines IT-Systems beschreibt.

Das Modul Enterprise Architecture

Schließlich vergisst der MSF auch die Phase der Planung einer IT-Infrastruktur/-Anwendungsstruktur nicht. Das Modul Enterprise Architecture beschreibt entsprechend, wie in einem schnell wachsenden Unternehmen ein Geschäftsprozess etabliert werden kann, der dem Unternehmen hilft, seine IT-Infrastruktur und -Anwendungsstruktur so zu planen, dass diese auch nach dem Wachstum noch den Notwendigkeiten der Unternehmens-IT angemessen ist. Nicht zuletzt ist die rechtzeitige Planung der IT-Landschaft für ein schnell wachsendes Unternehmen der entscheidende Erfolgsfaktor für die aus dieser Planung resultierenden Projekte. Ein Projekt kann nur erfolgreich sein, wenn auch nach seinem Abschluss das erstellte IT-System noch sinnvoll benutzt werden kann und nicht etwa der Auftraggeber inzwischen aufgrund von Änderungen in der Unternehmensstruktur und/oder Unternehmensgröße ein ganz anderes System bräuchte.

6.5
Fazit

Sehr flexibles Vorgehensmodell

Das MSF stellt ein Vorgehensmodell zur Verfügung, das einerseits eingebettet ist in ein Geschäftsprozess-Modell für den gesamten Lebenszyklus einer IT-Landschaft, und andererseits ermöglicht, große und auch größte Projekte mit Hilfe dieses Vorgehensmodells zu stemmen.

Andererseits aber ist es als Framework auch leichtgewichtig genug, um zarte Projektpflänzchen nicht unter unnötigem Verwaltungsaufwand zu begraben, und gibt so einen guten Einstieg für Unternehmen oder IT-Abteilungen, die bisher keinen organisierten Geschäftsprozess zur Durchführung von IT-Projekten eingeführt haben.

7 Lösungsansätze zum Risikomanagement

„Wenn der Risikomanagementprozess nicht in das tägliche Projektmanagement integriert wird, dann verkommt es schnell zu einem nicht gelebten Prozess."

Heidrun Reckert

7.1 Allgemeines

Die Einführung eines Risikomanagementprozesses als Projektsteuerungsinstrumentarium ist eine nicht zu unterschätzende Aufgabe. Der Risikomanagementprozess selbst erscheint recht einfach, aber umso schwieriger ist seine reale Umsetzung in Projekten. Hier muss nicht nur mit den organisatorischen Problemen des Prozesses umgegangen werden, sondern auch mit den menschlichen Gefühlen, Vorbehalten und dem Vertrauen innerhalb eines Projektteams, wie auch mit externen Stakeholdern.

Die Umsetzung ist das Schwierige

7.2 Erfolgsfaktoren

7.2.1 Einführung in die Erfolgsfaktoren

Es gibt einige Aspekte, die als Erfolgsfaktoren zur Einführung eines Risikomanagementprozesses zu betrachten sind. Dabei handelt es sich im Einzelnen um:

- Etablierung eines formalen standardisierten Prozesses
- Kontinuierliche Risikobetrachtung während des gesamten Projektablaufs
- Betrachtung der Risikoidentifizierung als positiven Prozess
- Risikobasierte Entscheidungsfindung
- Einbindung aller Schlüsselpersonen, Prozesse, Geschäfts- und Technologiefelder
- Kontinuierliche Risikokommunikation

Wichtige Faktoren für den Risikomanagementprozess

Alle diese Erfolgsfaktoren sind entscheidend für die Einführung und Aufrechterhaltung eines Risikomanagementprozesses und damit die Basis für erfolgreiches Projektmanagement.

7.2.2
Etablierung eines formalen standardisierten Prozesses

Notwendige Bedingung

Die Etablierung eines formalen Prozesses ist eine notwendige Bedingung, um das Risikomanagement wirklich als Projektsteuerungsinstrumentarium sinnvoll in Projekten einsetzen zu können. Dabei ist es gar nicht mal so wichtig, welcher Prozess benutzt wird (ob spezielle Prozesse, die innerhalb eines Vorgehensmodells vorgeschrieben sind, oder ob ein eigener Prozess definiert wurde), wichtig ist nur, dass ein Prozess definiert ist, der auch allen Projektteams bekannt ist und innerhalb von Projekten wirklich gelebt wird.

7.2.3
Kontinuierliche Risikobetrachtung während des gesamten Projektablaufs

Risikoassessment in regelmäßigen Abständen

Im Gegensatz zu der gängigen Praxis, Risiken nur zu Beginn eines Projektes zu identifizieren, um dann einen Risikoaufschlag auf das Angebot zu schlagen, wird hier ein kontinuierliches Risikomanagement gefordert. Kontinuierlich bedeutet, dass mindestens einmal zum Abschluss jeder Projektphase oder, je nach Dauer der Projektphase, auch häufiger innerhalb einer Phase ein komplettes Risikoassessment durchgeführt wird.

7.2.4
Identifikation von Risiken als positiven Prozess betrachten

Eine Hauptschwierigkeit in Projekten ist, die Identifikation von Risikomanagement als positiven Prozess zu betrachten. Sehr häufig wird gerade von Projektleitern und Kunden die Adressierung von Risiken als negative Äußerung betrachtet, die dazu führt, dass Teammitglieder keinerlei Befürchtungen bezüglich des Projektes äußern.

Positive Atmosphäre ist von Bedeutung

Dies kann dann natürlich dazu führen, dass Probleme auftreten, die durch ein Risikomanagement schon längst hätten eingegrenzt werden können. Wichtig ist hier, eine positive Atmosphäre und vor allem eine „no-blame"-Atmosphäre zu schaffen, die es jedem Projektteammitglied ermöglicht, Risiken ohne Angst vor Repressalien äußern zu können.

7.2.5
Risikobasierte Entscheidungsfindung

Entscheidungen innerhalb des Projektes müssen auch auf Basis des Risikoassessments getroffen werden. Das heißt:

- Strukturen,
- Tätigkeiten,
- Aufgaben oder
- Technologien,

Risikobehaftete Elemente

die stark risikobehaftet sind, müssen so früh wie möglich betrachtet und geprüft werden, um noch ausreichend Zeit für „Kurskorrekturen" zu lassen.

7.2.6
Einbindung aller Schlüsselpersonen, Prozesse, Geschäfts- und Technologiefelder

Identifikation und Analyse sind Aufgaben des Projektteams. Jedes Projektmitglied nimmt hieran teil. Jeder hat einen unterschiedlichen Blickpunkt und unterschiedliche Erfahrungswerte, so dass nur in der Gesamtheit ein sinnvolles Risikomanagement möglich ist.

Für Planungsmeetings sollte man auf jeden Fall Entscheidungsträger mit einladen. Es nützt dem Team nichts, wenn Maßnahmen geplant werden und man noch nicht weiß, ob diese tatsächlich umgesetzt werden können bzw. genehmigt werden.

Während der Steuerung und Kontrolle werden auch Aufgaben wie zum Beispiel das Beobachten der Trigger und gegebenfalls Auslösen des Notfallplans durch Teammitglieder ausgeführt.

7.2.7 Kontinuierliche Risikokommunikation

Kontinuierliche Risikokommunikation innerhalb und außerhalb des Projektes ist eine der wichtigsten Grundsteine für erfolgreiches Risikomanagement. Dabei sollten folgende Aspekte berücksichtigt werden:

Bei der Kommunikation zu berücksichtigen

- Kommunikation der Risikoinformationen an alle Stakeholder
- Ermutigung zum freien Informationsfluss über Risiken
- Regelmäßige Updates der Risikoinformationen an alle Mitglieder des Projektteams
- Einfach zu benutzende Kommunikationsformen
- Kenntnis aller Teammitglieder, wo Risikoinformationen zu finden sind

7.3 Einführungsstrategien

7.3.1 Einführung

Zur Einführung eines Prozesses in einem Unternehmen und zur Verwendung in allen Projekten gibt es verschiedene Vorgehensweisen. In der Regel sind hierbei drei verschiedene Schritte zu unterscheiden:

Drei verschiedene Schritte

- Prozessdefinition,
- Training des Prozesses und
- Umsetzung.

Man kann ganz generell zwischen der Top-Down-Strategie und der Bottom-Up-Strategie unterscheiden, die in Abbildung 55 dargestellt ist. In dem folgenden Kapitel wird näher beschrieben, welche Vor- und Nachteile die verschiedenen Vorgehensweisen mit sich bringen, und welche Einführungsstrategie erfahrungsgemäß sehr erfolgreich ist.

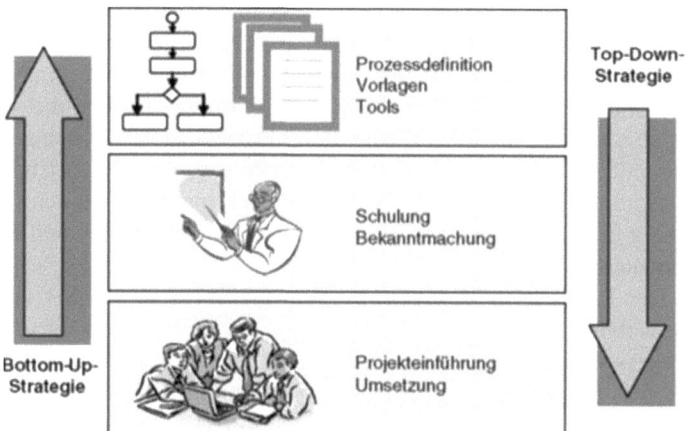

Abbildung 55: Einführungsstrategien im Risikomanagement

7.3.2 Top-Down-Strategie

Diese Strategie wird im Zuge der ersten Begeisterung und Überzeugung, einen Risikomanagementprozess in den Projekten einzuführen, sehr oft verfolgt. Leider ist bei dieser Art der Einführung die Akzeptanz seitens der Projektleiter sehr gering.

Akzeptanz seitens der Projektleiter sehr gering

Im ersten Schritt dieser Strategie wird, zum Beispiel durch eine unternehmensinterne Gruppe, die für die Definition der Projektmethoden verantwortlich ist, der Prozess definiert und als Verfahrensanweisung oder Arbeitsanweisungen niedergelegt. Ferner müssen alle Vorlagen zur

- Identifikation,
- Bewertung,
- Planung,
- Kontrolle, wie auch zum
- Reporting

erstellt werden. Möglicherweise wird auch ein Werkzeug zur Unterstützung des Prozesses angeschafft oder entwickelt. Im zweiten Schritt wird der Prozess durch Trainings bekanntgegeben und eingeübt. Nach den Trainings sollen dann alle Projektleiter den Prozess in ihren Projekten einführen und umsetzen. Idealerweise werden die Projektleiter hierbei anfangs durch Coaches in diesem Prozess begleitet.

Unternehmensweit ein einheitlicher Risikomanagementprozess

Diese Strategie hat den Vorteil, dass unternehmensweit ein einheitlicher Risikomanagementprozess sehr zeitnah in Projekten eingeführt werden kann. Der Prozess ist standardisiert und durch die Trainings sollten alle Projektleiter und Teammitarbeiter mit dem Prozess vertraut sein. Aber kann dieser Prozess auch wirklich gelebt werden? Oder ist es nicht eher ein Überstülpen, gegen das sich Projektleiter genauso wie die Teammitglieder innerlich wehren? Oft erfolgt diese Einführung in der Form wie: „So, jetzt macht mal Risikomanagement und erstellt die Reports".

Gefahr mangelnder Akzeptanz

Der Projektleiter ist sowieso schon im Stress wegen der vielen Verwaltungsarbeit, die er leisten muss. Jetzt also noch ein neuer Prozess, neue Arbeitsanweisungen und ein neuer Report. Die Gefahr ist, dass bei dieser Vorgehensweise zur Einführung eines Prozesses der Prozess selbst nicht wirklich gelebt wird, sondern eine Identifikation und Bewertung nur gemacht wird, weil man es machen muss, weil der Chef einen Risikoreport haben möchte, aber ansonsten den Ergebnissen nicht allzuviel Beachtung geschenkt wird. Und das Projekt läuft so weiter wie bisher – das bedeutet, die Möglichkeiten die im gelebten Risikomanagementprozess stecken, verpuffen kläglich.

7.3.3
Bottom-Up-Strategie

Zuerst in Projekten eingesetzt

Risikomanagement wird zuerst in den Projekten eingesetzt, dann werden anderen Projektleitern diese Erfahrungen mitgeteilt und irgendwann, wenn der Prozess in den Projekten etabliert ist, werden dazu eine Prozessdefinition und Arbeitsanweisungen erstellt.

Der Vorteil dieser Strategie ist, dass die Akzeptanz seitens der Projektleiter sehr hoch ist, zumal sie auch sehr schnell die positiven Auswirkungen des kontinuierlichen Risikomanagements in ihren Projekten spüren. Des Weiteren kann jeder Projektleiter seine Reports und seine eigenen Vorlagen entwickeln, die in seinen Projekten am sinnvollsten einzusetzen sind.

Hier liegt aber auch schon wieder der Nachteil dieser Vorgehensweise. Wenn keine regelmäßige Rückkopplung existiert, wird die Vorgehensweise sehr schnell auseinander laufen und jeder Projektleiter kocht wieder sein eigenes Süppchen. Jedes Projektmitglied wird sich in jedem Projekt wieder neu orientieren müssen – dies kostet auf jeden Fall Projektzeit, was bei einer einheitlichen Strategie nicht notwendig gewesen wäre. Ferner ist eine gemeinsame Risikosammlung bei dieser Form so gut wie gar nicht möglich.

Ein weiterer Nachteil ist, dass in der Regel die Arbeitsanweisung bzw. die Prozessdefinition nicht mehr beschrieben wird.

7.3.4
Praxiserprobte Einführungsstrategie

Eine Einführungsstrategie, die sich in der Praxis erprobt hat, ist die Kombination aus Bottom-Up- und Top-Down-Ansatz. Hier wird in einigen Referenzprojekten Risikomanagement eingesetzt, so dass der Prozess wie auch die Vorlagen und verwendeten Werkzeuge auf die spezifischen Projekttypen wie auch auf die Unternehmenskultur angepasst werden können.

Kombination aus Bottom-Up- und Top-Down-Ansatz

Nach einer Stabilisierung der Methoden und Hilfsmittel können dann aus der Erfahrung dieser Referenzprojekte die Verfahrens- und Arbeitsanweisungen für die Durchführung in jedem Projekt erstellt werden. In einer Einführungsphase wird allen Projektleitern durch Schulungen und Coaching sowie die Bereitstellung von Vorlagen und Werkzeugen die Arbeitsweise mit dem Risikomanagementprozess erläutert und eingeübt. Ferner ist hier ein Auditing notwendig, das in regelmäßigen Abständen die Durchführung des Risikomanagementprozesses überprüft.

Für diese in Abbildung 56 dargestellte Vorgehensweise benötigt man eine kleine Gruppe von Verantwortlichen (in der Regel Projektleiter, die Risikomanagement einsetzen wollen), die sich um die Definition des Prozesses, Definition und Erstellung der entsprechenden Arbeitsunterlagen und die Einführung kümmert. Wenn in einem Unternehmen eine Methodengruppe etabliert ist, dann ist es natürlich Aufgabe dieser Gruppe, Risikomanagement in ihre existierenden Prozesse zu implementieren.

Aufgabe der Methodengruppe

Der Vorteil dieser Vorgehensweise ist, dass die Akzeptanz der einzuführenden Methoden seitens der Projektleiter sehr hoch ist. Zumal die, die bei der Prozessdefinition mitgearbeitet haben, einen fast missionarischen Eifer an den Tag legen, andere Kollegen von diesem Prozess zu überzeugen.

Vorteil dieser Vorgehensweise

Vergleichsmöglichkeiten mit Projekten ohne Risikomanagement

Aufgrund der durchgeführten Projekte, in denen Risikomanagement angewendet wurde, besitzt das Unternehmen Vergleichsmöglichkeiten mit Projekten ohne Risikomanagement und ist in der Lage, die Kosten einer Prozesseinführung zu begründen.

Vorlagen und Werkzeuge sind innerhalb des Unternehmens standardisiert und können regelmäßig angepasst werden.

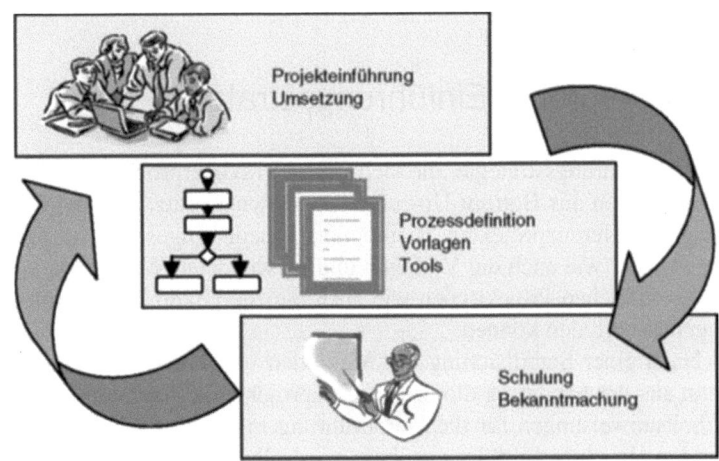

Abbildung 56: Empfohlene Vorgehensweise

7.3.5 Risikomanager als eigenständige Rolle

Nur für den Prozessablauf zuständig

Sinnvoll ist es, für das Risikomanagement eine eigene Person, den Risikomanager, zu berufen. Diese Person arbeitet nicht im Projekt mit, sondern ist hier nur für den Prozessablauf zuständig. Da bei der Moderation von Identifikationsmeetings und Planungsmeetings sehr häufig eine neutrale Person benötigt wird, wird diese Rolle auch vom Risikomanager ausgefüllt. Des Weiteren steuert der Risikomanager den Identifikationsprozess, sammelt die Bewertungen ein und erstellt die Auswertungen und Reports für das Risikomanagement.

7.4 Outsourcing

7.4.1 Allgemeines zum Outsourcing von Dienstleistungen

In Zeiten von Krisen gehen immer mehr Unternehmen dazu über, gewisse Dienstleistungen outzusourcen. Das aus der amerikanischen Managementpraxis stammende Kunstwort Outsourcing setzt sich aus den Bestandteilen outside, resource und using zusammen. Im Kern beschreibt der hinter dem Outsourcingbegriff stehende Sachverhalt die betriebswirtschaftliche Frage nach dem "make-or-buy". Welche Leistungen werden mit den im eigenen Unternehmen vorhandenen Ressourcen erstellt und welche werden von externen Anbietern bezogen? Outsourcing ist somit die langfristig ausgerichtete Externalisierung bestimmter Teilleistungen oder Funktionen einer Unternehmung und deren Übernahme durch Externe. Aufgaben werden ausgelagert und die entsprechenden Leistungen von darauf spezialisierten Unternehmen außerhalb der Unternehmensgrenze bezogen.

In Zeiten von Krisen

An dieser Stelle sei schon mal darauf hingewiesen, dass ein Outsourcing von Risikomanagement Unternehmen, die in dieser Managementtechnologie noch unerfahren sind, dringend anzuraten ist. Generell gilt zwar die Regel, dass man am besten aus Fehlern lernt, doch im Bereich Risikomanagement sollte man dies möglichst vermeiden, da die hier begangenen Fehler sehr teuer werden können.

Besonders für unerfahrene Unternehmen sinnvoll

7.4.2 Outsourcing von Risikomanagement

Wie sieht das Outsourcing von Risikomanagement aus? Hier muss erst einmal unterschieden werden zwischen der Prozessdefinition und –implementation sowie dem kontinuierlichen Risikomanagement in Projekten.

7.4.3
Prozesseinführung

Erst Basisprozess definieren

Bei der Prozesseinführung muss zunächst einmal ein Basisprozess definiert werden, der in Pilotprojekten eingesetzt werden kann, so dass die Erkenntnisse hieraus wieder in eine Verbesserung und Optimierung der Prozessdefinition einfließen können. Ist nun der Prozess definiert, so müssen die folgenden Dokumente fertiggestellt werden:

- Vorlagen,
- Verfahrensanweisungen,
- Arbeitsanweisungen,
- Risikostandardlisten und
- Berichtsvorlagen.

Ferner sind noch Schulungen für alle Beteiligten zu planen und durchzuführen. Projektreviews und Projektabschlussaudits müssen durchgeführt werden, um die Erkenntnisse aus den vorherigen Projekten wieder in aktuelle und zukünftige Projekte einfliessen zu lassen.

Dieser Aufwand kann mit einem erfahrenen externen Partner, aufgrund seines Knowhows und Erfahrungsschatzes, auf ein Minimum reduziert werden, und die Definitions- wie auch die Implementationsphase kann damit relativ kurz gehalten werden.

Der Vorteil der Erfahrung wiegt viele Nachteile auf

Der Nachteil ist, dass ein externes Unternehmen erst die Unternehmenskultur und die unternehmensspezifische Projektmethodik kennenlernen muss, um einen geeigneten Risikomanagementprozess definieren, integrieren und umsetzen zu können. Der Vorteil der Erfahrung wiegt aber diesen Nachteil auf.

7.4.4
Durchführung in Projekten

Natürlich können Aktivitäten wie Risikoidentifizierung, -analyse und -planung als solche nicht outgesourced werden. Diese Aktivitäten finden innerhalb des Projektes statt und müssen von den Teammitgliedern[93] durchgeführt werden. Aber die folgenden Tätigkeiten können von externen Ressourcen durchgeführt werden:

- Steuerung des Risikomanagementprozesses
- Verwaltung der Risiken
- Durchführung des Bewertungsprozesses
- Moderation der Planungsteams
- Unterstützung bei Verfolgung und Kontrolle
- Aufbereitung der Risikoinformationen

Risikoidentifizierung, -analyse und -planung können als solche nicht outgesourced werden

Diese Ressource muss natürlich sehr eng mit dem Projektleiter zusammenarbeiten, da doch ein recht hohes Überschneidungspotential zwischen den Aufgaben und Erkenntnissen der Projektleitung und denen des Risikomanagements existiert.

Der prozentuale Anteil von Risikomanagement innerhalb des Gesamtprojektmanagementaufwandes beträgt ca. 10%. Dieser Aufwand kann durch das Outsourcing für alle Projekte wesentlich geringer ausfallen, so dass je nach Anzahl der betreuten Projekte ein anteiliger Aufwand[94] von 5-8% entsteht.

Wenn Risikomanagement für alle Projekte zu einem externen Partner outgesourced werden sollte, ergibt sich für das Unternehmen ein hoher Effizienzgrad in Bezug auf Kosten und Nutzen. Es wird möglich, Risikomanagement auch projektübergreifend zu praktizieren und Projektportfolios in Bezug auf das entsprechende Risikopotential auszuwerten. Risikolisten, die für alle Projekte zur Verfügung stehen, können zentral verwaltet und aktualisiert werden.

Hoher Effizienzgrad in Bezug auf Kosten und Nutzen

Natürlich besteht der Nachteil, dass das Unternehmen kritische Informationen an Externe weitergibt, die normalerweise sehr vertraulich und nur intern gedacht sind. Hier kann man aber durch entsprechende vertragliche Regelungen einem Missbrauch von vertraulichen Informationen vorbeugen.

Missbrauch von vertraulichen Informationen vorbeugen

---

[93] Hierzu zählt auch der Projektleiter.
[94] Auch hier ist der anteilige Aufwand bezogen auf den Projektmanagementaufwand gemeint.

7.4.5
Fazit

Die Einführung eines Risikomanagementprozesses sollte auf jeden Fall nur gemeinsam mit einem externen Partner durchgeführt werden. Hier kann sich kein Unternehmen Fehler bei der Einführung erlauben.

Der Aufwand, der betrieben werden muss, um:

Den Aufwand nicht unterschätzen

- Verfahrensanweisungen,
- Arbeitsanweisungen,
- Vorlagen,
- Standardlisten und
- Berichte

zu erstellen, ist nicht zu unterschätzen, so dass in den meisten Unternehmen keine interne Ressource zur Verfügung steht oder diese Ressource nicht den nötigen Zeitrahmen erhält, der wirklich notwendig wäre, und damit die „Aktion Risikomanagement" Gefahr läuft, nach ersten guten Ansätzen im Sande zu versickern.

7.5
Einsatz von Werkzeugen

7.5.1
Vorbemerkung

Werkzeuge sind noch Neuland

Der Einsatz von entsprechenden Werkzeugen ist im Risikomanagement (zumindest was die IT-Branche betrifft) noch relatives Neuland. Es existieren einige wenige Tools am Markt, die aber auf spezifische Prozesse aufgebaut sind. In der Regel sind dies Tools, die aus dem eigenen eingesetzten Prozess heraus entwickelt wurden und nun auch auf dem Markt verfügbar sind. Diese Lösungen sind in der Regel Einzelplatzlösungen und besitzen keine Möglichkeit der teamorientierten Identifikation und Bewertung von Risiken. Andere Tools die angeboten werden sind in Projektmanagement-Tools integriert, die auch hier wieder eine spezifische Vorgehensweise fordern. Bei keinem der Tools ist es möglich, den Prozess zu entwerfen und die Arbeitsweise des Tools den eigenen Bedürfnissen anzupassen. Bestenfalls sind noch Reportgeneratoren vorhanden, um eigene Reports zu erstellen.

Nun stellt sich natürlich die Frage: „Was tun?". Sehr häufig starten Unternehmen ihre Risikomanagementaktivitäten mit im Unternehmen schon verfügbaren Applikationen. Der Vorteil ist hierbei natürlich, dass man sich wirklich auf den Prozess konzentrieren kann. Ein Tool sollte immer eine untergeordnete Rolle spielen.

Ein Tool sollte immer eine untergeordnete Rolle spielen

7.5.2 Excel/Word

Aktivitäten im Bereich Risikomanagement mit Word und Excel zu starten ist eine gute Lösung, um im eigenen Unternehmen zuerst einmal die Erfahrung mit einem Risikomanagementprozess zu machen und diesen so einfach wie möglich unterstützen zu können. Die Akzeptanz seitens der Anwender ist aufgrund der geringen Einarbeitungszeit in das Tool sehr hoch.

Word und Excel am Anfang reichen aus

Hierbei ist es nach unserer Erfahrung angebracht, Risikolisten als Vorlage für die Risikoidentifizierung in Word oder in Excel zu führen. Excel ist hierbei im Hinblick auf eine mögliche Übernahme in eine Datenbank sicherlich besser geeignet als Word.

Die Risikostatements, ihre Bewertungen und Pläne gegen die Top-Risiken können sehr gut in Excel geführt werden. Für die teamorientierte Identifizierung und vor allem Bewertung muss eine zentrale Konsolidierung der Daten in ein Main-Excel-Sheet stattfinden. Ein weiterer Vorteil ist, dass man sehr schnell Standardreports erstellen kann, die als Basis für eine größere Lösung dienen können. In kleinen Projektteams ist die Arbeit mit Excel für den Anfang durchaus zu empfehlen.

Ein Hauptnachteil ist, dass eine Historisierung der Daten nicht sauber durchgeführt werden kann. Das heißt, Auswertung über verschiedene Assessments und Vergleiche über den gesamten Projektverlauf sind nur schwer möglich. Auch bei großen Teams (>10 Personen) ist eine Excel-Lösung nur noch bedingt einsetzbar.

Historisierung der Daten nur schwer möglich

7.5.3 Access

Selbstdefinierte Access-Datenbank bietet bereits mehr Möglichkeiten

Eine selbstdefinierte Access-Datenbank ist kurz- bis mittelfristig durchaus einsetzbar. Hier ist auch eine Historisierung der Daten möglich und die Lösung ist auch für große Projektteams geeignet. Auch hier sollte vom Risikomanager eine zentrale Konsolidierung der Bewertungen erfolgen; dies ist aber durch die Möglichkeiten des Datenimports und -exports recht gut gegeben. Eine Access-Lösung bietet die Möglichkeit, erst einmal wirklich herauszufinden, wie der eigene Risikomanagementprozess definiert werden soll. Diese Lösung ist dann geeignet, auf größere Datenbanken und für den unternehmensweiten Zugriff adaptiert zu werden.

Dies erfordert natürlich seitens des Risikomanagers bzw. Projektmanagers auch Kenntnisse im Umgang mit Access.

7.5.4 FMEA-Tools

Fehlermöglichkeits- und Einfluss-Analyse

Bei der Fehlermöglichkeits- und Einfluss-Analyse[95] (FMEA) handelt es sich um eine Methodik, in den planerischen Phasen einer Produktentwicklung potentielle Fehler während der Entwicklung eines Produktes oder Fertigungsprozesses aufzudecken und durch geeignete Maßnahmen zu vermeiden. Potentielle Fehler werden auf Basis vorhandener Produktinformationen systematisch aufgelistet und auf ihre möglichen Auswirkungen und Ursachen hin untersucht. Anschließend werden entsprechende Maßnahmen zur Fehlervermeidung und -entdeckung aufgelistet.

Zur FMEA-Methode ist auf dem Markt eine grosse Anzahl von Tools verfügbar. Sie sind zwar nicht immer 100% geeignet zur Unterstützung der Risikomanagementmethode, wie sie hier vorgestellt wurde, ist aber auf jeden Fall eine Überlegung wert.

Die im eigenen Unternehmen eingesetzten FMEA-Tools einsetzen

Da die FMEA in fast allen produzierenden Unternehmen toolunterstützt eingesetzt wird, lohnt es sich in jedem Fall, die im eigenen Unternehmen eingesetzten FMEA-Tools im Hinblick auf die Einsetzbarkeit für Risikomanagement in Projekten zu evaluieren.

---

[95] Failure Modes and Effects Analysis

7.5.5
Anforderungen an Werkzeuge

Ein Werkzeug, das den Risikomanagementprozess in Projekten unterstützt, sollte generell den folgenden Anforderungen genügen:

- Multiprojektfähigkeit
- Teamunterstützung
- Möglichkeit der teamorientierte Analyse
- Verwaltung von Standard-Risikolisten
- Projektabhängige Definition der Schadens- und Wahrscheinlichkeitsklassen
- Anbindung an Projektplanungstools

7.5.5.1
Basisanforderungen

Im Zuge der zunehmenden räumlichen Verteilung von Projektteams sollte auf jeden Fall eine webbasierte Oberfläche und auch Zugriffe von außen mit dem Tool abgedeckt werden. Des Weiteren muss das Werkzeug datenbankbasiert sein, um alle Anforderungen eines Risikomanagementprozesses abdecken zu können.

Webbasierte Oberfläche

7.5.5.2
Multiprojektfähig

Wenn schon ein Werkzeug beschafft bzw. selbst entwickelt wird, dann sollte es in der Lage sein, multiprojektfähig zu sein. Dies ermöglicht die gemeinsame Nutzung von Standard-Risikolisten und eine Risikoauswertung über Projektportfolien. Stichwort: verteilte Entwicklung.

7.5.5.3
Teamunterstützung und teamorientierte Analyse

Bei der Teamunterstützung muss unterschieden werden zwischen Identifikation und Analyse. Teamunterstützung bei der Identifikation ist ein absolutes Muss. Das bedeutet, jedes Teammitglied muss jederzeit ein Risiko identifizieren und eintragen können. Dabei sollte

Ein absolutes Muss

auch ein anonymes Eintragen zugelassen werden dürfen[96]. Idealerweise kann die Bewertung von jedem Einzelnen durchgeführt werden. Dann muss das Tool noch die Möglichkeit der Konsolidierungsdefinition geben. Wichtig ist hierbei, dass der Projektleiter oder Risikomanager das Konsolidierungsverfahren projektspezifisch definieren kann. Nur einfach eine Mittelwertberechnung reicht für ein sinnvolles Risikomanagement nicht aus.

7.5.5.4
Verwaltung von Standard-Risikolisten

Erstidentifikation von Risiken

Projektunabhängige, immer wiederkehrende Risiken sollten an einer zentralen Stelle hinterlegt sein, auf die alle Projekte zugreifen können. Diese Risiken sind vor allem bei der Erstidentifikation von Risiken in einem Projekt hilfreich[97]. Ferner muss es möglich sein, am Ende eines Projektes alle identifizierten Risiken durchgehen zu können, um allgemeine Risiken in die Standardlisten zu übergeben und somit für andere Projekte wieder verfügbar zu machen.

7.5.5.5
Projektabhängige Definition der Schadens- und Wahrscheinlichkeitsklassen

Projektspezifische Definition muss möglich sein

Da die Auswirkungen von Risiken in jedem Projekt anders zu bewerten sind, sollten auf jeden Fall die Schadens- und Wahrscheinlichkeitsklassen projektspezifisch definiert werden können. Außerdem sollte es möglich sein, die Anzahl der Klassen zu variieren[98]. Auch die Klassenbeschreibung sollte wahlweise verbal wie auch als Nummer erfolgen können. Es gibt nichts Schlimmeres, als eine Wahrscheinlichkeit einzuschätzen mit der Vorgabe: hoch, sehr hoch, ganz besonders hoch, nicht ganz so hoch, mittel, wenig, ganz wenig, ...

---

[96] Dies hilft sehr oft den Projektmitgliedern, Risiken zu identifizieren, die sich nicht trauen, mögliche Risiken offen zu addressieren.
[97] Der „Start von 0 auf 100" wird in den meisten Projekten als besonders schwierig empfunden. Diese Listen sind eine gute Hilfe zum Auffinden von Standardrisiken in einem Projekt.
[98] Hier geben die meisten der am Markt befindlichen Tools eine feste Anzahl vor.

7.5.5.6
Anbindung an Projektplanungstools

Idealerweise ist ein Risikomanagementsystem zum Einsatz in Projekten in ein Projektplanungstool integriert oder an ein solches Tool angebunden. Maßnahmen, die gegen Risiken definiert werden, sollten auch im Projektplanungstool aufgeführt sein. Ferner sollte nur ein Tool zur Verfolgung und Kontrolle von Maßnahmen und Aufgaben innerhalb eines Projektes eingesetzt werden.

Integration in Projektplanungstool wäre ideal

7.5.6
Fazit

Aufgrund der aktuellen Marktsituation, die im Bezug auf Risikomanagement-Tools noch mit Recht als sehr bescheiden bezeichnet werden kann[99], werden die meisten Unternehmen wohl um eine eigene, spezifische Lösung nicht herumkommen. Die Empfehlung hierfür aber ist, erst einmal mit Standardtools wie Excel, Word, Access zu arbeiten, um die Arbeitsweise in Projekten einzuüben und auch anzupassen und optimieren zu können. Erst dann, wenn man wirklich weiß, was man möchte, sollte man sich zielgerichtet auf die Suche nach fertigentwickelten Lösungen begeben oder aber eine eigene Lösung entwickeln bzw. entwickeln zu lassen[100].

Noch sehr bescheidener Markt

---

[99] Im Anhang sind einige derzeit verfügbare Werkzeuge aufgelistet.
[100] Nichts ist schlimmer, als sich einen Prozess durch ein Tool aufdoktrinieren zu lassen.

8 No Risk – No Fun

Gerhard Versteegen

8.1 Einführung

Dieses Kapitel trägt einen provokativen Namen – No Risk no Fun –, was soll dadurch ausgedrückt werden? Sollen alle in den vorherigen sieben Kapiteln sorgfältig analysierten und erprobten Techniken, Strategien und Maßnahmen eines Risikomanagements einfach ‚über den Haufen geworfen werden"?

Klare Antwort – NEIN! Dieses Kapitel steht bewusst am Ende dieses Buches, da es in erster Linie aufzeigen soll, dass das bewusste Eingehen von Risiken einen signifikanten Beitrag zum Erfolg jedes Unternehmens beiträgt. Würde keiner mehr Risiken eingehen, so bestände die Unternehmenslandschaft aus Behörden oder Ablegern von Behörden.[101]

Bewusstes Eingehen von Risiken liefert Beitrag zum Erfolg

Doch welche Risiken können eingegangen werden und welchen Risiken sollte man aus dem Weg gehen? Allgemeine Antworten können hier natürlich nicht gegeben werden – aber das ein oder andere Fallbeispiel hilft hier weiter. Ziel dieses Kapitels ist es, dem Leser eine Art Aufmunterung zu geben, gewisse Risiken in Kauf zu nehmen. Hintergrund:

Jedes Projekt liegt immer in einem Spannungsfeld zwischen Chancen und Gefahren - das Bindeglied dazwischen sind die Risiken!

---

[101] Durch diesen Satz soll nicht zum Ausdruck gebracht werden, dass Behörden ohne Risiken arbeiten. Es soll lediglich dargestellt werden, dass im Gegensatz zu Behörden freie Unternehmen gezwungen sind, mit MEHR Risiken zu leben, als dies bei Behörden der Fall ist.

In Kapitel 8.4 werden wir genauer auf dieses Spannungsfeld eingehen.

Erweiterte Form der Risikoakzeptierung

Dabei handelt es sich hier nicht um eine erweiterte Form der in diesem Buch vorgestellten Strategie der Risikoakzeptierung. Vielmehr handelt es sich um eine kombinierte Anwendung aller in diesem Buch aufgeführten Strategien, die durch ein wesentliches Element zum Einsatz gebracht werden, das schon immer über den Erfolg oder Misserfolg eines Projektes entschieden hat: Kommunizierte Erfahrung. Aus der Sicht des Risikomanagements setzt sich ein Projekt aus den folgenden drei Bereichen zusammen:

Der sichere Bereich

- Einem „sicheren" Bereich, also einem Gebiet, wo die dort abzuwickelnden Aktivitäten nur mit wenigen Risiken behaftet sind – man spricht hier auch vom Chancen-Part eines Projektes. In diesem Kontext reden wir auch vom Fun-Part;

Der gefährliche Bereich

- einem „gefährlichen" Bereich, also einem Gebiet, wo die dort abzuwickelnden Aktivitäten mit Risiken behaftet sind – man spricht hier dementsprechend vom Gefahren-Part des Projektes;

Der Bereich dazwischen

- einem Bereich, der zwischen diesen beiden Gebieten liegt und der mit relativ vielen Unbekannten versehen ist.

Im Folgenden wollen wir diese drei unterschiedlichen Bereiche näher betrachten.

8.2
Der Fun-Part (Chancen-Part)

8.2.1
Einführung

Feuer und Eis

Fun – also Spaß haben – und Risikomanagement, das klingt wie Feuer und Eis, doch wer schon mal richtig prickelnde Projekte abgewickelt hat, der weiß, dass nach Abschluss eines solchen Projektes hauptsächlich ein Aspekt in Erinnerung bleibt: das Meistern wirklich kritischer Situationen!

Und schon nach wenigen Monaten bleibt eigentlich nur eins in Erinnerung – wie das Projekt erfolgreich gemeistert wurde! Schön für die Firmengeschichte – schlecht für die Zukunft, denn viel zu schnell gehen hier gewonnene Erfahrungen verloren. Und genau mit diesem Thema „Erfahrung" wollen wir uns im nächsten Abschnitt beschäftigen.

8.2.2 Erfahrung

Innerhalb des Projektgeschäftes gehört Erfahrung zu den wesentlichen Eigenschaften, die zur Besetzung der Schlüsselpositionen (also der unterschiedlichen Rollen wie Projektleiter, Anforderungsmanager oder auch Risikomanager) zählt. Ebenso ist Erfahrung eine der entscheidenden Eigenschaften, die für die Bezahlung der jeweiligen Projektmitarbeiter herangezogen werden.

Doch wodurch kann Erfahrung gesammelt werden? So hart es klingt – in erster Linie dadurch, dass man aus Fehlern lernt! Diese These beinhaltet eine Reihe von weiteren Aussagen:

- Das Unternehmen muss die Philosophie verfolgen, dass Fehler dazu da sind, dass man aus ihnen lernt und nicht für sie „bestraft" wird.
- Wenn ein Fehler begangen wurde, muss er zunächst analysiert werden, bevor mit der Behebung des Fehlers begonnen wird, ansonsten kann man nicht aus dem Fehler lernen. Fehler dürfen nicht kaschiert werden, sondern müssen kommuniziert werden.
- Es bringt aber nur dem *Einzelnen* etwas, wenn nur er aus dem Fehler lernt. Fehler sind auch dazu da, dass *alle* daraus lernen. Dabei geht es nicht darum, dass jemand, der einen Fehler begangen hat, an den Pranger gestellt werden soll, vielmehr sollen alle Mitarbeiter aus diesem Fehler lernen. Damit lässt sich obige Firmenphilosophie wie folgt ergänzen:

Fehler sind dazu da, dass alle aus ihnen lernen, damit sie nicht wieder begangen werden.

Auf dieser Basis kann nicht nur Erfahrung aus den eigenen Fehlern gesammelt werden, sondern auch aus Fehlern, die andere begangen haben.

Doch man lernt nicht nur aus Fehlern, selbstverständlich kann man auch aus positiven Erfahrungen lernen. Ebenso existieren eine Reihe weiterer Quellen, auf deren Basis innerhalb eines Unternehmens Erfahrungen aufgebaut werden können:

Marginalien:
- Wesentliche Eigenschaft, die zur Besetzung von Schlüsselpositionen erforderlich ist
- Firmenphilosophie

Weitere Quellen

- Literatur, seien es Fachbücher, Erfahrungsberichte, Artikel oder auch das Internet,
- das Know-how neuer Mitarbeiter, die ihre bei anderen Firmen (oder auch in anderen Projekten) gesammelten Erfahrungen in das neue Projekt mit einbringen (und damit natürlich auch in das Unternehmen selber),
- der Besuch von Fachkongressen, Messen oder die Teilnahmen an Fortbildungsveranstaltungen.
- u.v.m.

8.2.3 Kommunizierte Erfahrung

Mitarbeiter als Individuum profitiert, die Gemeinschaft nicht

Die größte Erfahrung nutzt nichts, wenn sie nicht innerhalb eines Projektes kommuniziert wird. Bereits im vorherigen Abschnitt wurde kurz darauf eingegangen. Doch wie kann Erfahrung kommuniziert werden? Die meisten Unternehmen begehen den Fehler, dass sie sogenannte Wissensinseln aufbauen, wobei nur der Mitarbeiter als Individuum profitiert und nicht das Team.[102]

Es fehlt also unter anderem an der internen Kommunikation (wobei das nicht nur für das Risikomanagement gilt). Gerade im Projektgeschäft ist dies auch gar nicht so einfach, da die einzelnen Mitarbeiter meist vor Ort beim Kunden im Einsatz sind. Es müssen also alternative Kommunikationskanäle gesucht werden, da die herkömmlichen Kanäle wie die verbale Kommunikation hier nicht greifen.

Zentrales Hilfsmittel zum Wissenstransfer

Ein wesentliches Hilfsmittel zur Kommunikation von Erfahrungen stellt Knowledge-Management dar; im nächsten Abschnitt wollen wir etwas detaillierter auf diese Technologie eingehen. Sie stellt das zentrale Hilfsmittel zum Wissenstransfer innerhalb von Unternehmen dar.

---

[102] Und damit dann natürlich auch nicht das Projekt, in dem das Individuum arbeitet.

8.2.4 Knowledge-Management

8.2.4.1 Einführung

Knowledge-Management war Anfang des Jahres 2000 ein absolutes Hypethema [Vers2002a]. Hierzulande auch als Wissensmanagement bezeichnet, befasst sich Knowledge-Management mit der Sammlung, Aufbereitung und Verteilung von Informationen und Wissen. Dabei wird zum Beispiel zwischen folgenden Wissensarten unterschieden:

- Digitalisiertes Wissen im eigenen Unternehmen
- Schriftlich vorliegendes Wissen im eigenen Unternehmen
- In den Köpfen der eigenen Mitarbeiter vorhandenes Wissen
- Bei Partnern vorhandenes Wissen
- Bei Wettbewerbern vorhandenes Wissen
- usw.
-

Im Jahre 2000 Hypethema

Unterschiedliche Wissensarten

Wie sich Wissen darstellt, wie es strukturiert und definiert ist usw. soll hier nicht weiter dargestellt werden, dazu sei auf [MüVe2000] und [CTR1998] verwiesen.

Knowledge-Management nutzt sowohl Dokumentenmanagement als auch Workflow-Management zur Verteilung und zur Verwaltung des Wissens und Content-Management zur Bereitstellung des Wissens und kann somit als eine Art übergeordnete Technologie bezeichnet werden.

Übergeordnete Technologie

Innerhalb des Risikomanagements stellen Knowledge-Management-Systeme eine wertvolle Unterstützung für den Projektleiter bzw. den Risikomanager dar. Im Folgenden wollen wir auf diese Themen eingehen:

- Wie entsteht Wissen innerhalb des Risikomanagements von Projekten? Wie sind die unterschiedlichen Arten von Wissen zu unterscheiden?
- Wie kann Wissen innerhalb von Projekten übertragen werden?
- Probleme, die bei der Übertragung von Wissen in Knowledge-Management-Systeme entstehen.

Wichtige Themen

- Der Einsatz von Knowledge-Management-Systemen innerhalb des Risikomanagements in Projekten.
- Welche Knowledge-Management-Systeme existieren derzeit auf dem Markt?
- Welche Kritik existiert an Knowledge-Management-Systemen und warum?

8.2.4.2 Die Entstehung und Klassifizierung von Wissen im Risikomanagement in Projekten

Wissen, das im Risikomanagement von Projekten entsteht, kann in drei verschiedene Klassen unterschieden werden:

Drei verschiedene Wissensklassen

- in explizites und implizites Wissen,
- in strukturiertes und unstrukturiertes Wissen sowie
- privates und kollektives Wissen.

Explizites Wissen

Explizites Wissen ist bereits kommuniziertes Wissen, das auf verschiedenen Medien gespeichert sein kann. Dieses Wissen kann mittels Informations- und Kommunikationstechnologie verarbeitet, übertragen und gespeichert werden. Typische Beispiele für diesen Bereich sind zum Beispiel:

- eine existierende Risikomatrix
- Beschreibungen von zu ergreifenden Maßnahmen, falls ein Risiko eintritt
- dokumentierte Problembeschreibungen eingetretener Risiken
- usw.

Implizites Wissen hingegen ist in den Köpfen von Individuen gespeichert und deshalb schwer zu formalisieren und zu übertragen. Dieses Wissen beruht auf Idealen, Werten und Gefühlen der einzelnen Person, ebenso äußert es sich in Erfahrungen und Handlungen.

Implizites Wissen

Implizites Wissen umfasst informale und schwer dokumentierbare Fähigkeiten und Fertigkeiten, die sich auch unter dem Begriff *Know-how* zusammenfassen lassen. Zusätzlich beinhaltet dieses Wissen subjektive Überzeugungen und Wahrnehmungen, die oft auch für selbstverständlich gehalten werden. Innerhalb des Risikomanagements zählt zum Beispiel die Fähigkeit eines Risikomanagers, bestimmte Risiken schon im Vorfeld „zu riechen".

Weiterhin wird Wissen nach seinem Ursprung unterschieden. Strukturiertes Wissen besitzt eine immanente Struktur und kann aus strukturierten Daten- und Informationsquellen (zum Beispiel Datenbanken, Data-Warehouse-Konzepten) gewonnen werden.

Unstrukturiertes Wissen ist in unstrukturierten Datenquellen vorhanden. Das können zum Beispiel:

- Textdokumente,
- E-Mails,
- Audio-/Video-Präsentationen,
- Internetseiten,

Unstrukturiertes Wissen

aber auch implizites Wissen der Mitarbeiter sein. Letztendlich lässt sich Wissen auch nach seiner Zugänglichkeit klassifizieren. Ist Wissen nur für einzelne Individuen greifbar, handelt es sich um privates Wissen. Kollektives Wissen ist hingegen für mehrere Personen, eine Organisationseinheit oder für die gesamte Organisation verfügbar. Somit ist kollektives Wissen auch das Wissen, das dem Risikomanagement innerhalb von Projekten am meisten weiterhilft.

8.2.4.3
Der Transfer von Wissen innerhalb von Projekten

Wie bereits eingangs gesagt, nützt individuelles Wissen einem Unternehmen nur dann, wenn es entsprechend verteilt (ausgetauscht) wird, was letztendlich die Basis von Knowledge-Management darstellt. Abbildung 57 zeigt eine Umgebung, in der implizites Wissen in explizites Wissen überführt wird und umgekehrt explizites Wissen in implizites:

Abbildung 57: Implizites Wissen dem Projekt zugänglich machen

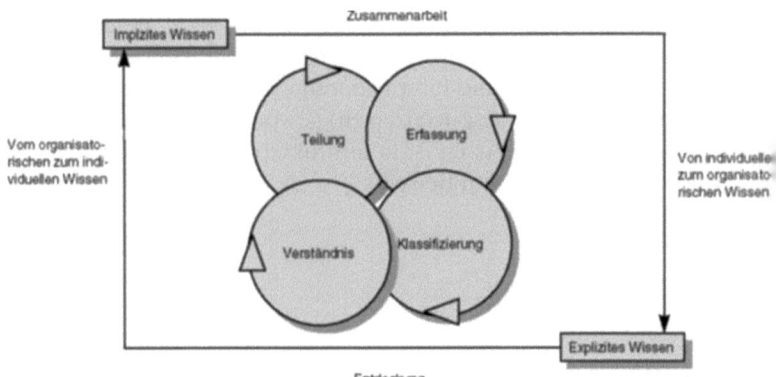

Wesentlicher Bestandteil der in Abbildung 57 dargestellten Umgebung zum Wissensaustausch sind die folgenden vier Prozesse:

Vier Prozesse als Basis

- Das Teilen des Wissens (sharing). Hier steht der Aspekt der Kommunikation im Vordergrund. Das Wissen wird unter den Personen ausgetauscht.
- Das Erfassen des Wissens (capture). Betrachtet werden die Möglichkeiten der physikalischen Speicherung (zum Beispiel in einer Datenbank).
- Die Klassifizierung des Wissens (classification). Wesentlich für den späteren Zugriff auf das Wissen sind hier Navigationsaspekte – hier findet das Filtern und die Sortierung des Wissens nach bestimmten (im Vorfeld festzulegenden) Regeln statt.

Aufbereitung des Wissens

- Das Verstehen des Wissens (understanding). Dieser Punkt befasst sich mit der Aufbereitung des Wissens in einer Form, die es dem Anwender ermöglicht, mit dem Wissen zu arbeiten.

Wie aus Abbildung 57 hervorgeht, sind diese vier Prozesse eng miteinander verbunden.

8.2.4.4
Probleme bei der Umsetzung von Wissen in Knowledge-Management-Systemen

Wenn das Wissen in Knowledge-Management-Systeme integriert werden soll, tauchen oft die folgenden Problematiken auf, die es bei der Einführung eines Knowledge-Management-Systems zu lösen gilt:

- Bei Wissen handelt es sich um Daten, die man zum Beispiel von Sachbearbeitern eingeben lassen kann, sondern um komplexe miteinander vernetzte Strukturen.
- Das Preisgeben von Wissen bedeutet oft die Aufgabe eines Alleinstellungsmerkmals für den Mitarbeiter.
- Wissen liegt in unterschiedlichster Form vor, selbst bei der scheinbar einfachsten Form – bei bereits digitalisiertem Wissen – existieren eine Reihe von Problemen hinsichtlich Medienbrüchen.
- Wissen bleibt nicht immer aktuell – es veraltet und kann nach einer gewissen Zeit sogar falsch sein! Die Wissensbasis muss also gepflegt werden.
- Auf Wissen will man nicht nur zugreifen, wenn man an seinem Arbeitsplatz sitzt; Wissen muss also auch mobil gemacht werden.
- Nicht jeder muss und darf alles wissen – ein ausgefeiltes Benutzerkonzept ist genauso wichtig wie ein entsprechendes Sicherheitskonzept.
- Wissen hat jeder – es muss also auch für jeden möglich sein, sein Wissen ins System bzw. in die Knowledge Base zu integrieren. Dies erfordert eine einfache Handhabung des Werkzeuges.
- Ein Knowledge-Management-System wird nur dann genutzt, wenn das Wissen entsprechend schnell gefunden wird; intelligente Suchmechanismen sind also notwendig.
- usw.

Typische Problematiken

Es gilt also, diese Problematiken zu vermeiden – andernfalls ist der Einsatz des Knowledge-Management-Systems kontraproduktiv. Es besteht die Gefahr, dass veraltetes Wissen verwaltet und benötigtes Wissen nicht bereitgestellt wird.

Knowledge-Management kann auch kontraproduktiv sein

8.2.4.5 Einsatz von Knowledge-Management-Systemen im Projektgeschäft

Noch vor wenigen Jahren wurden Projekterfahrungen allenfalls durch Mund-zu-Mund-Propaganda und Projekttagebücher kommuniziert. Knowledge-Management-Systeme bieten hier natürlich ganz andere, wesentlich komfortablere Möglichkeiten, Wissen innerhalb eines Projektes zu verteilen. Betrachten wir einmal die Vorteile, die KM-Systeme bieten:

Vorteile von KM-Systemen

- Das heutige Projektgeschäft findet häufig an unterschiedlichen Standorten statt; Stichwort: Verteilte Entwicklung.
- Das Informationsaufkommen wächst überproportional, dies kann mit herkömmlichen Mitteln nicht mehr verwaltet werden.
- Informationen sind nur dann wirklich wertvoll, wenn sie mit anderen Informationen in einen logischen Zuzammenhang gesetzt werden.
- Die Suchmechanismen bei Knowledge-Management-Systemen sind so flexibel, das die gewünschte Information sehr zielgerichtet eingegrenzt werden kann und innerhalb schnellster Zeit zur Verfügung steht.
- usw.

8.2.4.6 Marktübersicht-Knowledge-Management Systeme

Sehr unübersichtlicher Markt

Die in Tabelle 21 dargestellte Übersicht soll Auskunft darüber geben, welche Knowledge-Management-Systeme derzeit auf dem Markt existieren. Der Markt ist in diesem Bereich immer noch sehr unübersichtlich. Hier tummeln sich eine Vielzahl von Herstellern, die sich Knowledge-Management ins Angebotsportfolio schreiben, ohne diese Technologie auch wirklich zu unterstützen.

Hersteller	Produkt
Arcplan	inSight dynaSight
Autonomy	Active Knowledge
Blue Angel Technologies	Meta Star
Dataware Technologies Inc.	Dataware II Knowledge-Management Suite
Dr. Materna GmbH	Serviceware Knowledge-Bridge/Kiosk, Knowledge Architect/Viewer
Excalibur Technologies	RetrievalWare
Gauss Interprise AG	Versatile Internet Platform
grapeVINE	Compass Server/grapeVINE
IDS Scheer AG	Enterprise Knowledge Portal
OpenText	Livelink
Pironet	Pirobase
SAP AG	SAP Knowledge Warehouse
Schema GmbH	Schema Text Client/Server
U.S.U. AG	U.S.U. KnowledgeMiner
Verity	Knowledge Retrieval Product Suite
zap GmbH	[ucone]

Tabelle 21: Übersicht über derzeit verfügbare Knowledge Management Systeme

8.2.4.7 Kritik am Knowledge-Management

Wie soll es anders sein – natürlich gibt es auch kritische Stimmen zum Thema Knowledge-Management. Diese kommen in erster Linie aus dem Lager, wo Gefahren aus der „allgemeinen Verfügbarkeit von Wissen" befürchtet werden. Typisches Beispiel sind hier Betriebsräte.

Typisches Beispiel: Betriebsräte

Vielfach wird Knowledge-Management auch als das „Allheilmittel" betrachtet, mit dem alle Probleme, denen sich Unternehmen gegenübersehen, gelöst werden können. Knowledge-Management zeigt aber nur dann die entsprechende Wirkung, wenn bestimmte Randbedingungen erfüllt sind. Dabei handelt es sich um:

- Wissenstransformation und Wissens(ver-)teilung,
- Wissensbewusste Unternehmenskultur und
- Unterstützung durch das Management.

Ansammlung statischer Informationen, Daten und Dokumente

Wenn der Prozess der Wissenstransformation nicht unterstützt wird, führt Knowledge-Management nur zu einer Ansammlung statischer Informationen, Daten und Dokumente. Neues Wissen kann nicht entstehen. Im Gegenteil, es entsteht eine unkoordinierte Informationsflut, die genau das Gegenteil von dem erreicht, was Knowledge-Management eigentlich bewirken soll.

Die rein technologische Teilung bzw. Verteilung von Wissen reicht nicht aus. Teamgeist und Optimismus sind nötig, kein Informationssystem kann einer Organisation wissensbewusste Einstellungen und Verhaltensweisen liefern.

Im Unternehmen muss für den Begriff Wissen das richtige Verständnis entwickelt werden. Jedes Mitglied der Institution muss Wissen als äußerst wertvolle Ressource und Erfolgsfaktor internalisieren. Dafür muss ein Wandel der Unternehmenskultur zu wissensbewusstem Handeln erfolgen.

Bestehende Kompetenzen werden neu bewertet

Durch Knowledge-Management werden bestehende Kompetenzen innerhalb eines Unternehmens neu bewertet. Bisherige Experten verlieren ihre Sonderstellung und Informationsvorsprünge werden reduziert. Da den besser Informierten im Unternehmen dadurch ihre Machtstellung entzogen wird, spielt Knowledge-Management auch eine unternehmenspolitische Rolle.

Viele Maßnahmen, die für die Umsetzung von Knowledge-Management notwendig sind, können deshalb nur mit absoluter Unterstützung des Top-Managements durchgeführt werden.

Die alleinige Anschaffung reicht nicht aus

An dieser Stelle sei darauf hingewiesen, dass die alleinige Anschaffung von Knowledge-Management-Produkten nicht ausreicht, um ein funktionierendes Knowledge-Management innerhalb eines Unternehmens einzuführen. Trotzdem bilden die in diesem Abschnitt aufgelisteten Werkzeuge die notwendige Grundlage, damit der Prozess des Knowledge-Managements erfolgreich im Unternehmen etabliert werden kann.

8.2.4.8 Fazit

Chance für die Verbesserung der Kommunikation von Erfahrungen

In diesem kleinen Exkurs über Knowledge-Management haben wir aufgezeigt, dass es sich bei dieser Technologie um eine echte Chance für die Verbesserung der Kommunikation von Erfahrungen innerhalb eines Unternehmens handelt. Auch wenn es sehr schwierig ist, die häufig unstrukturierte Form des Wissens in ein digitalisiertes Format zu bringen (leider handelt es sich bei Wissen eben nicht nur um Zahlen oder Werte, die sich auf einfache Weise innerhalb einer Datenbank erfassen lassen), so kann durch die Einführung eines unternehmensweit verfügbaren Knowledge-Management-Systems das Risikomanagement erheblich profitieren. Wichtig ist, dass das KM-System nicht nur eingeführt, sondern auch kontinuierlich gepflegt wird.

8.2.5 Chancen

8.2.5.1 Einführung

Aus dem bisherigen Inhalt dieses Kapitels ist hervorgegangen, dass der Fun-Part in erster Linie eins darstellt: Er offenbart Chancen! Daher wird dieser Bereich auch Chancen-Part genannt. Doch was ist eigentlich eine Chance im Umfeld der Software-Entwicklung? Hier lassen sich sicherlich viele Definitionen finden bzw. erfinden, in diesem Kontext sprechen wir von einer Chance, wenn im Projekt die Möglichkeit besteht, *vor* Time und Budget ein Arbeitspaket (oder auch das ganze Projekt) beendet zu haben.

Was ist eine Chance?

Im Umfeld des Risikomanagements wollen wir uns in diesem Kapitel mit den folgenden Aspekten beschäftigen:

- Chancen erkennen – woran merke ich, dass für das Projekt eine Chance entsteht bzw. besteht?

Chancen erkennen

- Chancen bewerten – ist es wirklich eine Chance oder sieht es nur so aus oder sind die durch die Wahrnehmung der Chance entstehenden Risiken zu hoch?

Chancen bewerten

- Chancen nutzen – wie kann ich die Chance umsetzen, dass sie dem Projekt weiterhilft?

Chancen nutzen

8.2.5.2 Chancen erkennen

Um zu wissen, welche Chancen sich einem bieten, muss man in der Lage sein, mögliche Chancen auch zu erkennen – ansonsten spricht man auch von einer „verpassten Gelegenheit". Nun gestalten sich jedoch Chancen in jedem Projekt anders, es gibt also kein klares Muster, anhand derer sie erkannt werden können. Auch hier hilft nur die Erfahrung weiter.

Verpasste Gelegenheit

8.2.5.3
Chancen bewerten

Hinter jeder Chance steht auch eine Gefahr

Chancen erkennen ist die eine Seite, sie auch richtig einzuschätzen die andere. Denn hinter jeder Chance steht natürlich auch immer eine Gefahr. Daher sind das jeweilige Chancen- bzw. Gefahrenpotential sorgfältig gegenüber zu stellen. (mehr zu dem Thema Chancen- und Gefahrenpotential ist dem weiteren Verlauf dieses Kapitels zu entnehmen.)

8.2.5.4
Chancen nutzen

Risiken bewusst in Kauf nehmen

Das alleinige Erkennen und Einordnen von Chancen reicht jedoch immer noch nicht aus, um ein Projekt erfolgreich abwickeln zu können – der Projektleiter (oder auch der Risikomanager) muss auch in der Lage sein, diese Chancen entsprechend zu nutzen. Dazu gehört auch, gewisse Risiken bewusst in Kauf zu nehmen, Basis ist die zuvor erwähnte Bewertung der Chancen.

8.2.6
Fazit

In diesem Abschnitt sind wir näher darauf eingegangen, welche Bedeutung Erfahrungen für das Risikomanagement haben. Doch nutzen alle Erfahrungen nur dann, wenn sie auch entsprechend kommuniziert werden. Hier eignet sich besonders Knowledge-Management. Wo Chancen innerhalb des Risikomanagements sind, existieren natürlich auch Gefahren. Im Folgenden wollen wir uns dem Gefahrenbereich näher widmen.

8.3
Der Gefahr-Part

8.3.1
Einführung

Ebenso wie es notwendig ist, die im Kapitel zuvor beschriebenen Chancen zu erkennen, müssen natürlich auch Gefahren erkannt werden. Der Unterschied ist in erster Linie darin zu sehen, dass eine nicht erkannte Chance keine offensichtlichen[103] Auswirkungen auf das Projekt hat; eine nicht erkannte und dann eingetretene Gefahr hingegen hat erhebliche Auswirkungen auf das Projekt.

Daher liegt es in der Natur der Sache, dass in das Erkennen von Gefahren wesentlich mehr an Zeit und Geld investiert wird, als dies bei den Chancen der Fall ist. Diese Vorgehensweise ist begründet, denn was nützt es, wenn eine Vielzahl von Chancen gefunden, aber eine Gefahr übersehen wird, die dann letztendlich das Projekt zum Scheitern bringt.

In die Gefahrensuche wird mehr Zeit und Geld investiert

8.3.2 Unterscheidung zwischen Gefahren und Risiken

Bevor wir uns weiter mit den Gefahren beschäftigen, wollen wir zunächst eine Differenzierung zu den bisher in dem Buch besprochenen Risiken vornehmen. Dies soll zunächst anhand eines Beispiels verdeutlicht werden:

- Wenn ein Risikomanager die Ressourcenrisiken analysiert, ist das Ereignis „Krankheit von Mitarbeitern" ein Risiko, das irgendwann einmal eintreten kann – oder auch eben nicht! Schließlich kann man im Vorfeld nie wissen, ob ein Mitarbeiter (oder mehrere) krank werden oder nicht.
- Wenn dann einige Mitarbeiter im Projektverlauf krank werden, so spricht man von einer Gefahr für das Projekt. Jetzt ist das oben aufgeführte Risiko eingetreten.

Beispiel zur Differenzierung

Man kann also sagen, dass Risiken den Gefahren zeitlich vorgelagert sind. Risiken können eintreten oder auch nicht – von Gefahren spricht man erst, wenn ein Risiko eingetreten ist.

8.3.3 Handhabung von Gefahren

Dem Erkennen von Gefahren folgt – wie auch schon bei den Chancen – das Bewerten der Gefahren oder genauer gesagt das Bewerten des eingetretenen Risikos. Im Prinzip findet hier eine Gegenüber-

---

[103] Unter offensichtlichen Auswirkungen wird hier verstanden, dass es letztendlich niemandem auffällt, wenn eine Chance verpasst wird. Das Projekt läuft weiter.

stellung der im Vorfeld (also im Risikomanagement) prognostizierten Auswirkungen und der jetzt offensichtlichen Auswirkungen statt. Hierbei wird generell zwischen den folgenden Auswirkungs- oder Gefahrentypen unterschieden:

Unterschiedliche Gefahrentypen

- Existenzbedrohend
- Schwerwiegend
- Tragbar
- Gering

Zumindest wenn Gefahren der ersten beiden Typen erkannt werden, man sich aber bei der Bewertung nicht absolut sicher ist, kann eine externe Hilfe weiterhelfen. Eine Faustregel ordnet dann die folgenden Maßnahmen den oben aufgeführten Typen zu:

Faustregel

- Existenzbedrohend : verhindern
- Schwerwiegend : reduzieren
- Tragbar : überwachen
- Gering : ignorieren

An dieser Stelle soll nicht weiter auf die einzuleitenden Maßnahmen eingegangen werden, da diese von Projekt zu Projekt völlig unterschiedlich sein können. Im Folgenden wollen wir uns dem Spannungsfeld zwischen den Chancen und Gefahren eines Projektes widmen.

8.4 Das Spannungsfeld zwischen Chancen und Gefahren

8.4.1 Einführung

Der eigentlich spannende Teil in diesem Kapitel ist – wie sollte es auch anders sein – der, der sich mit den Risiken befasst – also das bereits zu Anfang dieses Kapitels erwähnte Spannungsfeld zwischen Chancen und Gefahren. Abbildung 58 visualisiert dieses Spannungsfeld.

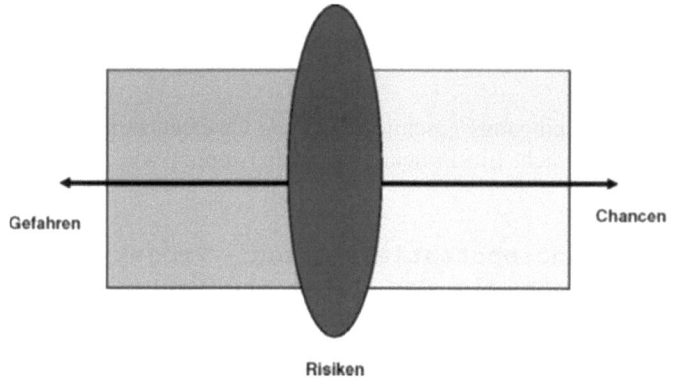

Abbildung 58: Risiken – das Spannungsfeld zwischen Chancen und Gefahren

Im Folgenden wollen wir dieses Spannungsfeld näher untersuchen und auf die einzelnen Bereiche näher eingehen:

- Chancenpotential
- Gefahrenpotential
- Unsicherheitsbereich

Drei Bereiche

8.4.2
Das Chancenpotential

In Anlehnung an den Fun-Bereich ist das Chancenpotential im obigen Spannungsfeld anzusiedeln. Dieser Bereich ist durch die folgenden Eigenschaften gekennzeichnet:

- Risiken, die vom Risikomanager in diesem Umfeld erkannt werden, werden hauptsächlich mit der Strategie der Risikoakzeptierung bearbeitet.
- Das Chancenpotential ist durch eine wesentliche Eigenschaft gekennzeichnet: Im Vergleich zum unten dargestellten Gefahrenpotential überwiegen hier die positiven Erwartungshaltungen. Das bedeutet, dass sowohl der Risikomanager als auch die Mitarbeiter im Projekt als auch der Kunde sich mit einer positiven Grundeinstellung den Aufgaben widmen, die unter diesem Part angesiedelt sind.
- Logische Konsequenz aus diesen positiven Erwartungshaltungen ist, dass hier eine hohe Motivation existiert.

Eigenschaften des Chancenpotentials

8.4.3
Das Gefahrenpotential

Wie bereits eingangs geschildert, ziehen Chancen immer auch Gefahren nach sich. Ein Projekt sollte dabei immer wie folgt gelagert sein:

Regel | **Das Chancenpotential eines Projektes muss größer sein als das Gefahrenpotential, ansonsten liegt ein kritisches Projekt vor.**

Nun wurde aber oben dargestellt, dass wesentlich mehr Zeit in die Entdeckung von Gefahren investiert wird, als dies bei Chancen der Fall ist, daher könnte es passieren, dass dadurch weniger Chancen entdeckt werden, als eigentlich vorhanden sind.

Während, wie oben beschrieben, im Chancenpotential eine positive Erwartungshaltung existiert, sieht das im Gefahrenpotential umgekehrt aus. Hier liegt dann eher eine negative Erwartungshaltung vor. Dies verstärkt sich je mehr, um so mehr Gefahren entdeckt werden.

Nochmals zur Erinnerung: Eine Gefahr liegt dann vor, wenn ein Risiko eingetreten ist. Nun hängt es von der im Vorfeld gewählten Risikostrategie ab, wie sich die Gefahren auf das weitere Projekt auswirken.

8.4.4
Der Unsicherheitsbereich

Zwischen dem Chancenpotential und dem Gefahrenpotential existiert ein Bereich, der weder dem einen noch dem anderen Potential zuzuordnen ist, ferner gehört er auch nicht zu den zwischen diesen Bereichen lokalisierten Risiken: Der Unsicherheitsbereich, dargestellt in Abbildung 59.

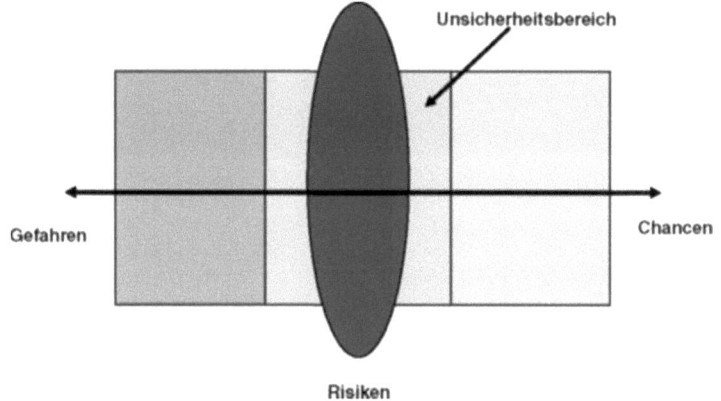

Abbildung 59: Der Unsicherheitsbereich im Spannungsfeld zwischen Chancen und Gefahren

Dieser Unsicherheitsbereich wird auch als „kritische Masse" im Risikomanagement bezeichnet. Was bedeutet in diesem Zusammenhang Unsicherheitsbereich? In erster Linie: Entscheidungsschwierigkeit! Es liegt auf der Hand, dass je kleiner der Unsicherheitsbereich innerhalb eines Projektes gehalten wird, vom Risikomanager um so klarer Entscheidungen getroffen werden können.

8.4.5 Aussicht

Aus Sicht des Projektes ist es optimal, wenn der Gefahren-Part möglichst klein und der Chancen-Part möglichst groß ist. Im Idealfall ist der dazwischen liegende Unsicherheitsbereich ebenfalls relativ klein, schließlich sind alle Aktivitäten, die in diesen Bereich fallen, potentiell von Risiken gefährdet. Ziel jedes Risikomanagers muss es also sein, den Unsicherheitsbereich, der zwischen dem Chancenpotential und dem Gefahrenpotential herrscht, kontinuierlich unter Kontrolle zu halten. Dazu stehen ihm unterschiedliche Werkzeuge zur Verfügung, die bereits in diesem Buch aufgeführt wurden.

8.5 Fazit

Eine logische Konsequenz der bisherigen Gestaltung dieses Kapitels liegt darin, dem Leser einen gesunden Mix zwischen „Fun" – also Chancen – und Gefahr zu vermitteln – also den bewussten Umgang mit Risiken.

Die Autoren

Herausgeber

Gerhard Versteegen
Säntisstr. 27
81825 München

Tel. 089/420 17 638
Fax 089/420 17 639

E-Mail: g.versteegen@hlmc.de
Web: www.hlmc.de

Diplom-Informatiker Gerhard Versteegen hat in seiner beruflichen Laufbahn bei unterschiedlichen Unternehmen in verschiedenen Management-Positionen gearbeitet. Nach seinem Informatik-Studium war er zunächst mit der Projektleitung größerer Software-entwicklungsprojekte betraut, bevor er die Leitung eines Kompetenzzentrums für objektorientierte Technologien übernahm.

Seit Mai 2001 ist er Geschäftsführer des Management-Consulting-Unternehmens HLMC in München sowie Vice President Marketing für Zentraleuropa bei dem schwedischen Produkthersteller Telelogic.

Autor

Michael Dietrich
Karl-Rudolf-Straße 172
D-40215 Düsseldorf

Tel.   0211 / 876 720 00
Fax   0211 / 876 720 27

E-Mail: Michael.W.Dietrich@modulo3.de
Web: www.modulo3.de

Michael Dietrich ist geschäftsführender Gesellschafter der modulo3 GmbH. Er beschäftigt sich seit vielen Jahren mit den Themenbereichen Projektmanagement und Risikomanagement und hat bereits zahlreiche Artikel über diese Gebiete veröffentlicht. Ferner ist er ein gefragter Redner bei Veranstaltungen mit dem Kontext Projektmanagement.

Autor

Knut Salomon
Karl-Rudolf-Straße 172
D-40215 Düsseldorf

Tel. 0211 / 876 720 00
Fax 0211 / 876 720 27

E-Mail: Knut.Salomon@modulo3.de
Web: www.modulo3.de

Knut Salomon ist geschäftsführender Gesellschafter der modulo3 GmbH. Seit vielen Jahren ist er als Coach, Trainer und Berater in den Bereichen Qualitätssicherung, Risikomanagement und Projektmanagement in der IT tätig. Dabei gehören die Einführung und Optimierung von IT-Prozessen und der Aufbau von automatisierten Tests in Unternehmen zu seinen Themenschwerpunkten. Auf Konferenzen und Messen ist Herr Salomon als erfolgreicher Redner regelmäßig vertreten.

Autorin

Heidrun Reckert
Karl-Rudolf-Straße 172
D-40215 Düsseldorf

Tel.   0211 / 876 720 00
Fax   0211 / 876 720 27

E-Mail: Heidrun.Reckert@modulo3.de
Web: www.modulo3.de

Heidrun Reckert ist seit drei Jahren als Direktorin bei modulo3 verantwortlich für das Thema Projektmanagement und Risikomanagement. Im Laufe ihrer Consultingeinsätze hat sie bereits mehrfach Risikomanagementstrategien bei internationalen Kunden eingeführt.

Glossar

Im Folgenden sollen hier die wichtigsten Instrumente und Strategien des Risikomanagements zusammengefasst werden. Die Auflistung wird nicht alphabetisch vorgenommen, sondern anhand des inhaltlichen Zusammenhangs.

Risikotyp	Risiken lassen sich unterscheiden in gewisse Risikotypen. In diesem Buch differenzieren wir die folgenden Risikotypen: technische Risiken, kaufmännische Risiken, Ressourcenrisiken und politische Risiken.
Risikoliste	Die Risikoliste ist eine tabellarische Auflistung der Risiken, die bei der Risikoidentifizierung ermittelt wurden. Sie beschreibt das Risiko, wer es wann identifiziert hat, welche Auswirkungen es hat und welche Maßnahmen eingeleitet werden können/müssen, um die Auswirkungen zu mildern.
Risikoabhängigkeitsliste	Die Risikoabhängigkeitsliste beschreibt, inwieweit das Eintreten von Risiken voneinander abhängig ist.
Risikorangliste	Die Risikorangliste priorisiert Risiken innerhalb einer Risikoliste. Sie kommt bei großen Projekten mit einer Vielzahl von Risiken zum Einsatz.

Risikoklasse	Risikoklassen beschreiben die Schwere eines Risikos, wenn es eintreten sollte. Je nach Projektart existieren unterschiedliche Risikoklassen.
Risikowahrscheinlichkeitsklasse	Risikowahrscheinlichkeitsklassen beschreiben die Wahrscheinlichkeiten, unter denen die in der jeweiligen Klasse eingeordneten Risiken eintreten können.
Risikomatrix	Die Risikomatrix stellt Risikoklassen und Risikowahrscheinlichkeitsklassen gegenüber. Sie gibt einen aktuellen Blick auf die Kritikalität eines Projektes.
Risikostrategie	Unter einer Risikostrategie versteht man eine Vorgehensweise, wie man mit Risiken innerhalb eines Projektes umzugehen gedenkt.
Risikoakzeptierung	Die Strategie der Risikoakzeptierung sieht vor, dass man das Eintreten eines Risikos in Kauf nimmt.
Risikotransfer	Die Strategie des Risikotransfers sieht vor, Risiken entweder auf den Auftraggeber, Unterauftragnehmer oder Versicherungsträger zu übertragen.
Risikovermeidung	Die Strategie der Risikovermeidung sieht vor, im Vorfeld Maßnahmen zu ergreifen, damit das Risiko nicht eintritt.
Risikominimierung	Die Strategie der Risikominimierung sieht vor, im Vorfeld Maßnahmen zu ergreifen, damit die Auswirkungen des Risikos beim Eintreten nicht so gravierend sind.
Risikoschutz	Der Risikoschutz ist Bestandteil der Strategie der Risikovermeidung. Man versucht damit von Anfang an Maßnahmen einzuleiten, um sich vor dem Eintreten des Risikos zu schützen.

Risikoeinstellung	Unter Risikoeinstellung wird die Bereitschaft des Risikomanagers (oder auch Projektleiters) verstanden, wie er mit Risiken umgeht. Zu unterscheiden ist zwischen Risikoaversion, Risikoneutralität und Risikofreude.
Risikokosten	Kosten, die entstehen, um ein Risiko zu vermeiden oder zu minimieren.

Titelseite eines Risikoberichtes

Assessment Nr:	2	
Assessment Datum:	20-Sep-2003	
Risikomanager:	Frank Meier	
Bericht erstellt:	28-Sep-2003	
Projektdefinition		
	Projekt Name:	**Testprojekt**
	Projektkurzbeschreibung:	Umstrukturierung der gesamten IT-Landschaft und Migration auf ein StandardBetriebssystem
	Projekt-Typ:	Infrastruktur/Server Rollout
	Kunde:	XYZ Company
	Projekt-Leiter:	Frank Meier
	Projekt Startdatum:	10-Jul-2003
	Projekt Endedatum:	30-Dez-2003
	Budget:	2.500.000,- EUR
	Aktuelle Projektphase:	Planung
Zusammenfassung		
Projekterfolg:	▶	**Ungefährdet**
		Gefährdet
		Höchst kritisch
Primäre Auswirkung:		Zeitverzug
		Kostenüberzug
	▶	**Funktionalitätseinbußen**
Risikoschwerpunkt:		Organisation
	▶	**Finanzen**
		Technik
Eskalation einleiten:		Ja
	▶	**Nein**

Professionelle Werkzeuge für das Risikomanagement

Wie in diesem Buch bereits öfters erwähnt, existieren mittlerweile einige Werkzeuge für das Risikomanagement auf dem Markt. Die folgende Auflistung ist [Köth2003] entnommen und erhebt keinen Anspruch auf Vollständigkeit. Die Produktnamen sind jeweils kursiv dargestellt, auf die zugehörigen Releasenummern wurde aus Aktualitätsgründen verzichtet. Nähere Informationen zu den Produkten und den Herstellern können den angegebenen Webseiten entnommen werden.

- Das Produkt *RIMIS* von Antares Informationssysteme und Ernst & Young (www.antares-is.de)
- Das Produkt *RM-EXPERT* von ASTRUM (www.astrum.de)
- Das Produkt *CREFOsprint* von command (www.command.de)
- Das Produkt *ProKoRisk* von CORIS (www.coris-gmbh.de)
- Das Produkt *RISK MANAGER* von CP CORPORATE PLANNING (www.corporate-planning.com)
- Das Produkt *Riscontrol* von ifb (www.ifbag.com)
- Das Produkt Process *Risk Scout* von IDS Scheer (www.ids-scheer.de)
- Das Produkt *IGW Liquiditätsplanung* vom Ingenieurbüro Gerhard Wyroll (www.liquiditaetsplanung.de)
- Das Produkt *ValueNavigator* von RMCE RiskCon, Future Value Group und MIS (www.rmce.de)
- Das Produkt *GUARDEAN* von SHS Informationssysteme (www.shs.de)

Literatur

[Boeh1987] Barry Boehm: „Industrial Software Metrics Top 10 List", IEEE Software, Ausgabe 4, Nummer 5 (September 1987), Seite 84-85.

[Boeh1988] Barry Boehm: „A Spiral Model of Software Development and Enhancement", Computer, Ausgabe 21, Nummer 5 (Mai 1988), Seite 61-72.

[Boeh1991] Barry Boehm: „Software Risk Management: Principles and Practices", IEEE Software (Januar 1991), Seite 32-41.

[CTR1998] „Knowledge Management – Succeeding in the Information-based Global Economy"; In Computer Technology Research Corp., 1998.

[Kar1996] Dale Karolak: „Software Engineering Risk Management". Los Alamitos, CA: IEEE Computer Society Press, 2003.

[Köth2003] Dietmar Köthner: „Software für das Risikomanagement – Damit nichts anbrennt: Abstraktes konkretisieren." is report 2/2003, Oxygon Verlag.

[Kru1998] Philippe Kruchten: „The Rational Unified Process (An Introduction)". Addison-Wesley, 1999.

[Kru1999] Philippe Kruchten: „Der Rational Unified Process – eine Einführung". Deutsche Übersetzung von Cornelia Versteegen, Addison-Wesley, 1999.

[MüVer2000] Susanne Mühlbauer, Gerhard Versteegen: „Wissensmanagement", IT Research, 2000.

[SaBra1999] Bernd Saitz, Frank Braun (Hrsg.): „Das Kontroll- und Transparenzgesetz: Herausforderungen und Chancen für das Risikomanagement", Verlag Gabler, Wiesbaden, 1999.

[Sinn2001] Sven Sinner: „Computer Aided Engineering – Qualität ist kein Zufall", CxO 2/2001, IT Verlag, 2001.

[Sta1995] Standish Group: Chaos Report, 1995ff., http://www.pm2go.com/chaos_chronicles/index.asp

[Vers1999] Gerhard Versteegen: „Das V-Modell in der Praxis". Dpunkt-Verlag, 1999.

[Vers2000] Gerhard Versteegen: „Projektmanagement mit dem Rational Unified Process", Springer-Verlag, 2000.

[Vers2002a] Gerhard Versteegen: „Management-Technologien – Konvergenz von Knowledge-, Dokumenten-, Workflow und Contentmanagement", Springer-Verlag, 2002.

[Vers2002] Gerhard Versteegen: „Software-Management – Beherrschung des Lifecycles", Springer-Verlag, 2002.

Weiterführende Literatur

Die folgenden aufgelisteten Titel sind als Ergänzungsliteratur zu diesem Buch zu sehen. Da sie im Buch nicht referenziert wurden, werden sie ohne zusätzlichen Querverweis aufgeführt.

- Klaus Wolf, Bodo Runzheimer: Risikomanagement und KonTraG: Konzeption und Implementierung. Dr. Th. Gabler Verlag, 2001.
- Uwe Götze, Klaus Henselmann, Barbara Mikus: Risikomanagement. Mit Beiträgen zahlreicher Fachwissenschaftler, Physica-Verlag Heidelberg, 2001.
- Dietrich Dörner, Peter Horvath, Henning Kagermann: Praxis des Risikomanagements. Schäffer-Poeschel Verlag, 2000.
- James T. Gleason: Risikomanagement. Campus Fachbuch, 2001.
- Joachim Skambraks, Michael Lörcher: Projektmarketing. Wie ich mich und mein Projekt erfolgreich vermarkte. Gabal, 2002.
- Markus Gaulke: Risikomanagement in IT-Projekten. Oldenbourg, 2002.
- Hans-Joachim Etzel, Heidi Heilmann, Reinhard Richter: IT-Projektmanagement – Fallstricke und Erfolgsfaktoren. Erfahrungsberichte aus der Praxis. Dpunkt Verlag, 2000.
- Roland Eller, Markus Reif, Walter Gruber: Operationelle Risiken, Schäffer-Poeschel, 2002.
- Roland Eller, Walter Gruber, Markus Reif: Handbuch des Risikomanagements, Schäffer-Poeschel, 2002.
- Gerhard Hofmann: Basel II und MaK. Vorgaben, bankinterne Verfahren, Bewertungen. Bankakademie-Vlg., Ffm., 2002.

- Otto-Peter Obermeier: Die Kunst der Risikokommunikation. Über Risiko, Kommunikation und Themenmanagement. Gerling Akademie Verlag, 1999.
- Volker Bieta, Hellmuth Milde, Johannes Kirchhoff, Wilfried Siebe: Risikomanagement und Spieltheorie. Wie Global Player mit Risiken umgehen müssen. Galileo Press, 2002.
- Tom DeMarco, Timothy Lister: Bärentango. Mit Risikomanagement Projekte zum Erfolg führen. Hanser Fachbuch, 2003.
- Peter L. Bernstein: Wider die Götter. Dtv, 2002.
- Alexander Reuter, Claus Wecker: Projektfinanzierung. Poeschel, 1999.
- Frank Braun, Torsten Vesper: Das Kontroll- und Transparenzgesetz und seine Auswirkungen auf das Risikomanagement. Gabler, 2003.
- Dan Borge: Wenn sich der Löwe mit dem Lamm zum Schlafen legt. Was Entscheider über Risikomanagement wissen müssen, Wiley-VCH, 2002.
- Oliver Gassmann, Carmen Kobe, Eugen Voit: High-Risk-Projekte. Quantensprünge in der Entwicklung erfolgreich managen, Springer-Verlag, 2001.
- Werner Kessler: Der Wahrheit ins Auge sehen. C-R-M-S Chancen- und Risiko-Management-Systeme, BoD GmbH, Norderstedt, 2002.
- Uwe Schnorrenberg, Gabriele Goebels, Sabine Rassenberg: Risikomanagement in Projekten. Methoden und ihre praktische Anwendung. Vieweg, 1997.

Abkürzungsverzeichnis

AG	Aktiengesellschaft
BMI	Bundesministerium des Inneren
BMVg	Bundesministerium für Verteidigung
CASE	Computer Aided Software Engineering
ESPP	Employee Stock Purchase Program
FMEA	Fehlermöglichkeits- und Einfluss-Analyse
HLMC	High Level Marketing Consulting (www.hlmc.de)
HPI	Hasso Plattner Institut
IABG	Industrieanlagen Betriebsgesellschaft
IT	Informationstechnik oder Informationstechnologie
ITIL	Information Technology Infrastructure Library
KapCoRiLiG	Kapitalgesellschaften- und Co-Richtlinie-Gesetz
KG	Kommanditgesellschaft
KM	Konfigurationsmanagement

KM		Knowledge Management
KM-System		Knowledge Management System
KonTraG		Gesetz zur Kontrolle und Transparenz im Unternehmensbereich
MDA		Model Driven Architecture
MOF		Microsoft Operations Framework
MSF		Microsoft Solutions Framework
NASDAQ		National Association of Security Dealers Automated Quotations
OHG		Offene Handelsgesellschaft
PM		Projektmanagement
QS		Qualitätssicherung
RAD		Rapid Application Development
RM		Risikomanagement
RUP		Rational Unified Process
SE		Software-Entwicklung
TReP		Technisches Risiko in externen Projekten
TRiP		Technisches Risiko in internen Projekten
UML		Unified Modeling Language
XP		eXtreme Programming

Abbildungsverzeichnis

Abbildung 1: Die wesentlichen Elemente des Risikomanagements 3
Abbildung 2: Unterschiedliche Schwere der Auswirkungen der
              Ressourcenrisiken 34
Abbildung 3: Zusammenhang zwischen kaufmännischen Risiken
              und den übrigen Risikotypen 46
Abbildung 4: Zusammenhang zwischen technischen Risiken
              und den übrigen Risikotypen 46
Abbildung 5: Zusammenhang zwischen terminlichen Risiken
              und den übrigen Risikotypen 47
Abbildung 6: Zusammenhang zwischen Ressourcenrisiken
              und den übrigen Risikotypen 47
Abbildung 7: Zusammenhang zwischen politischen Risiken
              und den übrigen Risikotypen 48
Abbildung 8: Die Entwicklung eines Risikos zur Krise
              bis hin zum Notfall 65
Abbildung 9: Vorgehensmodell zur Risiko-identifizierung
              vor der Angebotserstellung 72
Abbildung 10: Kritische Aspekte, die bei der Angebotserstellung
              zu berücksichtigen sind 75
Abbildung 11: Ständig steigendes Risiko im
              Anforderungs- und Änderungsmanagement 85
Abbildung 12: Der zeitliche Verlauf der Risikoidentifizierung 90
Abbildung 13: Ermittlung der Abhängigkeit von Risiken 92
Abbildung 14: Beispiel eines komplexen
              Anforderungsmanagementsystems für die
              Risikoidentifizierung (hier Telelogic DOORS) 94
Abbildung 15: Auswirkungen des Risikobewusstseins und der
              Risikoeinstellung auf die Kosten
              im Risikomanagement 97
Abbildung 16: Auswirkungen des Risikobewusstseins und der
              Risikoeinstellung auf die Wahrscheinlichkeit des
              Eintretens von Risiken 98
Abbildung 17: Optimale Kopplung von Risikobewusstsein und
              Einstellung zum Risiko 98
Abbildung 18: Wirksamkeit von Gegenmaßnahmen 120

Abbildung 19: Beispiel für eine Risikoverteilung 125
Abbildung 20: Historisierende Risikoquellen- analyse 126
Abbildung 21: Historisierende Top-N-Analyse 127
Abbildung 22: Beispiel für eine Risikoentwicklung
und -vorhersage 128
Abbildung 23: Beispiel für eine Aufwandsbetrachtung 129
Abbildung 24: Die zweite Dimension der
Risikowahrscheinlichkeitsklassen 137
Abbildung 25: Notwendige Aufwendungen für die Analyse und
Bewertungen der Risiken innerhalb der
Risikowahrscheinlichkeitsklassen 138
Abbildung 26: Beispiel für ein Template einer Risikomatrix 139
Abbildung 27: Integration der Bedeutungs-ebenen in das
Template der Risikomatrix 141
Abbildung 28: Integration der unkritischen Bereiche 142
Abbildung 29: Integration eines Risikos in die Risikomatrix 144
Abbildung 30: Kritisches Risiko innerhalb der Risikomatrix 145
Abbildung 31: Risikomatrix eines gesunden Projektes 146
Abbildung 32: Darstellung von Abhängigkeiten zwischen
Risiken in der Risikomatrix 149
Abbildung 33: Darstellung von bedingten Risikoabhängigkeiten
in der Risikomatrix 150
Abbildung 34: Integration der Unterauftragnehmer in die
Risikomatrix 164
Abbildung 35: Verteilung der Risikostrategien auf die einzelnen
Risiken eines Projektes 168
Abbildung 36: Beispiel eines Versicherungsanbieters, der sich
auf die IT-Branche spezialisiert hat. 183
Abbildung 37: Das Zusammenspiel der vier Submodelle
im V-Modell 187
Abbildung 38: Das Submodell PM 190
Abbildung 39: Periodische Durchführung von Aktivitäten im
Projektmanagement des V-Modells 191
Abbildung 40: Der Rational Unified Process 193
Abbildung 41: Die Projektmanagementdisziplin im
Rational Unified Process 194
Abbildung 42: Die Teilaktivität zur Ermittlung der
Projektrisiken im Rational Unified Process 196
Abbildung 43: Entwicklung des Software Development Plan 197
Abbildung 44: Durchschnitt- liche IT-Projekterfolge seit 1994 199
Abbildung 45: Einordnung MSF in die IT-Prozessmodelle bei
Microsoft 201
Abbildung 46: Das Microsoft-Teammodell 202
Abbildung 47: Innere/Äußere Teamrollen und ihre
Kommunikationswege 210
Abbildung 48: Rollenkombinationen im MSF 211
Abbildung 49: Skalierung des Teammodells (Feature Teams) 213

Abbildung 50: Skalierung des Teammodells (hier Function
            Product Management Teams).................................. 213
Abbildung 51: MSF-Prozessmodell (Phasen und Meilensteine) 215
Abbildung 52: Versionierte Releases in einem iterativen Prozess... 216
Abbildung 53: Schwierige Entscheidungen leicht gemacht –
            die Ent-scheidungsmatrix des MSF....................... 220
Abbildung 54: Der Risikomanagement-Regelkreis des MSF.......... 224
Abbildung 55: Einführungsstrategien im Risikomanagement 233
Abbildung 56: Empfohlene Vorgehens- 236
Abbildung 57: Implizites Wissen dem Projekt zugänglich machen 254
Abbildung 58: Risiken – das Spannungsfeld zwischen Chancen
            und Gefahren 263
Abbildung 59: Der Unsicherheitsbereich im Spannungsfeld z
            wischen Chancen und Gefahren 265

Tabellenverzeichnis

Tabelle 1: Zusammenhang zwischen technischen und kaufmännischen Risiken 27
Tabelle 2: Zusammenhang zwischen terminlichen Risiken und kaufmännischen Risiken 31
Tabelle 3: Zusammenhang zwischen technischen und terminlichen Risiken 32
Tabelle 4: Zusammenhang zwischen Ressourcenrisiken und kaufmännischen Risiken 37
Tabelle 5: Zusammenhang zwischen Ressourcenrisiken und terminlichen Risiken 39
Tabelle 6: Zusammenhang zwischen terminlichen Risiken und Ressourcenrisiken 39
Tabelle 7: Zusammenhang zwischen Ressourcenrisiken und technischen Risiken 40
Tabelle 8: Zusammenhang zwischen technischen Risiken und Ressourcenrisiken 40
Tabelle 9: Zusammenhang zwischen politischen Risiken und anderen Risikotypen 45
Tabelle 10: Risikoidentifizierung während der Erstellung des detaillierten Projektplans 82
Tabelle 11: Beispiel für ein zeitkritisches Projekt 108
Tabelle 12: Beispiel für ein kostenkritisches Projekt 109
Tabelle 13: Bewertung von Risiken 111
Tabelle 14: Weitere Sicht auf die Bewertung von Risiken 112
Tabelle 15: Grundlage für alle weiteren Arbeiten im Risikomanagement 113
Tabelle 16: Risikotabelle nach Wahrscheinlichkeiten 114
Tabelle 17: Top-N-Bericht 123
Tabelle 18: Statusbericht, der die Top-N-Berichte zusammenfasst . 124
Tabelle 19: Zuordnung von Rollen zu Haupt-Projektzielen 210
Tabelle 20: Zuordnung von Rollen zu Hauptmeilensteinen 216
Tabelle 21: Übersicht über derzeit verfügbare Knowledge-Management-Systeme 257

Index

Ablaufschemata 201
Abschätzung 82
Abschlussprüfer 6
Abwehrmaßnahmen 191
Alibiangebot 71
Allgemeine Risikoklassen 132
Altavista 2
Analysephase 83
Änderungswunsch 83
Anforderungen 83
Anforderungsmanagement 83
Anforderungsmanager 84
Anforderungstypen 84
Angebotspreis 56
Angebotsreview 76
Angebotsstellung 69
Anlagestrategien 14
Anschaffungskosten 8
Applikations-Architekturmodell 221
Arbeitsauftrag 190
Arbeitsschnitt 190
Arbeitsüberlastung 212
ArcStyler 8
arithmetisches Mittel 112
Artefakt 196
Auditing 235
Aufwandsbetrachtung 128
Ausbildungskosten 8
Ausbildungsmaßnahmen 34
Ausbildungsrückstände 81
Ausschreibungsunterlagen 68
Ausstiegspunkt 72

Baseline 150
Basisprozess 238
Bedeutungsebenen 133
Bedrohungen 188
Bedrohungsanalyse 188
Benutzerakzeptanz 199
Berichte 121
Berichtsdokumente 191
Besserwisser 103
Bestandsaufnahme 67
Bestandskunde 78
Bestätigungsvermerk 6
Betriebssystem 26
Bewertungsdurchläufe 116
Bilanzbericht 106
BMVg 186
Borland 9
Börsengeschäft 14
Bottom-Up-Strategie 233
Brainstorming 195
Brainwriting 222
Branche 16
Budget 168
Budgetkürzungen 7, 8
Budgetowner 69
Business Case 208

capture 254
CASE-Tool 53
Champion 69
Chancen-Part 259
Chancenpotential 263
Chaos-University 199

classification 254
CM Synergy 8
COM/COM+ 221
constrain 221
Consultant 36
Content-Management 251

Datenbank 26
Deliverables 214
Deltafilter 120
Deployment 89
Development 202
Dienstleistungsumfeld 59
digitalisiertes Wissen 251
Disziplinen 192
Doc Express 8
Dokumentenmanagement 251
Dokumentform 129
Dominoeffekt 9
DOORS 8
Durchführungsreihenfolge 107
Durchschnittsbildung 105
Durchschnittswert 225

E-Business 7
E-Commerce 7
eigenfinanziert 35
Einflussfaktoren 13
Eintrittswahrscheinlichkeit 63
elektronische Signatur 93
Elemente des Risikomanagements 4
Employee Stock Purchase Program 15
Endtermin 28
Entlassungswelle 32
Entrepreneur 103
Entscheidungsgrundlage 170
Entscheidungsmatrix 220
Entscheidungsschema 220
Entwicklungsabteilung 30
Entwicklungsphase 88
Entwicklungsressourcen 30
Entwicklungsstandard 186
Envisioning Phase 216
Erfahrung 249
Erwartungshaltung 264

Eskalationsstufe 62
ESPP 15
Evaluierungsphase 42
Exceltabellen 91
Explizites Wissen 252
Exposure 110
externe Quellen 159

Fachkonzept 217
Fachwerk 201
Fairness 105
Feature Creep 209
Feature Teams 212
Featureliste 204
Featuresets 212
Fehleranfälligkeit 8
Fehlermeldung 83
Feinkonzept 217
Fertigprodukt 188
Fertigstellungstermin 28, 36
Festpreisprojekt 70, 226
Finanzdienstleistungsbereich 29
Finanzlage 35
Flipchart 151
FMEA 242
Folgefehler 181
Folgeprojekte 85
Forschungsprojekt 22
Fortbildungsmaßnahmen 81
Framework 201
Freiberufler 81
freie Mitarbeiter 35
Function Teams 212

Geldfluss 22
Generalunternehmer 181
geometrisches Mittel 112
Gesamt-Exposure 114
Gesamtrisikopotential 124
Gesamtrisikoverlauf 113
Gesamtumsatz 22
Gesellschaftsformen 5
gestutztes Mittel 119
Gewährleistungszeit 84
Grenznutzen 172
Grobplanung 81
Guidelines 195

Haftung 77
Handbucherstellung 182
Handbuchsammlung 186
Hardwarebranche 24
Hardware-Einheit 188
harmonisches Mittel 112
Helpdesk-System 208
historisierende Auswertungen 121
Historisierung 241
HPI 198
Hyperlink 151

IABG 186
Identifikationsprozess 117
Impact 107
Implizites Wissen 252
Information Technology Infrastructure Library 201
Informationsflut 258
Infrastrukturprojekte 198
Interactive Objects 8
Interviewtechnik 102
Iteration 80
ITIL 201

Jahresabschluss-Prüfung 5
Juristischer Risikomanager 95

Kampfpreise 24
KapCoRiLiG 5
Kapitalgesellschaften 5
Karenzzeit 178
kaufmännische Risiken 20
kaufmännischer Proposalmanager 73
Kaufmännischer Risikomanager 95
Kerngeschäft 16
Kettenreaktion 48
Keyplayer 69
KG 5
Klausel 28
KM 187
KM-System 259

Know-how 252
Knowledge Base 255
kollektives Wissen 252
Kommanditgesellschaften 5
Kommunikation 250
Kommunikationskanäle 250
kommuniziertes Wissen 252
Konfigurationsmanagement 150
Konsens 214
KonTRaG 2
Kostenstellen 38
Kostenstruktur 35
Krisenmanagement 36, 61
Krisenmanagementplan 226
Krisenstab 63
Kundenerwartungen 205
Kundenumfeld 83

Lastenheft 217
Leadteam 212
lebende Dokumente 217

make-or-buy 237
Managementunterstützung 199
Maßnahmenkatalog 170
Maßnahmenpriorität 107
Mehrdeutigkeiten 86
Mehrheitsmeinung 117
Meilenstein 27
Mercury Interactive 8
Methodenstandard 186
Microsoft Operations Framework 201
Microsoft Project 8
Microsoft Solutions Framework 198
Migrationsprobleme 40
Mitarbeiterentlassungen 22
Mitarbeiterfluktuation 33
Mitarbeitermotivation 11
Modalwert 117
MOF 201
Monte Carlo Simulationen 195
MSF 198

Nachweispflicht 179
Neukunde 78
Neuprojekt 78
New Economy 25
nice to have 70
„no-blame"-Atmosphäre 231
Nörgler 103
Notfallmanagement 61
Notfallplanung 175
Novizen 164

Offene Handelsgesellschaften 5
OHG 5
Organigramm 203
Organisationsstruktur 214
Outsourcing 37, 237

Partner 161
Partnerwissen 251
Personalabbau 36
Personalkürzungen 11
Personalreduzierungen 11
Personeneinheit 102
Pflichtenheft 217
Pilotprojekte 238
Planungsabschnitt 190
Planungsmaßnahmen 106
Planungsnotwendigkeit 107
Planungsprozess 4
Plattform 26
plattformunabhängig 26
PM 187
Politische Risiken 20
Pre-Release 32
Preisverfall 24
Presales 36
privates Wissen 252
Probability 107
Problemquellen 207
Product Management 202
Produktentwicklung 9
Produkthersteller 29
Produktspezifikation 210
Produktumsatz 23, 29
Produktweiterentwicklung 23
Program Management 202
Projectowner 69

Projektbeginn 73
Projektblindheit 154
Projektbudget 9
Projektdefinition 85
Projektende 75
Projekterfolg 2
Projektgrenzen 210
Projektkalkulation 70
Projektklima 163
Projektkonstellation 58
Projektlaufzeit 73
Projektlifecycle 193
Projektmanagementdisziplin 193
Projektmanager 73
Projektmeilensteine 184
Projektmethoden 233
Projektmoloch 215
Projektplanungstool 245
Projektrahmenbedingungen 204
Projektrückzug 173
Projektstatus 49
Projektsteuerungsinstrumentarium 229
Projekttagebücher 255
Projekttypen 20
Projektverlauf 83
Proposalmanager 73
ProSieben 198
Prozessmodelle 185
Prüfungsbericht 6
Prüfungsstandard 5

QS 187
Qualitätsmaßzahl 117
Qualitätssicherungsmaßnahmen 8
Quantifizierung 106

RAD 217
Rangänderungen 127
Rational Unified Process 192
Realisierbarkeitsuntersuchung 188
Regelkreis 222
Release Management 202
Releasefertigstellungstermin 30
Releaseplan 29

Releasezyklen 9
Reorganisierung 196
ReP 55
Ressourcenengpässe 24
Ressourcenrisiken 20
Restrisiko 99
RiP 58
risicare 3
Risikoabhängigkeitsliste 91
Risikoakzeptierung 175
Risikoanalyse 4
Risikoaversion 96
Risikobereitschaft 14
Risikoberichterstattung 129
Risikobewertung 101
Risikobewusstsein 96
Risikoforschung 170
Risikofreude 96
Risikofrüherkennungssystem 6
Risikoidentifizierung 71
Risikoinventar 4
Risikoklassen 131
Risikokommunikation 230
Risikomanagement 2
Risikomanagement-Plan 196
Risikomanagementstrategien 167
Risikomaßzahl 102, 110
Risikomatrix 94, 131
Risikominderung 104
Risikominimierung 177
Risikoneutralität 96
Risikopolitik 99
Risikoquellen 124
Risikorangliste 93
Risikoreports 129
Risikoschutz 171
Risikosituation 57, 94
Risikostatement 102
Risikostatus 121
Risikosteuerungsphase 227
Risikotatbestand 104
Risikotransfer 12, 179
Risikotypen 19
Risikoübertragung 179
Risikovermeidung 169
Risikoverteilung 124
Risikoverteilungschart 124

Risikowahrscheinlichkeitsklassen 131
Risk-Assessment 222
Rollen 202
Rollen-Kombinationen 210
Rollout 200
RPe 59
RUP 192

SAP 22
Schadensbegrenzung 177
Schadenshöhe 107
Schätzwerte 108
Schlüsselkunde 23
Schnittstellenproblematik 10
schriftlich vorliegendes Wissen 251
Schulungsaufwand 53
Scope Slip 217
SE 187
Shared Project Vision 204
sharing 254
Sicherheitsanteil 188
Sicherheitsgrad 172
Sicherheitspolitik 99
Sicherheitsrisiken 173
Skalierbarkeit 201
Skill 81
Skillsets 211
Snapshot 147
Software-Einheit 188
Sorgfaltspflicht 4
Spannungsfeld 17
Spezifische Risikoklassen 132
Spin Off 49
Spiralmodell 185
Stakeholder 121
Standardabweichung 105
Standardportfolio 156
Standardprojekt 78
Standardrisikoreport 130
Standish-Group 199
Start-Up-Companies 17
State of the Art 24
Statusbericht 123
Submodelle 187

Support-Hotline 208
Supportprobleme 40

Tailoring 186
Tasks 81
Tayloringvorgaben 192
Team of Peers-Modell 203
Teammodell 202
Teamrollen 202
technical owner 69
technischer Proposalmanager 73
Technischer Risikomanager 95
Technologien 21
Technologierisiken 173
technologische Risiken 20
Teilaktivität 188
Teilprojektteam 212
Telekommunikationsmarkt 51
Telelogic 8
Telelogic DOORS 88
terminliche Risiken 20
Terminüberschreitung 30
Test 202
Test Director 8
Testabteilung 36
Toolsauswahl 42
Top Ten 115
Top-Down-Strategie 233
Top-N-Risiken 122
Trigger 223

Übertragung von Risiken 12
Überwachungssystem 5
Umsatz 22
Umsatzerfolg 25
Umsetzungspriorität 120
understanding 254
UNIX 54
Unsicherheitsbereich 264
Unsicherheitsfaktor 99
unstrukturierte Datenquellen 253
Unterauftragnehmer 28
Unternehmenskultur 200
Unternehmenslizenz 30
Unternehmenspolitik 3
Unternehmensüberwachung 4
Unternehmensziele 3

Upgrade 51
Usability 207
User Ed 207
User Experience 202

Verhandlungsgeschick 182
Verhandlungsmasse 87
Verlustzone 163
Versicherungsträger 182
Versuchsballon 24
Versuchskaninchen 35
Versuchsprojekte 7
Verteilte Entwicklung 256
Vertragsklauseln 178
Vertragsoption 33
Vertragsparteien 217
Vertragsrisiken 173
Vertragsstrafe 30
Vertragsverhandlungen 76
Vertriebsmitarbeiter 156
Verwaltungsarbeit 234
Verwaltungsaufwand 200
Verwaltungsoverhead 203
Visionen 204
V-Modell 186

Wahrscheinlichkeitsrechnung 108
Wartungsgebühren 23
Wartungsumsatz 23
Wasserfallmodell 185
Weblösung 152
Werkzeuganforderungen 186
Wettbewerberwissen 251
Wettbewerbsvorsprung 28
Whiteboard 151
WinWord 91
wirtschaftliche Gesamtlage 14
Wirtschaftsprüfer 5
Wissensarten 251
Wissensinseln 250
Wissenstransfer 250
Wissenstransformation 257
Wissensverteilung 257
Workflow 193
Workflow-Management 251
Worst Case 10

Zahlungsziele 76
Zeitplan 204
Zero-Defect 204

Zulieferer 161
Zuschlagswahrscheinlichkeit 74
Zweideutigkeiten 86

MIX
Papier aus verantwortungsvollen Quellen
Paper from responsible sources
FSC® C105338

If you have any concerns about our products,
you can contact us on
ProductSafety@springernature.com

In case Publisher is established outside the EU,
the EU authorized representative is:
**Springer Nature Customer Service Center GmbH
Europaplatz 3, 69115 Heidelberg, Germany**

Printed by Libri Plureos GmbH
in Hamburg, Germany